자동차왕
정몽구 오디세이아

백인호 지음

도서
출판 정음서원

서 문

정몽구 현대차 명예 회장은 2020년 미국 자동차 명예의 전당 (Automotive Hall of Fame)에 헌액되었다. 이것은 정 명예 회장 개인의 영예이자 한국의 국격을 높여준 쾌거였다. 정 명예회장은 이로써 독일의 페르디난트 포르쉐, 미국의 헨리포드와 동열에 서는 엔지니어(자동차공학자)가 되었다.

정몽구 명예회장은 변방에 머물던 현대자동차를 단기간에 세계 빅5로 올려놓아 세계인을 놀라게 했다. 정몽구 회장이 명예의 전당까지 오는 과정은 땀과 열정을 요구하는 험로였다. 정 명예회장은 정주영 창업 회장의 장자였지만 재벌 2세들이 누린 황태자 대우를 받은 일이 없다. 그는 20대 후반, 현대그룹 창업 회장이자 아버지인 정주영 회장의 명에 의해 미국의 자동차 성지 디트로이트에서 자동차 프레스샵에서부터 자동차 인생을 시작했고, 현대자동차 서울사무소 자재과장으로 사회 첫발을 내디뎠다. 정몽구 명예회장은 바닥부터 시작했다. 그것이 오히려 약이 되었다. 그는 자동차 내부 도면을 사무실 책상 위에 깔아놓고 자동차를 이해했으며 현장순회 서비스를 통해서 전문가가 되었다.

그는 「성능」 신봉 주의자이고 철저한 현장확인주의자였다. 정 명예회장은 "성능을 잃으면 모든 것을 잃는다"는 철학을 가졌다. 자동차에 있어서 성능은 자동차의 전부이다. 그가 미국 시장에서 "10년, 10만 마일", "현대차 소유주가 직장을 잃으면 차를 반환케 해준 어슈어런스 프로그램"은 자신이 만든 차의 성능을 완벽하게 믿지 못하고서는 도저히 할 수 없는 선택이었다. 그는 이로써 미국 시장에서 현대차가 판매 부진으로 추락하는 것을 막아냈고 미국 소비자의 신뢰를 되찾아 대성공을 거두었다.

정몽구 명예회장은 K양궁의 아버지로 불리운다. 스포츠를 통한 국력 신장이라는 철학으로 양궁 부문에 대한 막대한 투자와 지원을 아끼지 않앗다. 올림픽에서 여자 양궁 9연패라는 금자탑을 있게 했다. K양궁은 반도체, 자동차, BTS등 한국을 대표하는 상품 중 하나다.

정 명예회장은 "현대차 정몽구 재단"을 만들어 사회적 약자를 돕고 인재 양성과 발굴에도 힘을 쏟고 있다. 정몽구 재단은 어떤 부문의 화려한 성공에 대해 상을 주기보다는 오히려 음지에서 뿌리부터 지원하는 생태계 조성에 주력하고 있다.

저자는 현대그룹 성장사를 연구하는 저널리스트로서 이 책을 썼다. 후일에 남길 수 있는 자료가 있다면 모든 것을 써두자는 신념으로 기록했다. 책의 대부분은 팩트에 의존했다. 혹시 책 중에 실명이 인용되어 불편을 느끼신다면 넓은 아량으로 이해해 주시면 감사하겠다. 서울대학교 법학 전문대학원 김화진 교수님의 "아산 정주영 래거시"와 "현대오디세이아(기파랑간)"가 책 저술에 많은 참고가 됐다는 것을 밝힌다. 타고(Tago)사이트의 자동차 이야기도 저술에 힘이 되었다. 엄병윤 유라테크 회장의 정몽구 명예회장님 고교 때의 일화를 전해준 데 대해 감사드리고 최서영(전 코리아해럴드 사장)님의 자료 협조에 감사드린다. 이 책 발간을 결심해 주신 박상영 정음서원 출판사 사장님과 편집진에게도 감사의 말씀을 드린다.

2022년 5월

저자 백 인 호

차례

제2부   현대가(家) 사람들과 기업

차례

[부 록]

제1부

현대차 미래 비전

1

현대차 미래 비전

정의선 현대자동차 회장은 2022년 1월 5일 미국 라스베이거스 만달레이베이 컨벤션 센터에서 열린 "CES2022" 발표 회의에서 로봇 개 "스팟"을 데리고 나타났다.

전기차 아이오닉스5나 제네시스가 아니었다. 정 회장은 현대자동차가 로봇틱스와 메타버스를 이용한 새로운 개념을 제시하는 역사적 순간을 장식한 것이다.

현대차는 모든 사물에 이동성을 부여하는 모빌리티 오브 싱스(MOT. Mobility of things)라는, 인류에게 새로운 꿈을 제시했다. 기계로 움직이는 모든 사물에 자율주행 기능을 부여해 인간의 이동영역을 무한히 넓혀 보겠다는 것이다. 현대차는 기존개념의 자동차 제조그룹은 더는 아니다.

2021년 현대차는 미국 시장에서 고속 질주했다. 현대차, 기아가 미국 시장 진출 35년만에 역대 연간 최대 판매량을 기록했다. 현

정의선 현대자동차그룹 회장은 2022년 1월 5일 "CES2022" 발표 회의에 로봇 개 "스팟"을 데리고 나왔다.

대차, 기아는 일본 차 양대 산맥인 혼다를 꺾었다. 이것은 놀랄만한 사건이다.

2021년 미국 자동차 시장에서는 이변이라고 할만한 시장 판도가 바뀌었다. 미국 자동차의 상징인 제네럴 모터스(GM)는 90년만에 처음으로 안방에서 1위 자리를 일본의 도요타에게 내주었다. 한국의 현대, 기아, 일본의 도요타 등 아시아계 자동차 회사들이 약진했다.

현대차가 고속 질주하는데 1등 공신은 고급 차 브랜드 "제네시스"였다. 2021년 현대차그룹은 미국에서 총 73만 8천여 대, 여기에 제네시스를 더하면 78만 대 이상의 판매량을 기록했다. 전 해 (2020년) 보다 23.3% 늘어났다. 특히 지난해 "GV80"과 "GV70" 등 제네시스계 고급차량이 5만 대 가까이 팔렸다.

현대차그룹이 일본의 혼다를 제치는 데는 전기차와 수소연료전지차 등 미래차 분야에서 일어났다. 이것은 현대차, 기아 그룹의 성장 가능성이 얼마나 낙관적인가를 확실하게 보여주는 것이다.

지난 세기를 지배해 왔던 내연기관차 시대가 머지 않은 장래에 전기차, 수소차가 지배종이 되기 마련인 시점에서 이 분야에서 선두로 나타나는 것은 의미심장한 일이다.

1987년 정주영 창업 회장이 엑셀을 앞세우고 미국 자동차 시장에 모습을 나타냈을 때 서방 언론인들은 경이와 경계의 눈초리로 현대차를 바라보았다.

경이의 눈초리는 과연 현대차가 미국, 일본이 완벽하게 점령하고 있는 세계의 최대 자동차 소비 시장 벽을 뚫고 들어갈 수 있겠느냐의 시각이다. 미국의 자동차 소비자들은 입맛이 까다롭고 자동차를 보는 눈이 높다. 그리고 보수적이다. 자기가 선택한 기존의 브랜드를 잘 바꾸려 들지 않는다.

한편 현대자동차에 대한 경계의 눈초리를 늦추지도 않는다.

미 타임지는 현대의 "엑셀 자동차가 몰려온다" 라는 표지를 달고 동방의 신흥공업국인 한국이 드디어 완성차를 미국 시장에 팔려고 달려오고 있다는 특집기사를 실었다. 타임지는 한국경제의 1962년부터 시작한 경제개발계획에 따른 지난 50년간의 놀라운 경제성장 특집에서 현대그룹의 정주영 창업 회장의 독특하고 환상적인 추진력으로 이룩한 눈부신 활약을 소개하면서 자동차 판매 시장에서도 성공할 어떤 가능성을 시사했다. 타임지의 예견은 빗나가지 않았다. 현대차, 기아 그룹은 미 시장 진출 35년 만에 미국 자동차 시장에서 빅 쓰리(Big 3)로 올라온 것이다.

현대차, 기아그룹의 2021년 성취는 여기에서 그치지 않았다. 정몽구 그룹 명예 회장의 「자동차 명예의 전당(Automotive Hall of Fame) 헌액」이다. 정몽구 회장은 이로써 세계 최고 수준의 자동차 엔지니어로 공인됐고 한국의 자동차 왕으로 탄생했다.

1939년 제정된 자동차 명예의 전당은 세계자동차 산업 발전에 길이 남을 성과와 업적을 남긴 인물을 선정해 전당에 헌액한다. 정몽구 명예 회장의 명예의 전당 헌액은 한국의 국격을 높여준 빛나는 영웅담이다.

한국의 자동차 산업 역사는 짧다. 구미의 자동차 산업 역사는 200년 가깝지만 한국의 자동차 산업 역사는 60년도 채 되지 않는다. 1세기나 뒤늦게 출발한 후발 국가 한국이 선발들을 따라잡고 명예의 전당에 당당히 입성한 것이다.

정몽구 명예회장이 현대자동차를 완벽하게 장악한 것은 20여 년 정도 밖에 되지 않는다. 1999년 재벌들의 계열 분리 정책에 따라 정 명예회장은 현대자동차를 완전히 끌어 안았다.

정몽구 명예회장의 「자동차 인생」은 드라마틱하다. (이 책에서는 독립 장을 통해 정몽구 명예 회장의 명예의 전당에 헌액되기까지의 인생 역정을 살펴볼 것이다.)

2

정주영과 카를 벤츠

현대차 창업주 정주영과 카를 벤츠는 많이 닮았다.

두 사람 다 이동수단의 혁명을 가져온 자동차에 대한 상상력을 가졌고 어려운 환경에 굴하지 않고 자기들의 상상력을 밀고 나갔으며 끝내 성공을 거둔 점에서 그렇다.

카를 벤츠는 어느 날 아침 말(馬)이 끌던 마차 시대를 마감하고 기계가 이끄는 이동수단을 만들 수는 없을까 하는 공상 같은 생각에 잠겼다. 카를 프리드리히 벤츠(Karl Friedrich Benz)는 1781년 독일 만하임에서 엔지니어였던 아우구스트 리터(August Ritter)와 합작으로 회사를 설립했다.

카를 벤츠는 1844년 11월 25일 독일 카를스루(Karlsruhe)에서 철도기관사의 아들로 태어났다. 그가 두 살이 되던 해 아버지를 폐렴으로 잃고 집안 살림이 어려워지기 시작했다. 그때 어머니는 하숙업으로 가계를 꾸리며 카를이 훌륭한 교육을 받도록 뒷받침했다.

카를은 아버지의 혈통을 받아 사진과 시계 등 기술 분야에 흥미와 소질을 보였다. 카를은 13세 때 내연기관을 처음 대했고 그때 받은 강열한 인상은 그의 인생을 바꾸는 계기가 되었다.

소년 카를은 움직이는 차를 만들겠다는 꿈을 꾸게 되었고 전문대학에 진학했다. 카를은 대학을 마친 뒤 같은 지역의 기계산업 회사에서 2년간의 실무 교육을 이수했다. 이후 만하임 계량기 공장의 제도공이 되어 엔지니어로서의 첫발을 내디뎠다. 카를의 엔지니어 생활은 순탄치 않았다. 1868년 직장을 잃고 교량 전문 회사에 입사 했으나 정착하지 못했고 오스트리아 비엔나에 있는 제철 회사에 들어갔으나 곧 퇴사해 떠돌이 신세가 되었다.

카를은 그러나 그의 꿈이었던 움직이는 자동차를 만들겠다는 신념은 포기하지 않았고 그렇게 탄생한 것이 앞에 말한 만하임 합작회사였다.

하지만 카를의 회사는 많은 신생 회사 중 하나일 뿐이었다. 회사 설립 후 이렇다 할 수익을 내지 못했고 창업시에 받은 대출금에 차압까지 들어오는 최악의 상황에 놓이게 되었다. 설상가상으로 영입했던 기계기술자인 아우크스트 리터와 불화까지 생겼다.

모든 성공스토리에는 언제나 반전이 일어나 사태는 호전된다. 카를에게는 베르타 링거(Bertha Ringer)라는 약혼녀가 있었다. 낙천적이고 진취적인 이 여인은 추후 세계의 자동차 사(史)를 아름답게 장식하는 일을 해낸다.

베르타 링거는 장차 부군이 되는 전도유망한 카를의 어려움을 옆에서 지켜 보고만 있을 수 없었다. 베르타 링거는 자신의 결혼 지참금을 카를에게 주었다. 카를은 그 돈으로 사업 파트너인 아우구스트 리터로부터 권리를 사들이고 의사결정권을 확보하고 그를 해고했다. 1872년 카를 벤츠는 베르타 벤츠와 결혼하고 슬하에 5명의 자녀를 두었다.

카를의 사업은 초창기 성장이 느렸다. 주철공장과 기계 작업실은 회사의 재정 상황이 좋지 않아 압류되기까지 했다. 말이 끌지 않는 자동차를 만들기 위해서는 엔진 개발이 필수였다. 카를은 2년간의 노력 끝에 1879년 엔진 개발에 성공했다.

카를의 엔진은 가스구동 방식의 2행정기관이었다. 이때 자동차의 시동을 걸기 위한 배터리 정착장치를 개발하기도 했다.

1882년 카를 벤츠와 베르타 벤츠는 새로운 재정지원자와 파트너, 은행의 도움으로 회사를 공개 유한책임회사로 변경하고 회사명도 만하임 가스엔진제작회사로 개명했다. 카를의 지분은 5%에 불과했다. 그러나 경영에 함께한 파트너들이 카를의 설계에 조금씩 영향력을 행사하기 시작하자 결국 1883년 카를은 회사를 떠나게 되었다. 그러나 이것은 카를에게 행운을 가져다주는 계기가 되었다.

같은 해인 1883년 사업가인 막스 로제(Max Rose)와 프리드리히 빌헬름 에슬링거(Friedrich Wilhelm Esslinger)로부터 금전적인 지원을 받았고 덕분에 그 해 10월 만하임에 벤츠자동차(Benz & Co)와 세계 최초의 자동차공장 라이니쉐 가스 자동차

공장(Rheinische Gasmotoren-Fabrik)을 설립했다. 새 회사는 급격하게 성장했다. 회사직원도 2명에서 25명이 되었고 가스엔진을 제조하기 위한 면허도 발급받았다.

카를 벤츠는 4행정기술인 엔진을 장착한 고성능 자동차를 설계하기 시작했고 1885년 2인승 마차에 0.75마력 1기통 4행정 엔진을 달고 자동장치까지 탑재한 자동차를 완성했다.

이 차가 바로 첫 번째 삼륜자동차였다. 이듬해인 1886년 카를은 특허받은 자동차라는 의미를 지닌 페이턴트 모터바겐(Patent-Motorwagen)이라는 이름을 붙여 해당 차량을 공개했다. 페이턴트 모터바겐은 세계최초로 "자동차"라는 이름으로 독일에서 특허를 받았다.

1885년부터 1887년까지 세 종류의 삼륜자동차를 생산했는데 첫 번째 모델은 1906년 독일 박물관에 기증했고 두 번째 모델은 여러번 수정 개조했다.

세 번째 모델, 목재 스포크 차륜을 장착한 차가 그의 아내 카를베르타가 1888년 최초로 장거리 자동차 주행을 한 차이다. 카를벤츠는 역경을 뚫고 자신이 만든 자동차로 특허를 받고 공인된 자동차 역사에서 「세계 최초」라는 타이틀을 가진 주인공이 됐다.

그러나 카를의 이웃, 주변에서는 경탄의 눈초리를 보내는 대신 싸늘한 경멸의 비웃음을 보냈다. 사람들은 말(馬)이 끄는 마차가 아닌 괴상한 소리를 내며 달리는 세바퀴 물건에 대해 관심이 없을 뿐더라 냄새 나는 고물이라며 외면했다.

카를은 완벽주의자이고 소심한 성격의 소유자였다. 내연 자동차를 발명하고도 세상에 내놓지 못하고 의기소침해 있었다.

낙천적이고 도전정신이 강한 베르타 벤츠는 남편이 실망에 빠져 있는 것을 보고만 있을 수 없었다. 1888년 8월 어느날 이른 새벽 그녀의 남편이 잠들어 있는 것을 확인하고는 두 아들과 함께 집을 빠져나왔다.

그녀는 창고 문을 열고 남편이 소중하게 보관해 둔 "말(馬) 없이 움직이는 차"를 끌어냈다. 집에서 어느 정도 거리가 멀어졌을 때 요란한 굉음을 내는 자동차 엔진에 시동을 걸었다. 세계자동차 개발사(史)를 쓰는 순간이었다. 베르타는 남편이 온갖 시련을 겪으면서 발명해 놓은 우수한 작품 가솔린 자동차를 사람들에게 알리고 싶었던 것이다.

그녀는 세계최초로 자동차 장거리 여행이자 주행 테스트를 한 것이었다. 그녀가 감행한 여정은 악전고투였다. 그녀의 친정은 포르츠하임(Pforzheim)이었고 그녀의 집 만하임에서 106km였다. 최초의 가솔린 자동차 주행거리치고는 대단히 먼 거리였다.

어느 정도 예상은 했지만 여정은 고난의 연속이었다. 카를 벤츠의 차는 바퀴를 딱딱한 나무에 고무를 덮어 씌운 것이어서 승차감이란 있을 수가 없었다. 그 당시 도로란 비포장이었기 때문에 울퉁불퉁한 길에서 오는 충격을 나무 바퀴는 흡수하지 못했다. 더구나 당시의 차 핸들은 오늘날의 원형이 아니고 막대 모양인데다 레버식 브레이크가 탑재되어 있어서 운전이 쉽지 않았고 피로도가 높았다. 여름의 더운 날씨, 자동차의 냉각수가 증발되어 엔진이 과열되는 바람에 계속해서 시냇물을 퍼다 부어 냉각수로 써야 했다.

연료가 바닥나면 길가 약국에서 솔벤트를 주입해서 연료통을 채웠다. 당시엔 솔벤트가 약국에서 소독용으로 팔리고 있었으므로 어떻게 보면 이 약국이 세계 최초의 주유소라고 할 수 있다. 베르타는 연료파이프에 이물질이 가득한 것을 발견하고는 그녀의 머리핀을 뽑아 이물질을 제거하기도 했다. 체인과 브레이크용 가죽이 끊어질 때는 스타킹을 벗어 응급처지 했고 친정에 거의 다다랐을 때는 브레이크가 말썽을 부렸다. 그러나 베르타는 단념하지 않고 인근 신발가게에 들어가 새 신발을 샀다. 신발을 구입한 목적은 장기 분진으로 더러워진 자신의 구두를 새것으로 바꾸려는 것이 아니라 신발의 가죽을 떼어내 브레이크에 새 가죽을 덧붙여 고치려는 것이었다.

베르타와 두 아들은 해가 질 무렵에야 친정집에 도착 할 수 있었다. 정확하게 몇 시간이 걸렸는지는 기록이 남아있지 않다. 그들이 타고 온 요상한 모양의 기구에 마을 사람들은 비상한 호기심과 큰 관심을 보였다. 만하임에서 포르츠하임까지 106km의 먼 거리, 사람들은 놀라움을 금치 못했다.

카를 벤츠는 베르타가 친정에 무사히 도착했다는 소식을 듣고 누구보다도 감격했으며 기쁨에 넘쳤으며 "아하~! 연약한 여자와 아이들이 그 차로 장거리 여행을 할 수 있다면 분명히 승산이 있다."고 마음속으로 부르짖었다. 베르타는 나중에야 기름이 바닥났을 때 두 아들과 몇 시간씩 자동차를 밀고 가기도 했다며 그날의 체험담을 자세히 말했다.

카를 벤츠는 아내의 체험담을 듣고 그가 발명한 자동차의 결함을 알 수 있었으며 문제점들을 보완해 튼튼하고 편리한 자동차를 만들 수 있었다.

카를 벤츠의 차가 장거리 여행에서 성공했다는 베르타의 성공 스토리는 전국에 퍼지기 시작했다. 비판적인 비평가와 언론들도 새로운 시각으로 카를 벤츠 차를 바라보기 시작했고 가솔린 자동차의 성공 가능성을 보여주었다. 카를 베르타는 세계 최초의 여성 운전자라는 불후의 명예를 얻었다. 카를 벤츠는 이를 계기로 대규모로 생산 시설을 갖추게 되었다. 새로운 회사는 순탄하게 운영됐지만 재정적인 지원을 해준 파트너들과 지향점에 대한 이견으로 갈라서게 되었다. 카를 벤츠는 다시 한번 새로운 투자자를 찾아 나섰다. 1890년 5월 율리우스 간스(Julius Gans)와 프레드리히 피셔(Friedrich von Fischer)를 새로운 투자자로 맞아들였다.

새로운 투자자가 합류함으로써 1890년 카를의 라이니쉐 가스 자동차 공장은 독일에서 두 번째로 큰 엔진 제조공장으로 성장했다. 1893년 카를 벤츠는 엑슬 피벗 스티어링을 자동차에 도입하여 앞바퀴를 다각도로 움직일 수 있는 콘트라(contra) 엔진을 개발했다. 카를 벤츠의 기계에 대한 천재성은 이런데서 빛나는 것이다. 이에 힘입어 카를은 세계 최초의 양산차인 빅토리아(Victoria)를 출시했다.

다음해인 1894년 서스펜션과 헤드램프를 탑재한 벨로(Velo)를 개발했다. 1894년부터 1901년 사이에 약 1,200대가 생산되었다. 당시로서는 경이적인 숫자였다. 이 판매량으로 벨로를 최초의 양산 차로 간주하는 자동차 역사학자들도 있다.

자동차 개발에 대한 카를의 열정은 계속되었다. 1896년 카를은 평면엔진에 대한 특허를 취득했다. 복서엔진이라고도 불리는 이 엔진은 4개의 실린더가 수평으로 마주 보고 서 있는 형태이다. 이 방식은 현재도 적용되고 있는데 대표적인 예로 포르쉐의 박스터가 있다.

카를의 벤츠자동차는 19세기 말 전 독일뿐 아니라 세계적으로 인정받는 선도적인 자동차 회사로 성장했다.

1899년에는 회사 형태를 공개, 유한 회사로 전환해서 벤츠앤씨에(Benz & Cie)로 했다. 1890년부터 10년 동안 벤츠앤씨에 직원은 50명에서 430명으로, 1899년 연간생산량이 572대에 이르렀다.

1903년 1월 24일 카를 벤츠는 경영일선에서 물러나 감독이사회의 개발 이사 역할을 맡았다. 그가 이사직으로 내려왔을 당시 프랑스에서는 마이바흐 제품들을 가지고 자동차 산업을 키워나가고 있었다. 빌헬름 마이바흐(Wilhelm Maybach)는 당시 다임러(Daimler)의 개발이사였는데 메르세데스 만하임 공장에서 프랑스 출신 설계자들을 고용한다는 소식을 듣고 벤츠앤씨에로 회사를 옮겼다. 마이바흐는 프랑스에서 자동차 디자인의 일인자였다. 카를 벤츠는 1906년 그의 아들 오이겐과 함께 카를 벤츠 죄네(Karl Benz Söhne) 사를 공동으로 설립했다.

그들은 자연흡기방식의 가스엔진을 개발하고자 했으나 실패하고 차량 구조에 관심을 가졌다. 1925년까지 카를 벤츠 죄네는

350대의 자동차를 생산했다. 1912년 카를 벤츠는 그의 아들 오이겐과 리하르트가 회사를 경영하도록 하고 회사를 떠났다.

회사는 이후에도 점점 성장하였고 시장도 넓혀나가 1925년까지 350대의 자동차를 생산했다. 특히 영국에서 택시 회사들이 카를 벤츠 죄네 자동차를 주종차량으로 선택해서 판매량이 급격히 늘어났고 여기서 얻은 신뢰 때문에 벤츠에 대한 인기가 급성장했다.

1924년 독일이 세계 1차대전에서 패전함으로써 자동차 산업도 침체를 피해가지는 못했다. 당시 독일에서는 경기침체를 극복하기 위해 기업들이 합병이나 동업형태로 구조조정을 했다. 벤츠앤씨에 회사 또한 수년간 라이벌 관계에 있던 다임러 모토렌 게젤샤프트(DMG; Daimler Motoren-Gesellschaft)와 연합하기로 합의하고 기술, 영업, 마케팅 등의 분야에서 협조를 통해 경쟁력을 높이기도 했다.

양사의 공동마케팅 활동은 메르세데스 벤츠 회사가 맡기로 했다. 이러한 노력에도 불구하고 두 회사는 위기를 완전히 벗어나지는 못했다. 결국 1926년 벤츠앤씨에와 DMG의 합병이 이루어져 현재 다임러 AG의 모태인 다임러-벤츠 AG가 설립되었다.

이후 독일이 전후 복구를 이겨내고 경기 회복으로 자동차 붐이 일어 카를 벤츠는 그의 소망을 이루게 됐다. 카를 벤츠는 다임러-벤츠 AG에서 중추 역할을 하다 합병 3년 후인 1929년 4월 4일 84세의 나이로 독일 라덴부르크 자택에서 생을 마감했다.

카를 벤츠는 세계 최초의 가솔린 자동차 발명가이자 오늘날 최고급 럭셔리 자동차의 대명사인 벤츠를 만드는 메르세데스 벤츠

회사의 창업자이다. 그가 자동차 산업의 역사에 남긴 업적은 오래도록 기억되고 기록에 남을 것이다.

뿐만 아니라 인류문명사 발전에 끼친 영향도 막대하다. 카를 벤츠는 신 이동수단 발명으로 속도 혁명을 일으켜 문화교류, 정보교환을 전세계적으로 확산시킨 공로자이기도 하다.

3

현대차 정주영과 박정희

정주영 현대자동차 창업자는 카를 벤츠와 비견된다. 두 사람은 새로운 이동수단을 만들어 사물의 이동시간을 단축하는 혁명을 꿈 꾼 것이다.

벤츠는 기술전문대학 출신으로 기계에 대한 어느정도의 전문지식을 갖추고 있었지만 정주영은 자동차 수리업으로 자동차와 인연을 맺고 독자적으로 자동차의 내부 구조를 공부해 전문가 수준에 이르렀다.

여기에서 박정희 대통령 이름이 등장하는 것은 그가 한국이 자동차 생산국이 되도록 하는데 결정적 기여를 했기 때문이다. 박 대통령의 자동차 산업에 대한 이해도가 깊지 않았더라면 한국의 자동차 산업 발전속도는 크게 늦어졌거나 아예 생산국 대열에서 사라졌을지도 모른다.

정주영은 1915년 강원도 통천군 송전면 아산리에서 태어났다.

그의 집안은 빈농이었다. 아버지는 그가 농사꾼으로 자라 집안의 농사일을 계승해 줄 것을 희망했다. 정주영은 아버지의 뜻에 따라 초등학교를 졸업한 후 몇 년 동안 농사일을 도왔다. 그러나 소년 정주영은 농사일에는 흥미가 없었다. 그는 중학교에 진학해 선생님이 되기를 희망했으며 문학청년이 되고 싶었다. 정주영은 농사일을 도우면서도 동리 이장댁에 배달되는 일간신문(동아일보)을 매일 찾아 읽으며 좀 더 큰 바깥세상을 알게 됐고 동경했다. 그는 아버지의 허락 없이 세 번이나 가출했으며 그때마다 붙잡혀와 농사일을 해야 했다. 그가 19살이 되던 해 이번에는 서울로 가출했고 막노동시장에서 일하기도 했다.

정주영은 1934년 서울 신당동에 있는 복흥상회라는 쌀 가게에 취직했고 쌀 배달이 그의 주된 임무였다. 그는 단숨에 쌀 배달의 달인이 되었다. 자전거에 쌀 두 가마니를 싣고 바람처럼 신속하게 달리는 사람은 장안에서 그가 유일했다. 정주영은 낙관주의자이고 잠시도 쉬지 않고 무엇인가를 해야 직성이 풀리는 부지런한 사람이었다. 그는 쌀 배달을 끝내면 쌀 가게를 곡식별로 칸을 만들어 정연하게 정리했고 기초 부기지식이 있어 가게의 회계장부 기록도 도왔다. 가게 주인은 부지런하고 활달한 이 젊은 배달원에게 깊은 신뢰를 보냈고 1938년 초 어느날 뜻밖의 제안을 했다.

"정군, 자네 내 쌀 가게를 인수해 주게. 나는 더 이상 쌀 가게를 운영할 생각이 없어. 도박과 술에 취해 있는 내 아들에게는 기대할 게 없네."

정주영은 상상도 못 했던 제안이었지만 이를 받아들였고 "경일

상회"라는 상호로 독자적인 사업을 시작했다. 정주영은 쌀 가게를 키웠고 그대로 가면 전국 제일의 미곡상을 꿈꾸기도 했다. 그러나 1940년 중일전쟁 발발로 일본이 전시동원령을 발동해 쌀 배급제를 실시하는 바람에 개인 미곡상들은 문을 닫을 수밖에 없었다. 정주영은 새로운 사업을 찾았고 이을학씨라는 자동차 정비사를 만났다. 이을학씨는 새로운 사업으로 자동차 수리공장을 추천했다. 이 만남은 꽤나 의미가 깊은 것이었다. 젊은 사업가 정주영이 자동차라는 이동수단 사업과 만나는 계기를 마련해 주었고 끝내는 현대자동차 설립까지 연결되는 것이어서 결국 한국 자동차 산업의 출발점이 되는 것이기도 했다.

이을학씨가 추천한 자동차 수리공장은 아현동 고개에 있는 「아도서비스(ART SEVICE)」라는 그리 크지 않은 규모의 공장이었다. 청년 정주영은 창업자금이 충분하지 않았다. 그는 신당동 복흥상회 근무 때 인근의 꽤 큰 규모의 소문난 사채업자를 찾아가 부족한 자금을 빌렸다. 사채업자는 정주영이 복흥상회 근무 때 보여준 성실성만을 믿고 흔쾌히 돈을 빌려주었다. 아도서비스공장은 성업이었고 개업 20일만에 빌린 자금을 모두 갚을 수 있는 정도가 되었다.

그러나 성업의 기쁨도 잠시, 수리소 초보 직원의 실수로 화마가 덮쳐 아현동의 아도서비스공장은 전소되고 말았다. 고객들이 맡겨 놓은 자동차까지 모두 타고 말았다. 그중에는 친일파의 거두 윤덕영이 맡겨 놓은 윌리암스모빌도 있었다. 당시로서는 고액의 고급차였다. 윤덕영은 경술국치 때 이완용 등과 공모, 나라를 팔아서 은 사금으로 2백30억원(현재의 구매력)을 받아 종로구 옥인동에 백수산장이라는 대저택을 지은 자이다.

그러나 청년 정주영의 사업 의지는 꺾이지 않았다. 정주영은 신당동의 예의 그 사채전주를 찾아가 아도서비스의 화재사건의 전말을 진솔하게 설명하고 사업자금을 다시 한번 빌려줄 것을 간청했다. 사채업자 오(吳)모씨는 정주영 얼굴을 한참동안 물끄러미 바라보면서 "나는 40여년간 사채사업을 해왔다. 그러나 담보를 잡고 돈을 빌려준 일도 없고 돈을 떼인 일도 없다."라는 유명한 말을 남기면서 정주영이 요구한 돈을 빌려주었다. 차용액은 3천원, 현재의 구매력으로 환산하면 1백억원 수준이다. 정주영은 평소 그가 신념으로 삼아 오는 "신용은 생명"이라는 말을 그때만큼 실감할 때도 없었다.

정주영은 이번에는 아현동이 아닌 성북구 신설동에 공장 자리를 마련했다. 돈암동 자택과도 멀지 않은 거리다. 신설동 서비스공장도 여전히 수리를 의뢰하는 차가 밀려들었다. 정주영의 영업전략은 장안에 있는 다른 수리공장과는 정반대였다. 기존의 공장들은 수리기간이 길고 그렇기 때문에 수리비가 고액이다. 신설동 서비스는 수리기간이 짧고 수리비도 저렴하다. 정주영은 생각했다. 자가용을 가진 사람들은 자동차가 발(足)이다. 수리를 빨리 해주는 것이 그들을 만족시키는 것이다. 그런데 신설동 서비스 공장은 관의 허가가 없는 불법 업체였다. 당시 자동차 수리공장허가는 자동차 제조업체에 한해서 내주기 때문에 허가받기는 불가능했다. 동대문 경찰서는 하루도 빠짐없이 단속을 하면서 책임자를 구속하겠다고 으름장을 놓았다. 정주영은 하루도 빠짐없이 "곤도"라는 사람의 집을 이른 새벽에 찾아가 사정했다. 경찰서 계장인 곤도는 하루 아침에 "너희가 계속하려면 눈치껏이나 해라. 판자로 울타리라도 치고 해라"고 넌지시 말해 주었다. 정주영의 끈질김에 항복한 것이다.

여기서 정주영의 자신이 하는 일에 대한 집념과 열정의 단면을 볼 수 있다. 정주영은 서비스 공장을 운영하면서도 거의 퇴근이 없었다. 밤에는 직원들과 함께 기름 손이 되어 수리작업을 했다. 수년 동안 그 과정을 통해 자동차 내부 구조를 훤히 꿰뚫어 알게 됐다. 이때의 경험이 훗날 포드사가 한국에 진출할 때 한국의 몇몇 자동차 업계의 대표들과 인터뷰를 하게 되는데 정주영은 3일에 거치게 되어 있는 인터뷰를 불과 3시간 만에 하면서 포드사 관계자들을 만족시키게 되는 것이다.

현대자동차는 1967년 12월 설립허가를 받았다. 정주영이 꿈에 그리는 자동차 산업에 공식적으로 뛰어들었다. 싸움은 이제부터였다. 정주영은 몇 개의 난제를 뛰어넘어야 했다.

우선 거대 다국적기업과의 경영권 확보를 위한 싸움이었다. 합작 상대인 포드사는 자본, 기술, 글로벌 판매망 보유라는 절대 강자의 잇점을 무기로 한국의 현대자동차를 동남아 지역의 하나의 부품 생산기지로 만들 속셈이었다. 정주영은 이에 굴하지 않았다.

둘째는 국내 선발인 신진자동차와의 싸움이었다. 신진자동차는 일본의 도요타와 제휴해 국내 완성차 시장을 독점적으로 지배하고 있었다. 더구나 신진은 국내유력 권력자를 배후에 두고 있어 대단한 영향력을 행사하고 있었다.

세번째 난제는 자동차 산업 관련 정부 부서의 정책과의 싸움이었다. 자동차 산업의 정책이 조변석개했다. 정부의 정책이 원칙도 없이 널뛰는 것은 외부영향력 때문이었다.

포드와의 싸움

정주영은 청년 시절 아도서비스 자동차 수리센터를 운영하면서 얻은 자동차에 대한 지식을 잊지 않고 있었으며 언젠가는 자동차를 직접 만들겠다는 꿈을 꾸고 있었다. 1967년 정부는 2차 5개년 경제개발계획을 발표하면서 중점 육성산업중의 하나로 자동차를 포함시켰다. 이것은 한국이 자동차 생산국이 된다는 것을 의미하는 것이다. 한국 정부는 1차 5개년 개발계획(1962년~1966)을 성공적으로 마무리함으로써 재화와 인력의 이동량이 폭발적으로 증가했다. 세계은행(IBRD)도 한국이 2차 5개년 계획 기간 중에 자동차 수요가 급증할 것이라는 전망을 내놓았다.

정주영은 자극받았다. 이 시기에 자동차 산업에 뛰어들지 않으면 자동차를 만들어 보겠다는 평소의 그의 꿈은 사라질지도 모른다고 생각했다. 그의 특유의 기민성이 발휘되기 시작했다. 그룹 산하의 담양시멘트공장 건설을 위한 차관교섭차 미국에 있는 정인영(정주영의 6형제 중 둘째 동생)에게 국제전화를 걸었다. "시멘트공장 차관은 늦어져도 괜찮으니 전화 끝나는 즉시 미국 포드사에 전화해 자동차조립회사를 만들자고 제안해라."고 지시했다.

정인영씨는 놀라움을 금치 못했다. "그런 중대한 문제를 갑자기 제안하는 것은 어렵다."고 말했다.

정주영은 "이봐! 해보기나 해봤어?" 하고 전화를 끊었다. 정주영의 이 화법은 유명하다. 평소에도 임원들이 어떤 신규 프로젝트를 추진할 때 확신을 갖지 못하면 그때마다 "해보기나 해봤어?" 하는 화법으로 질책과 격려를 하는 것이다. 정인영씨는 그날부터 디트로이트에 있는 포드 본사에 전화를 하기 시작했고 직접 본사를 방문했다. 한국의 정주영은 청년시절에 자동차 수리공장을 운영한 경험이 있고 자동차에 대한 지식이 전문가 수준이다. 한국은 이제 자동차산업을 육성하려는 초창기다. 포드가 현대그룹의 정주영과 제휴하면 한국에서 포드사업은 대성공을 거두게 된다고 역설했다. 한편 포드는 포드대로 한국을 포함한 동남아시아 시장에 진출하려는 계획을 갖고 있었다.

1966년 4월 포드는 한국진출을 목표로 시장조사차 한국에 조사단 일행이 서울에 왔다. 그들에게는 현대는 조사대상에 끼지도 못했다. 포드조사단은 현대란 건설업체 중의 하나로 여겼다. 당시 포드사가 한국의 합작대상기업으로 흥화공작소, 화신산업, 동신화학, 기아산업 등을 꼽았다.

1967년 2월 포드는 그들이 조사한 초정밀신용조사자료를 들고 다시 서울에 왔다. 정주영은 이들을 만날 수 있었고 그들과 인터뷰를 할 수 있었다. 포드가 제시하는 인터뷰는 3일간이었다. 정주영은 그들에게 엔진구조에서부터 변동장치, 제어장치 등 1만여 부품의 기능과 명칭에 이르기까지 막힘없이 설명했다. 포드사 일행은 입이 다물어지지 못했다. 사업 오너임에도 기술자 이상의 전문지식을 가지고 있는 것이다. 1967년 9월 포드는 현대와의 제휴를 결정했다. 현대는 그해 12월 30일 현대자동차 주식회사로 법인설립을 마쳤다.

정주영은 동생 인영씨가 작명했다는 현대모타주식회사라는 사명이 마음에 들지 않았다. 우리는 한국인이고 한국자동차를 만드는 것인데 굳이 "모타"라는 남의 나라말을 사용할 필요가 없다고 생각했다. 정주영의 이런 국수주의적 생각은 중요하다. 비즈니스에 있어서 이윤 창출은 목표이지만 남의 지배를 받으면서까지 이윤 창출에 급급해하는 것은 굴욕이라고 생각했다.

정주영의 이런 신념은 포드와의 합작 계약과정에서도 곳곳에서 나타난다. 그리고 끝내는 이런 신념이 「완전한 한국산 자동차」 탄생의 씨앗이 된다.

엔진 일원화 계획

1970년 정부는 엔진일원화계획을 발표했다. 자동차 국산화를 앞당기기 위해 자동차의 심장인 엔진을 단일화하는 정책이었다. 이것은 자동차 메이커들이 각자 엔진을 만드는 중복투자를 피하고 단일화하는 것이 효과적이라는 명분이다.

그러나 이 정책은 어마어마한 함정이 숨어 있다. 당시 국내 자동차 메이커는 신진, 아세아, 기아, 현대 4사인데 이들을 하나로 묶어 단일회사로 만드는 것이다. 넷 중 셋은 사라지고 하나만 남게 되는 구도다. 정부는 엔진 단일화 조건으로 기술, 외자, 시장성을 들었다. 기술축적 수준이 높고 외국자본과 제휴해있고 세계시장에 판매망을 갖출 수 있어야 한다는 것이다. 자동차 4사 중 이 조건을 갖출 수 있는 곳은 신진자동차 하나뿐이었다. 신진자동차는 선발주자로 기술축적이 어느 정도 되어있고 일본의 세계적 강자인 도요타와 자본제휴를 맺고 있으며, 도요타 세계판매망을 통해 정부가 말하는 시장성을 갖출 수 있는 것이다.

정주영은 당황했다. 정부의 정책이 결정된 이상 따를 수밖에 없었다. 포드의 기술력과 자본력이면 정부가 원하는 조건을 맞출 수 있다. 1970년 3월 현대와 포드는 50대 50의 비율로 합작 법인을 세우는 계약을 맺었다. 50대 50의 비율, 이것은 정주영에게는 잘 통하지 않는 것이다. 정주영이 지론으로 삼고 있는 합작비율은 51대 49였다. 50대 50의 비율로 거대 다국적 기업과 합작기업을 세운다 해도 결국 다국적기업에 먹히고 만다. 기술, 자본에서 앞서 있는 그들은 어느 사이 기업을 지배하고 마는 불평등 구조가 되기 마련이다. 엔진주물공장은 고도의 기술산업이다. 현대는 기술과 재무상담의 중역자리만 포드에 맡기고 나머지는 현대가 맡았다.

그러나 시련은 이때부터 시작되었다. 포드와의 합작은 서명한 날 후 2년 동안 타협점을 찾을 수 없는 갈등의 연속이었다. 포드는 자동차 장기할부판매에 필요한 자금을 선결(先決)해 줄 것을 요구했다. 포드가 요구하는 액수는 120억 원이었다. 현대의 자금사정으로는 감당하기 어려운 수준이었다. 현대자동차의 경영은 악화일로에 있었으며 직원들의 월급이 몇 개월씩 지연되는 것은 다반사였다.

　더구나 한국의 금융시스템은 할부금융 운용은 허용되지 않고 있었다. 방법은 외국에서 자금을 도입하는 것이 유일했다. 포드는 그것까지도 브레이크를 걸었다. 내자로 충당하라는 것이었다. 정주영은 필사의 노력으로 포드가 요구하는 120억원보다 80억이 많은 200억 원의 은행지급보증서를 만들어냈다. 포드는 이것마저 만족해하지 않았다. 그들은 별도신용조사까지 벌였다. 정주영은 생각했다. 포드는 현대와 이익을 나누기 위해 합작법인을 만든게 아니고 아예 통째로 먹으려고 한 것으로 보였다.

　포드의 또 하나의 함정은 범(汎)아시아 계획이었다. 한국을 포함해 동아시아 각국에 부품회사를 두는 것인데 현대를 부품공장의 하나로 만드는 것이었다. 거대자본 다국적기업의 전형적인 불공정한 비즈니스 형태다. 후진국의 값싼 노동력을 이용, 부품이나 만들게 하고 고급기술은 이전해 주지 않는 것이다.

　정주영은 1973년 1월 결국 포드와의 합작계획을 취소하고 말았다.

4

박정희 대통령과 담판

정주영은 절체절명의 위기에 처했다. 엔진일원화 정책은 구체적으로 시행되어 가고 있었고 가장 강력한 라이벌인 신진자동차는 일본 도요타와 합작으로 100억 원(신진 50억, 도요타 50억)의 엔진공장을 짓기로 했다는 메가톤급 뉴스를 발표했다. 대세는 신진 쪽으로 기우는 것으로 보였다. 강력한 권력이 배후에 있고 언론도 호의적이었다. 정주영의 머리에 순간 섬광처럼 지나가는 생각, 박정희 대통령을 면담해 자동차 정책의 잘못된 점을 건의해 보는 것이었다.

정주영은 청와대에 연락, 박 대통령과의 면담 일정의 기회를 얻었다. 박 대통령은 집무실에 들어서는 정주영에게 "경부고속도로는 잘 진행되고 있습니까?"부터 물었다. 박정희 대통령의 관심은 온통 경부 고속도로 건설에 꽂혀 있었다. 정주영은 "고속도로는 별 문제가 없습니다. 그런데 자동차 국산화 정책이 문제입니다."라고

아예 본론부터 꺼냈다. 박 대통령은 얼굴을 들어 정주영을 쳐다보며 "며칠 전에도 자동차 국산화 정책은 잘 되어 가고 있다는 보고를 받았는데 무엇이 문제입니까?"라고 물었다.

정 회장은 꽤 긴시간을 들여 엔진일원화 정책이 잘못된 방향으로 결정됐다는 것을 설명했다.

"자동차 완전 국산화 3개년 계획은 그 시점에서 무리한 정책 결정이었고 업계 현실을 정확하게 파악한 것이 아니었습니다. 엔진은 자동차의 심장이고 자동차 기술의 전부입니다. 엔진만 국산화되면 나머지 부품의 국산화는 시간문제일 뿐입니다. 그만큼 중요한 엔진을 느닷없이 일원화하겠다면서 엔진주물공장건설 조건으로 기술, 외자(外資), 시장성을 들고 있습니다. 그것은 곧 외국자본과의 합작 투자를 최우선 하겠다는 것입니다. 외국 거대기업과 합작투자를 할 경우 모든 것이 뒤떨어진 우리 자동차 업계는 외국회사에 휘둘릴 수밖에 없습니다. 그렇게 해서 대통령께서 말씀하시는 자동차 백 퍼센트 국산화를 이룰 수 있겠습니까? 세계의 자동차 왕국인 미국의 예를 들겠습니다. 미국도 소위 빅3라는 GM, 포드, 크라이슬러가 서로 경쟁을 통해서 발전했기 때문에 오늘이 있는 것입니다.

포드의 경우 1903년 설립이후 GM을 따라잡기 위해 매년 몇십억 달러의 연구개발비를 투자하고 있습니다. 우리의 엔진일원화

정책은 한 기업에 독점을 시키는 것입니다. 방향이 잘못된 것으로 보입니다. 마라톤도 혼자 뛰면 좋은 기록이 나오지 않습니다. 경쟁 상대가 없으면 제품의 품질향상을 시킬 필요도 없고 생산량을 늘리기 위해 박차를 가할 필요도 없습니다. 공산권의 국영기업체와 같아지기 마련입니다."

박 대통령은 정주영의 말을 경청했다. 그러나 박 대통령은 "그동안 자동차 4사에 경쟁을 시켜왔지만 국산화 비율이 별로 신통치 않지 않는가?"고 오히려 자동차 업계에 대한 불만을 토로했다.

"그건 그렇지가 않습니다. 5·16혁명 이후 정부의 강력한 지원을 받아 신진자동차가 1967년까지 독점상태에서 조립생산 할 때와 비교해 보면 국산화 비율은 38%까지 올라갔습니다. 불과 2년도 채 되지 않아 17포인트나 높아졌습니다. 바로 경쟁이 올린 성과였습니다."

정주영은 내친김에 외국자본과 합작 투자를 우선하겠다는 정책 결정에 대해서도 문제가 많음을 지적했다.

"합작 투자정책 명분은 외국기업들의 선진기술을 얻고 해외시장 확보에 있습니다. 그러나 외국기업들은 핵심 고급기술을 쉽게 주지 않습니다. 그렇기 때문에 별 실속도 없이 남의 나라 업체에 제 돈 대주면서 너 부자 되라는 것입니다. 나부터도 그런 일은 안 합니다. 외국기업들이 일부 고급기술을 개방해 준다 해도 그들의 차 팔자는 전략에 불과합니다. 이런 구조라면 어느 천년에 우리 차의 완전 국산화가 이루어지겠습니까? 어쨌든 자동차 완전 국산화 3개년 계획은 너무 성급한 것으로 보입니다.

현재대로 4사 경쟁체제하에서 보다 장기적으로 추진한다면 우리차의 완전 국산화를 그리 요원하지 않습니다."

박 대통령은 정주영의 의견에 비로소 고개를 끄덕였다. 박정희 대통령과 정주영 회장의 이날 독대는 한국자동차 산업 역사에 결정적인 분기점을 만든 역사적인 사건으로 남아 있다.

대통령 독대 효과는 금방 나타났다. 상공부는 자동차 국산화에 대한 새로운 정책을 발표했다. 거기에는 엔진단일화정책은 사라졌다. 신진자동차의 엔진 주물공장 독점의 꿈도 사라졌다.

이런 와중에 1970년 7월 14일 중국으로부터 메가톤급 뉴스가 터져나왔다. 중국 저우언라이(周恩來) 총리의 주4원칙이라는 정책이 발표되었다. 주4원칙 중 하나가 미국과 한국 등과 거래하는 나라와는 무역을 하지 않는다는 것이었다. 이 정책은 일본 도요타 자동차에게 일격을 가하는 것이었다. 한국의 신진과 합작, 한국자동차 내수시장을 장악하고 엔진 주물공장을 세울 계획이었던 도요타는 혼비백산, 한국 시장진출을 철회한다는 것을 1970년 12월 발표했다. 중·일 국교 정상화가 임박한 시기에 엄청난 잠재력을 가진 거대 중국 시장을 도요타가 놓칠 리가 없다. 신진-도요타 합작 백지화는 한국자동차 산업의 지각변동을 가져왔다. 이런 시점에 「주4원칙」이 발표된 것은 어떤 합리적인 설명이 안되는 역사의 우연성일 수밖에 없다. 정주영에게는 절호의 기회가 찾아온 것이다.

5

라이벌 신진자동차

신진자동차는 현대의 라이벌이었다. 어느 시점에서는 현대를 앞서가는 듯한 사세를 보이기도 했따. 1955년 김제원, 김창원 형제가 부산 전포동에서 신진공업사를 설립하면서 기업으로서 출발했다. 신진은 미군으로부터 GMC, CCKW 폐차를 불하받아 샤시를 재생해 버스를 만들면서 자동차사업을 시작했다.

당시 부산에는 유엔군 사령부가 있었고 군수 기지에서 불하되는 폐차는 거의 신품에 가까웠다. 폐차되는 물량도 풍부했다. 1957년 신진공업(주)으로 새로 출발했고 1960년에는 전포동 버스공장을 완공했다. 1962년에 나온 신진 H-SJ 25인승 신진마이크로버스는 일명 노랑차 혹은 마이클이라는 애칭으로 불리우면서 엄청난 판매고를 올렸다. 당시 이동수단이 마땅치 않던 시민들에겐 다시없는 고마운 존재였다. 신진이 63년 미군 폐차 부품을 이용해서 닛산 블루버스 P310(새나라 자동차)의 외형을 모방하여 만든 신성호라는 세단은 신진의 최초의 승용차였으나 재생부품으로 생산하다 보니 품질이 조악해 판매는 부진했다. 새나라 자동차가 특혜시비로 문을 닫게 되자 신진은 1965년 새나라 자동차 인천공장(현재의 한국GM 인천공장)을 인수했다. 신진은 이를 계기로 승승장구했다.

신진은 일본의 강자 도요타와 기술제휴로 코로나(1966년), 크라운(1967년), 퍼블리카(1967년) 같은 승용차를 계속 출시했는데 신진코로나 승용차는 1960년대 한국의 비포장 도로 사정에 잘맞는 승용차로 국내시장을 싹쓸이했다. 현대자동차의 최초 모델 코티나가 판매 부진했던 것과 대비되는 것이다.

1966년 일본 도요타와 기술제휴로 만든 FB100LK 가솔린버스는 폐차부품 재생품이 아닌 규격화된 신품 부품만을 사용하여 만든 국내 최초의 대량 생산 기성품버스로 1960년대를 대표하는 시내버스로 유명했다. 1968년에 내놓은 DB102LC 디젤버스는 본격적으로 국내에 디젤버스 시대를 열었다. 신진은 버스 이외에도 도요타, 히노자동차와의 기술제휴로 중대형 트럭도 만들었다. 신제품을 낼 때마다 성공을 거두어 국내 자동차 메이커의 최강자 자리에 올라섰다. 비슷한 시기에 파이어니어라는 국내 최초 리어엔진버스를 만들었으나 많이 팔리지 않아 재미를 보지 못했다. 신진은 FB100LK 소린버스, 코로나 승용차 성공을 본격적으로 사세확장에 나섰다. 1966년 신진자동차 판매(주)를 세우고 1968년 서울 양평동에 신진자동차 운전학원을 세웠다. 1967년부터 1975년까지 하동환 자동차까지도 인수 및 업무 제휴하여 계열사로 두고 있었다. 한때 대한민국 최초의 자동차 재벌로서 1970년대 초반까지만 해도 국내 최대이자 최고의 자동차 그룹이었다.

1969년 경향신문을 인수, 직접 경영했다. 김재원 회장은 유능한 중견 언론인들을 스카웃 해 경향 신문의 논조 수준을 높여 주목을 받기도 했다. 김회장은 신진자동차가 국제적 수준의 대 자동차 회사로 발전하기 위해 세계의 자동차 산업의 흐름을 파악하는 것이 필요하다고 판단, 1972년 40일간의 여정으로 이태리 토리노의 피아트, 독일의 MAN, 미국의 디트로이트 등 유럽과 미국의 자동차 생산현장을 둘러봤다. 이때 김 회장은 경향신문 정치부 중견 기자 최서영 차장(추후 코리아 헤럴드 사장)과 동행, 최 차장으로 하여금 "변영의 구름다리"라는 기행문 형식의 책을 발간하도록 하기도 했다. 신진은 최전성기에는 현재의 현대자동차 그룹의 위상이었다. 재계서열 2, 3위였다.

그러나 신진그룹이 1969년 적자투성이 업체인 한국기계공업을 인수하면서 사세가 기울기 시작했다. 더구나 1970년 중국의 저우언라이 총리의 주(周)4원칙이 발표되면서 합작 파트너인 일본의 도요타가 중국진출을 위해 배신을 감행하면서 신진과 결별했다. 도요타의 철수는 신진에게 몰락의 결정적 타격을 주었다. 신진은 도요타 결별 후 미국의 GM과 제휴해, 부평공장을 GM코리아로 출발했으나 사업은 순조롭지가 않았다. GM코리아의 사업이 성공적이지 못한 것은 정주영의 현대자동차의 사세가 너무 강하게 국내시장을 장악한데서 오는 현상이기도 했다. 신진의 GM코리아는 경영악화로 1976년 한국기계와 세트로 한국산업은행 관리로 넘어갔고, 신진자동차는 자동차 메이커로서 수명을 다했다. 이후 GM코리아와 한국기계는 대우그룹의 김우중 회장에게 인수됐으나 이 책에서는 여기까지만 다루기로 한다.

국민차 포니

정주영의 선택은 명백해졌다. 현대자동차가 독자 모델을 개발해 「한국의 차」를 만드는 것이다. 그러나 그것은 결코 쉬운 일은 아니었다. 세계자동차 시장은 무한경쟁이다. 강자만이 생존한다. 정주영은 셋째 아우 정세영에게 현대자동차 모델 개발 프로젝트의 책임을 맡겼다. 정세영 사장은 공장부지 매입단계부터 고전하기 시작했다. 공장이 들어설 곳은 울산시 양정동 700번지 일대, 7만 2천여 평으로 정해졌다.

자동차 공장이 들어선다는 소문이 나자 평당 1백80원 하던 논밭이 자고나면 200원, 300원이 되고 5백원을 주겠다고 해도 팔지 않겠다고 버티는 지주들이 수두룩했다. 멀쩡이 놀리던 땅에 보상을 노리고 난데없이 과수를 심고 나무 값을 내라는 토지 브로커까지 나타났다. 정세영 회장이 가장 애를 먹은 것은 토속신앙의 대상이 되는 부락신(部落神) 제사를 지내는 수호신당, 신의 영험한 기운이 깃들어 있다는 수령 600년의 미루나무, 몇 백년 동안 물이 한번도 마르지 않았다는 공동 우물 등이었다. 정세영 사장은 머리카락이 빠질 정도로 고생했다. 정세영 사장은 그 해 11월 1일 울산공장에서 생산된 코티나 1호를 타고 경부고속도로 공사현장 정주영 회장 앞에 나타났다. 코티나는 미 포드사와 조립기술 협약에 의해 생산된 승용차다. 정주영은 "고생했다." 딱 한마디뿐이었다. 정주영은 그의 회고록에서 그때 칭찬에 너무 인색했다고 고백했다.

첫 작품 코티나가 문제였다. 라이벌인 신진자동차의 코로나에 비해 품질이 비교가 되지 않았다. 코티나는 비포장도로에 약했다. 포드측에서 한국의 도로상황을 자세히 연구하지 않았다. 이점은 포드도 인정했다. 판매에서도 완전히 실패했다. 국내에서 최초로 실시했던 할부제도는 부실채권을 만들어냈고 애프터서비스망도 갖추어지지 않았다. 코티나는 출고 이후 "섯다하면 코티나", "코티나는 밀고 가야하는 차"로 불렸다. 부산사업소 사무실 앞에서는 코티나 택시 100여 대가 경적시위를 벌이면서 자동차 반납을 요구하기도 했다. 결국 코티나로 인해 현대자동차는 "똥차"라는 오명을 얻게 되었다.

정주영은 심각해졌다. 조선, 건설분야에서 블루칩 대접을 받는 현대의 자존심상 이런 오명은 용납되지 않는 것이다. 정주영은 어느날 정세영에게 세계의 명차 대열에 끼일수 있는 독특하면서도 멋진 차를 만들라는 지시를 했다. 정세영 회장은 그날부터 신차 개발에 뛰어들었다. 정세영 사장은 이탈리아의 설계전문회사인 이탈디자인사와 스타일링 및 설계용역을 맺었다. 또한 유럽의 자동차 최고 스타일리스트인 지누자이로에게 한국의 미래형 자동차, 장래 수출도 할 수 있는 모델디자인을 의뢰했다. 정세영 사장은 영국으로 날아가 신차개발문제로 회장과 틀어져 놀고 있는 조지 터불 LMC사장을 설득해 엔진, 엑셀러레이터, 트랜스미션 등 주요부품 제작기술을 의뢰했다.

가장 핵심을 이루는 것이 엔진이었다. 정세영 사장은 일본의 닛산과 미쓰비시 중 어느것을 택할 것인지를 정주영 회장에게 물었다. 정주영은 즉시 미쓰비시로 정해 주었다. 미쓰비시는 신진자동차와 제휴를 모색했으나 도요타에 밀려 한국진출에 미련을 가지고 있었다. 미쓰비시와의 협상은 일사천리로 진행되었다. 현대와 미쓰비시는 가솔린 변속기, 후차축 레크를 위한 기술협력 계약을 체결했다. 그리고 프레스와 금형 공장, 엔진공장 건설에 대한 계획을 만들었다.

현대는 1974년 7월, 1억 달러를 퍼부어 연간 생산 5만 6천대 규모의 종합자동차 공장건설을 착공했다. 결코 적지 않은 규모였다. 카를 벤츠는 사업 일생 동안 자금난으로 공장을 세 번이나 옮겨가면서 고생했지만 정주영은 그런 고생은 하지 않았다. 그리고 1년 반후인 우리의 고유모델 제 1호 「포니(PONY)」가 탄생했다. 역사적이었다. 현대차가 포니를 만들면서 세계에서는 16번째, 아시아에서는 일본에 이어 2번째로 고유모델을 만든 국가가 되었다. 포니를 만들 때 사내에서는 반대의견도 만만치 않았다. 그러나 이에 개의치 않고 밀어붙였다. 차가 완성되고 보니 차의 디자인이 "꽁치 빠진 닭" 모양이라서 탐탁치 않게 생각하는 사람들이 많았다. 그러나 이탈 디자인사의 적극적인 권유로 선택되었다고 전해진다. 정주영은 적극적인 의견을 내지 않았다. 포니는 그해 10월 토리노 모터쇼를 통해 성공적인 데뷔 무대를 갖는다. 더불어 포니 쿠페 컨셉트카도 함께 선보였지만 쿠페 모델은 양산단계에까지는 이르지 못했다.

1976년 2월, 마침내 포니가 정식 출시됐다. 5도어 해치백 스타일의 외관이었지만 트렁크 도어는 뒷유리와 분리된 형태였다. 미쓰비시 랜서플랫폼을 바탕으로 1238CC 새턴 엔진과 4단 수동변속기를 탑재했고 최고출력 80마일을 발휘했다. 출시 첫해 1만 726대가 판매되며 43.6%의 점유율을 차지해 승용차 시장 1위에 올랐고 이듬해에는 점유율이 54%로 뛰어올랐다. 신진자동차의 코로나를 단숨에 뛰어넘어 시장 판도를 바꾸었다. 이후 현대자동차는 내수시장의 볼륨을 높여 나가며 81년까지 50%가 넘는 시장점유율을 기록했다. 포니가 출시되기전 국내 승용차 시장규모는 1만 8천 대였으나 포니 이후 1979년에는 8만 9천 대 규모로 확대됐다. 포니가 신규수요를 자극한 데서 온 결과였다.

현대차는 포니를 계속 업그레이드했다. 포니 픽업이 등장했고 1977년에는 왜건모델, 1979년에는 최고출력 92마일의 1.4리터 엔진을 탑재한 포니가 출시된다. 이어서 1980년에는 포니 1400이 출시된다. 이어서 1980년에는 포니 1400의 자동변속기 모델과 3도어 모델이 라인업에 더해진다. 1982년에는 부분 모델 변경인 포니가 출시되었다. 기존 포니는 트렁크가 뒷유리와 분리되었지만 포니2는 정통 해치백 디자인을 따랐고 5도어 해치백과 픽업트럭만 생산했다.

포니는 국산차의 해외수출 시대도 열었다. 1976년 중남미 에콰도르에 6대를 시작으로 1983년에는 포니2를 캐나다에 수출하며 미국진출을 위한 교두보를 마련했다. 1985년 캐나다 시장에서 5만 780대가 팔려 베스트 셀링카에 오르는 기염을 토하기도 했다.

최초의 국산 고유모델 현대 포니는 국내 자동차 시장의 판도를 소형차 중심으로 변화를 이끌었고 마이카 시대를 열었다.

포니는 단순한 자동차라는 차원을 넘어 한국 자동차 공업의 상징이 되었다. 포니는 1975년 12월→1982년 12월까지 29만 7천 903대. 포니2는 1982년 1월→1990년 1월까지 36만 3천 598대로 총 66만 1천 501대가 생산됐다.

1975년 처음 출시됐던 추억의 포니는 최근 전기자동차로 다시 태어났다. 미국 IT매체 씨넷이 최근 보도했다. 세계적인 자동차 디자이너 조르제토 주지사로 (Giorgetto Giugiaro)가 디자인한 "리티지 시리즈 포니"는 1975년 포니를 전기차로 변신시킨 컨셉트카다. 헤리티지시리즈 포니의 전체적인 디자인은 고전적 느낌을 유지하면서 동시에 「미래」를 담아냈다. 포니의 헤드라이트와 미등은 레트로와 모던스타일을 동시에 구현하는 픽셀디자인 LED램프를 적용했고 미등은 U자형으로 아주 독특하다. 사이드미러는 반사유리 대신 카메라를 탑재했다. 내부디자인도 오리지널 포니와 비교해 고급가죽, 브러시드 메탈소재 등 프리미엄 소재를 적용했으며 자동차 계기판은 진공관 모양을 적용해 복고적이고 예술적인 디자인을 갖췄다. 헤리티지 포니는 2022년 4월 8일부터 6월 27일까지 부산현대모터 스튜디오 2층 전시관에서 디자인 전시프로그램 "REPLECTION IN MOTION"(리플렉션즈 인 모션)의 일환으로 전시된다. 고전과 현대가 동시에 전시되는 보기 드문 현상이 벌어지는 것이다.

6

재벌 계열 분리

1997년에 일어난 IMF사태는 한국재계를 강타했다. IMF사태란 외환부족으로 대외부채를 상환하지 못하는 것을 말한다. 한국은 아시아 4룡(龍)으로 1962년에 시작된 5개년 개발계획을 시발점으로 성장정책을 채택, 30여년간 눈부신 경제발전을 이룩했다. 전후 독일의 경제성장을 라인강의 기적으로 불렀던 것에 비견 "한강의 기적"으로까지 불리웠다. 외환부도사태가 나자 사태의 원인이 재벌기업에 있다는 진단이 나왔고, 공룡 거대재벌기업의 몸집을 쪼개 작은 몸집으로 나누어야 한다는 것이 재벌기업 계열 분리다. 당시 한국재계는 현대, 삼성, 엘지 등 통칭 30개 재벌 그룹이 존재했고 이들이 경제발전을 끌어갔다. IMF사태 당시 이들 30대 재벌그룹은 전 금융기관 총 대출의 40%를 차지했다.

이 비율은 엄청난 것이었다. 금융기관(은행)이 재벌의 소유라 할 만했다. 어떻게 재벌들이 은행대출을 독식할 수 있었는가? 「상호

지급 보증」이라는 한국만의 독특한 금융대출제도 때문이었다. 상호지급 보증제란 계열사를 거느리는 주력기업이 자신의 계열사의 지급을 보증해주는 시스템이다. 주력기업은 몸집을 늘리기 위해 지급보증만 하면 되었고 은행은 대출서류에 도장을 찍어주는 것이다. 이 제도는 결국 재벌의 과도한 금융독식과 몸집 불리기를 가져왔고 재벌의 체력을 허약하게 만들었다. IMF사태의 신호탄이었다고 말하는 한보그룹의 한보철강 부도 사태 전말을 보면 당시의 사정을 어느 정도 짐작할 수 있다.

한보철강은 정태수 한보 그룹 회장이 주도하는 기업이다. 정태수 회장은 원래 기업인 출신이 아니다. 세무공무원이었다. 본명은 정태준이었지만 역술가의 조언을 받아서 정태수로 개명했다. 1923년 경상남도 진주군 미천면의 빈농의 아들로 태어났다. 정용석씨의 1남 3녀 중 외아들이었다. 소학교(현 초등학교)만 나와 농사를 지으며 넉넉치 않은 어린시절을 보냈다. 현대그룹 창업주 정주영 회장과 많이 닮았다. 정태수 회장의 공식이력은 진주농림고등학교와 한양대학을 다닌 것으로 기록이 나오지만 대학은 어디까지나 서류상으로만 다닌 것이고 실제로는 다니지 않았다고 본인이 사석에서 밝혔다. 정태수 회장은 1951년 공무원 시험에 합격했고 1951년부터 1970년 초반까지 세무공무원으로 일했다. 세무공무원 시험에 합격할 정도면 머리는 좋았던 듯하다. 정 회장은 1969년 가을쯤 친구와 함께 점집을 찾았는데 "직장 그만둬. 사업을 하면 대한민국에서 첫째, 둘째 손가락에 꼽히게 될거야."라고 역술가가 자신 있게 말했다. 그 역술인은 "흙과 관련된 사업을 해야 성공한다."는 말까지 해주었다. 정 회장은 그말에 솔깃해 했고 세리로서의 생활에 심한 권태감을 갖고 있어 세리 생활을 그만두고 사업 대상을 물색하기 시작했다. 정 회장은 등산을 다니기 시작했고 몰리브데넘 광산을 발견하게 되었다. 정 회장은 세리의 한달 치 월급 수준으로 헐값에 그 광산을 인수한 후 수백 배의 차익을 남겨 매각했고 그 돈으로 1974년에 한보상사를 설립했다. 사업가로 본격적으로 들어선 것이다. 그게 한보그룹의 시작이었다.

정 회장은 땅과 관련된 사업을 해야 성공한다는 역술가의 조언에 따라 건설업에 뛰어들었다. 정 회장은 구로구에 영화아파트를 건축해 꽤 많은 돈을 벌었다. 정 회장은 아파트를 지을 때 세리공무원 때 쌓은 인맥을 이용, 은행으로부터 대출을 받을 수 있었기에 가능했다. 정 회장은 이때부터 금융기관에서 대출을 받는 것이 사업 성공의 요채라는 것을 터득했다.

정 회장은 4년 후 1983년 강남구 대치동의 거의 버려져 있던 땅을 거액의 자금을 빌려 4천 4백 가구의 대단위 은마아파트를 건축했고 20일 만에 완판했다. 기적 같은 성공을 거두었다. 은마아파트는 강남의 아파트붐을 일으킨 주역이었다. 단숨에 2,000억 원의 거금을 손에 쥐게 되었다. 정 회장은 그 이후 탄광 등 여러 분야에 사업을 확장했다. 정 회장은 마침내 제철 사업 분야에 진출했고 한보철강을 세웠으나 한보철강은 5조 4천억 원의 은행 부채로 부도를 내게 된다.

여기서 주목해야 할 점이 한보철강이 어떻게 5조 4천억 원의 천문학적 은행 대출을 받을 수 있었겠느냐이다. 여기에 대한 해답은 앞서 이야기한 상호지급 보증제에서 찾을 수 있다. 물론 한보철강 부도 사태가 났을 때 당시 김영삼 대통령의 아들 김현철씨가 배후에 있었다는 것이 밝혀져 정경유착 논란을 일으키기도 했다. 한보철강 부도 여파로 삼미그룹의 삼미특수철강도 뒤따라 부도가 났고 얼마 못 가 진로그룹, 대농, 한신공영, 해태그룹, 한라그룹. 한일그룹, 고려증권 등 30대 재벌그룹의 굴지의 대기업이 연쇄 부도를 면치 못했다.

이들 대기업 그룹의 연쇄 부도가 IMF 사태의 전적인 원인은 되지 못한다. 정부의 책임이 더 큰 것이다. 국내 언론과 외신에서 한국의 외환위기가 올 가능성이 높다는 것을 수없이 보도했고 국제 신용조사기관에서도 국가신용 등급 저하를 경고했다. 특히 IMF 당국은 한국의 금융시스템의 잘못을 지적하기도 했다. 그러나 한국 정부는 이런 경고를 심각하게 받아들이지 않았다. 사태를 너무 안이하게 보았다.

기아자동차의 경우에서 보면 이를 뚜렷하게 알 수있다. 정부는 기아자동차가 부도 위기에 몰리자 「부도유예협약」이라는 이상한 방법으로 대처했다. 1997년 진로그룹 부도에 이어 7월 15일에는 기아자동차에 대해 부도유예 적용기업으로 선정했다. 이런 이상한 협약이 어떻게 성립이 될 수 있겠는가. 부도유예, 부도는 났는데 부도를 유예해 준다는 말인데 경제 현실에서 이런 유예 조치가 성립되겠는가?

기아자동차는 과도한 단기차입, 무리한 설비투자, 문어발식 기업 확장, 책임경영부재 등 나쁜 점은 모두 가지고 있었다. 김선홍 기아차 회장은 회사 주식이 한 주도 없는 CEO였고 노조와 공동경영을 하는 구조였기 때문에 책임경영을 물을 수도 없었다.

한국은 그렇지만 IMF 체제를 2년 반 만에 벗어났다. 역시 경제 모범국다운 저력을 보였다. 여기서 한가지 짚고 넘어갈 것이 있다. 앞서 말했지만 IMF 사태가 정부, 재계, 금융기관 어느 쪽의 책임이었는가에 대한 해답이 현재(2022년)까지도 찾아지지 않고 있다는 것이다. 유성룡은 임진왜란 7년을 반성하는 징비록을 만들어 후세에 가르치고 있다. IMF사태 징비록(IMF백서)은 2022년 현재까지도 만들어져 있지 않았다. 대단히 잘못된 일이다.

7

현대그룹 계열분리(왕자의 난)

1987년 제정된 공정거래법에 의한 거대 재벌들에 대한 계열 분리 정책은 현대그룹도 예외일 수는 없다. 그러나 현대의 사정은 꽤 복잡했다. 그룹의 덩치도 컸고 계열기업의 업종도 건설, 조선, 자동차, 금융 등 다양하고 이질적이었기 때문이다. 더구나 정주영 창업 회장은 8명의 아들을 두었기에 이들들에게 재산을 분배하는 것은 쉽지 않은 일이다. 일반적으로 「왕자의 난」이라고 하면 왕위 계승권을 두고 벌어진 반란과 내전을 말한다. 재벌가에서는 재벌가 자손들이 선대 회장의 재산상속이나 경영권 승계를 두고 갈등을 빚을 때 왕자의 난이란 말을 차용해 사용한다.

현대그룹은 2000년에서 2010년까지 꽤나 긴 시간 동안 왕자의 난 소용돌이 속에 빠져들게 된다. 현대그룹 창업주 정주영 회장의 별명이 왕회장이어서 왕자의 난이란 말이 붙은 것으로 보인다. 삼성그룹 2세들이 벌인 갈등과 대립에 대해서는 왕자의 난이라고 하지 않는다. 2000년 현대그룹이 내부적으로 계열기업을 분리하는 시절에서는 현대그룹이 삼성그룹을 제치고 재계서열 1위였다. 2000년 정주영 명예회장의 차남인 정몽구 현대자동차 그룹 회장(당시 직함, 현재는 자동차그룹 명예회장)과 5남인 정몽헌 현대그룹 회장(계열분리에 따라 정몽헌 회장이 거느린 그룹 명칭이 현대그룹이다.)이 그룹의 패권을 놓고 다투게 된다.

정몽구 회장은 2000년 3월 14일 밤 정몽헌 회장이 김대중 대통령 해외순방에 따른 해외출장으로 자리를 비운 사이 기습적으로 이익치 현대증권회장을 고려산업개발로 인사 발령을 낸다. 정몽구 회장이 이런 인사발령을 낼 수 있었던 것은 1999년 그룹 내에 「경영위원회」라는 그룹의 주요사항을 처리하는 기구를 만들었고 정몽구, 정몽헌 두 회장이 공동대표로 있었기 때문에 인사권 행사가 가능했다. 이익치 회장은 정주영 명예회장의 가신이자 정몽헌 회장 측근이다.

당시 정몽구 회장은 그룹의 자동차 부문만을, 정몽헌 회장은 건설, 전자, 증권 부문을 가져갈 예정이었다. 이런 구도는 정몽구 회장으로서는 불만일 수 있다. 당시 재계의 판도는 현대건설, 현대증권은 초우량 블루칩이었고 현대자동차는 장래가 불투명한 상태였다. 정몽구 회장은 맏형인 정몽필 회장이 교통사고로 사망한 이후 장자 역할을 해오고 있으며 압구정동 현대아파트 특혜분양 사건 당시 아버지를 대신해 옥살이를 했을 만큼 희생을 해왔기에 그룹의 그런식 재산분할에 만족할 수 없었던 것으로 보인다.

정몽구 회장은 자동차 부문 하나만 가지고는 향후 성장 가능성이 불안하다고 보고 그룹의 금융부문을 보강할 수 있다는 생각으로 동생 정몽헌 회장의 측근을 증권에서 배제하려는 것으로 풀이될 수 있다. 3월 24일 귀국한 정몽헌 회장은 부재 시에 일어났던 인사 파동에 격분, 이익치 회장, 김윤규 현대건설 사장, 김재수 그룹 구조조정 본부장 등 측근과 일련의 회의를 갖고 정몽구 그룹 공동경영 위원회 회장직을 박탈한다.(그룹경영위원회에 대해서는 다른 장에서 자세히 설명한다)

정몽구의 경영위원회 회장직을 박탈한다는 인사발령은 정주영 명예 회장이 사인했다. 이때가 2000년 중순경이다. 정주영 회장은 건강악화로 정상적인 판단이 흐려져 있는 때이다. 정주영 회장은 2001년에 생을 마감한다. 정몽구는 아버님이 서명하신 일에 이의를 단다는 것은 불효막심한 패륜으로 생각했다. 정몽구 회장은 인사에 깨끗이 승복했다.

그러나 인사 파동은 여기에서 그치지 않았다. 정몽헌 단독체제가 된 경영위원회에서 박세용 그룹조정실장을 현대자동차 회장으로 발령냈다. 이익치 회장을 배제한데 대한 대응이었고 자신의 우군을 자동차에 배치하는 포석으로 해석되는 것이다. 박세용 회장은 정몽헌 회장이 자신을 자동차 회장으로 발령낸 배경이 무엇이었는가에 대해서는 아직까지도 입을 다물고 있다. 이 인사를 보는 정몽구 회장 입장은 어떻겠는가? 전문성을 감안한 인사라고 생각하기에는 너무 거리가 멀었다.

정몽구 회장은 즉시 그의 산하에 있는 인천제철 회장으로 박세용 회장을 전보 발령했다. 두 형제의 다툼, 왕자의 난 1라운드에서는 정몽헌 회장이 승리했다. 그러나 이것은 당시 순간의 승리에 그치게 된다. 그 이후 현대그룹은 우여곡절을 겪으며 반전에 반전을 거듭했다. 반면, 정몽구 회장의 자동차그룹은 눈부신 흑자 경영으로 현대그룹의 옛날의 위상을 거의 회복한다.

정몽구 회장은 그해 9월 자동차 관련 계열사를 가지고 현대그룹으로부터 계열분리를 실시해 「현대자동차그룹」을 만들어 계동 사옥으로부터 양재동 현 사옥으로 옮겨갔다. 그러나 정몽헌 회장이 이끄는 현대건설에 아무도 예상하지 못했던 사태가 일어났다.

2000년 10월 1일 현대건설이 부도를 냈다. 한국의 건설산업의 상징인 현대건설이 부도를 낸 것이다. 현대건설은 중동진출로 대성공을 거두고 승승장구했으나 중동전 발발에 따라 이란에서 급하게 철수하게 되어 수주한 건설대금 1조 원을 회수할 수 없었으며 이를 대손 처리하지 않고 분식회계 처리해 왔으나 더이상은 버틸수 없어 최종적으로 부도처리가 된 것이다. 2000년 10월 1차 부도에 이어 2001년 8월 채권단으로 넘어가 산업은행 관리에 들어갔다.

현대그룹(정몽헌)의 현대전자도 IMF 외환위기 당시 LG반도체를 무리하게 인수했다가 2000년과 2001년 반도체 시장의 불황으로 10조 원의 부채 누증으로 채권단으로 넘어가고 말았다. 현대그룹의 몸집은 크게 줄어들었다. 정몽헌 회장은 아버지의 숙원사업이었던 금강산 관광산업 등 대북 사업 관련해 4억 5천 달라(5000억 원)을 북한에 은밀히 송금한 사건으로 검찰의 수사를 받던 중 2003년 8월 4일 종로구 계동사옥에 위치한 현대그룹 빌딩 12층에서 투신자살하는 비극이 일어났다. 한편, 정몽구 회장이 이끄는 현대차그룹은 쾌속 순항을 거듭해 재계서열 2위를 지킨다.

왕자의 난을 거치면서 한국 최대기업제국이었던 현대그룹은 현재의 현대그룹(현정은, 5남 정몽헌 회장 부인), 현대자동차그룹(차남 정몽구), 현대중공업그룹(6남 정몽준), 현대백화점(정지선, 3남 정몽근 회장의 장남), 현대해상(7남, 정몽윤), 현대기술투자(8남 정몽일) 등 몇 덩어리로 갈라져 있다. 정몽구, 정몽헌 두 형제의 왕자의 난 때 다른 형제들과 친척들은 대부분 중립을 지키는 듯 했으나 은근히 정몽구 회장과 더 가깝게 지냈다고 한다. 장자로서 정몽구 명예회장의 마음의 폭, 덕망을 알아볼 수 있는 대목이다.

2010년 산업은행 관리하에 있던 현대건설이 관리체제를 끝내고 새주인을 찾는 매물로 나오게 된다. 국내건설업체 수주 1위, 한강 제 1인도교건설, 낙동강 고령고 건설, 경부고속도 건설, 중동 사우디아라비아의 주베일 산업항 건설 등 숱한 명 건설작품을 만들어낸 현대건설이 매물로 나와 새 주인을 찾는 것이다. 건설업계에서는 누구도 인수자로 선뜻 나서지 않았다.

그런데 현대그룹(현정은 회장)이 첫번째로 인수 의사를 밝힘에 따라 또다시 집안끼리의 인수전이 벌어진 것이다. 물론 정몽구 회장도 인수 의사가 있었지만 현대그룹이 강력히 인수의사를 밝혔기 때문에 흐름을 지켜볼 수밖에 없었다. 현정은 회장은 인수금액으로 5조 2천억 원을 써냈다. 누구도 예상 못한 높은 금액이었다. 현 회장은 자금조달계획서를 제출하고 프랑스계 나타시스 은행으로부터 1조 2천억 원을 조달한다고 적어냈다. 그러나 현 회장은 결국 인수자금 조성에 실패하고 말았다. 채권단은 현대그룹과 맺은 우선협상자 MOU를 취소했다.

현정은 회장은 채권단을 상대로 MOU 취소에 대한 소송을 제기했으나 승소하지 못했다. 채권단은 정몽구 현대자동차그룹 회장과 우선협상 계약을 맺었다. 현대차그룹은 4조 9,601억 원을 인수자금으로 납부하고 대망의 현대건설을 인수했다. 정몽구 회장은 2011년 4월 1일 계동 현대자동차 사옥에서 현대건설 월례 조회를 갖고 그가 현대건설의 새로운 오너인 것을 확실하게 선언했다.

정몽구 회장은 계열 분리 이전의 현대그룹 모양을 거의 갖추었다. 다만 조선 부문(현대중공업, 정몽준 회장)만이 제외되어 있다.

8

정주영의 6·25 피난

　정주영은 바로 밑동생 인영과 함께 1950년 6월 27일 한국 동란으로 부산으로 피난갔다. 피난자금이 풍부할 리가 없다. 두 형제는 피난 도중 대구에서 잠시 머물면서 생각지도 못했던 일을 했다. 정인영은 동아일보 기자였기에 대구에서 어느 지방신문에서 편집일을 도와주며 약간의 여비를 비축할 수 있었다. 정주영은 일간신문을 최전선 군인들에게 배달해주는 것이야말로 작으나마 애국이라고 생각했다. 전시이기 때문에 시내 어느 지점에 종합일간지를 모아두고 있으며 이것을 일선 장병들에게 배달해주는 일을 했다. 치열한 낙동강 전선의 어느 부분이었을 것이다. 정주영은 어느 날 너무 충격적인 일에 신문 배달 일을 집어치웠다. 그날 아침에도 예의 그 장소에 나가 보았으나 신문이 보이지 않았다. 집배를 하던 사람에게 물어보니 두부를 파는 사람이 포장용으로 쓰겠다며 신문을 사가겠다기에 돈을 받고 팔아버렸다는 것이다. 최전선, 총알

이 소나기처럼 쏟아지는 속에서도 신문으로 잠시 후방, 고향 소식을 접해 위로를 삼는 장병들이 신문을 기다리는 것을 생각해보니 가슴이 매여지는 것 같았다. 그리고 아무리 전시하래도 신문 몇 부 판 돈이 얼마나 된다고 그것을 몽땅 팔아치운 사람을 두 번 다시 보는 것이 싫었다.

정주영은 그날로 인영과 함께 부산으로 내려갔다. 기차 편도 없어 걸어갔다. 낙동강 어느 지류에서는 수영으로 건너기도 했는데 정회장은 어느 농부와 함께 도강하는데 그 농부가 소와 함께 강을 건너는 데다 소가 헤엄을 그렇게 잘하는 것을 보고 놀라기도 했다.

정주영 회장은 놀랍게도 부산에서 정훈(政訓)이라는 높은 수준의 일도 했다. 정주영 회장은 부산에서 육군 정훈감실 소속의 안면이 있는 대위를 만나 그의 권유로 정훈 일을 한동한 수행했다. 원래 우리 군체제에 정훈이라는 기능은 일제강점기 때 광복군 정훈조직에서 비롯된 것이다. 광복군은 민족의식 고양 교육과 실전선무를 위해 정훈, 즉 정치훈련을 위한 기구를 만든 것이다. 정주영 회장은 그 육군 대위와 함께 선편을 이용해 거제도, 통영, 멀리는 목포까지 정훈일을 수행했다. 정주영 회장은 육성으로 북한 점령은 일시적이고 곧 국군이 올테니 안심하고 기다려 달라는 내용의 선전선무 일을 열심히 했다. 정 회장은 전시상황에서 일어나는 또 하나의 비인간적인 광경에 질려 정훈일도 그만두었다. 전남 목포에서 일어난 일이다. 예의 그 육군 대위와 목포항에서 육지에 올라 멸치를 말리고 있는 어부를 만나는 것이 사건의 발단이었다. 그 육군 대위는 별다른 설명도 없이 말리고 있는 멸치 전량을 배에

실을 것을 명령했다. 어부는 손을 빌면서 절반만 가져가 달라고 사정했다. 대위는 막무가내였다. 결국 멸치 전량이 징발되었다.

정주영 회장은 그 광경을 보고 대위의 비인간적인 행위를 이해해 줄 수 없었다. 정 회장은 부산으로 돌아와 그 대위와 헤어지고 말았다. 정 회장은 특별히 할 일을 찾지 못하고 전시 임시수도 부산의 긴박한 분이기에 안정할 수도 없었다. 정 회장은 어느날 광복동에 있는 정당 사무실을 찾아가 보았다. 무슨 뉴스라도 들을까 해서였다. 그런데 국회의원 두 사람이 런닝셔츠 차림으로 맥주잔을 놓고 바둑을 두고 있는 광경에 아연실색했다. 수많은 젊은 청춘들이 그 순간에도 전선에서 적탄에 쓰러지고 있는데도 고위 정치인들은 맥주를 마시며 바둑을 즐기고 있다니! 정 회장은 분노가 치밀어 당장 바둑판을 뒤집어 엎어버리고 싶었지만 참고 밖으로 나왔다.

정 회장은 수중에 가지고 있는 돈이 거의 바닥이 나 있었다. 정 회장은 하는 수없이 광복동 어느 전당포에 들러 손목시계를 맡기고 현금을 마련하려고 했다. 전당포는 전당포였다. 전시 피난민이 가득한 부산의 전당포는 돈을 모으는 좋은 기회였을 것이다. 전당포 주인은 정 회장의 시계를 살펴보고는 너무 형편없는 싼값으로 맡겨보라고 했다. 정 회장은 그대로 나오고 말았다.

9

정주영에게 온 행운

정 회장은 전당포를 나오면서 시커먼 전주대에 부착되어 있는 광고를 보았다. 광고내용은 「통역모집」이었다. 미군사령부에서 통역을 모집하는 것이다. 함께 있었던 인영은 광고를 보자마자 부산 서면(西面)에 있는 미군 사령부로 쏜살같이 달려갔다. 인영은 사령부 통역모집 임무를 맡고 있는 장교앞에 섰다. 운명의 시간이었다. 인영은 동아일보 기자이고 영어통역에 자신있다고 말했다. 그것은 사실이었다.

정인영은 형 주영을 따라 서울에 올라와 YMCA 영어반에서 영어를 배우기 시작했다. 정인영은 일본 아오야마 가쿠인(靑山学院大学)대학에 유학하고 귀국 후 동아일보 기자로 일했다. 동아일보 국제부에서 취재 활동을 했고 주로 주한외국대사관 대사들을 인터뷰했다. 정주영 회장은 부산으로 피난가면서 유독 인영 하나만을 데리고 갔다. 북한군이 서울을 점령하는 경우 언론사 기자인 인영의 신변안전이 걱정되었기 때문이다.

미8군 면접관은 인영을 통역관으로 채용했고 어느 부서에서 일하기를 원하느냐고 물었다. 정인영은 순간 머리를 스치는 생각, 형이 토건업을 하기 때문에 그 분야와 연관이 있는 공병 분야를 선택하면 무슨 일거리라도 얻을 수 있는 기회가 있지 않을까 하는 아이디어가 떠올랐다. 인영은 공병 쪽을 선택했다. 군조직에서 공병 분야는 군수 분야와는 달리 막사 건축, 도로, 교량 건설 등 주로 토목 일을 도맡아 한다.

인영은 미8군 공병 분야 책임 장교인 메카리스터 중위의 통역관이 되었다. 메카리스터 중위는 인영에게 첫 번째 지시로 토건업자 한 사람을 찾아내 데리고 오라고 했다. 토건 일을 맡겨야 한다는 것이다. 인영은 공병 분야를 선택할 때 상상한 일이 이렇게 빠른 시간에 현실이 된 것에 자신도 놀라움을 금치 못했다. 인영은 즉시 정주영 회장에게 달려갔다. 그리고 메카리스터 중위와 만나게 했다.

메카리스터 중위는 정주영에게 토목 중 무엇을 제일 잘할 수 있느냐고 물었다. 정주영은 토목 일이라면 어떤 것이든 자신 있다고 명확한 어조로 대답했다. 메카리스터는 미군 병사 10만 명의 하룻밤 숙소를 만드는 일이라고 했다. 6·25 동란으로 유엔군이 참전하게 됐고 그중에서도 미국은 대규모 병력을 파병했다. 미군은 일선으로 배치되기 전 부산에서 하룻밤 묵게 되고 그들을 수용할 시설은 전무했다. 병사들 숙소를 만드는 작업은 어렵지 않은 것이었다. 휴교 중인 학교 교실을 소독해서 카세인 페인트칠을 하고 바닥에 길이 12m, 폭 6m짜리 널빤지를 깔고 그 위에 천막을 치고 숙소를 만드는 것이었다.

정주영은 하루에 4시간도 자지 못했다. 해야할 일이 많다는 것은 돈이 많이 벌린다는 것을 의미한다. 인영은 낮에는 미8군의 통역관, 퇴근 후에는 사무실 직원이었다. 그렇게 해서 한 달 동안 번 돈이 군인들이 둘러매고 다니는 큰 배낭에 가득 채워졌다. 전액이 달러화였다. 정주영은 9·28 수복으로 서울에 왔고 구 서울대학교 문리대, 법대를 개조해서 미8군 전방 기지 사령부로 만드는 등 계속해서 미군에서 나오는 일거리를 받아서 처리했다. 그때쯤 우리나라 건설업체 중 미8군 발주공사는 현대건설이 독점하고 있었다.

정주영과 아이크 사이의 에피소드

미8군에서 어느날 정주영에게 전화가 왔다. 그것도 긴급전화였다. 드와이트 D. 아이젠하워 미 34대 대통령이 한국을 방문하는데 부산소재 UN군 묘지를 참배하는 일정이 잡혀 있는데 한국은 겨울철이라 묘역이 너무 삭막하니 멋지게 조경을 만들어 줄 수 없겠냐는 이야기였다. 정주영은 잠시도 머뭇거림 없이 아이젠하워 대통령이 만족할 수 있게 묘역 일대를 만들 수 있다고 자신 있게 대답했다. 정주영 회장은 실무 부장 한 사람을 불러 UN 묘지 인근에 있는 보리밭에 자라고 있는 보리를 구매하도록 지시했다. 돈은 아끼지 말고 사라고 했다. 그리고는 그것들을 묘지로 이식해 푸른색의 조경을 만들었다. 기막힌 임기응변이었다.

아이젠하워의 애칭은 아이크, 아이젠하워 대통령은 많은 일화를 가지고 있는 사람이다. 그의 미소는 워낙 유명해 군인 2개 사단의 가치를 가지고 있다는 평가를 받는다. 그가 나토군 사령관, 유럽 유엔 군사령관으로 있을 때 여성 운전병이자 비서인 영국인 케이 서미스와 연인관계였던 것은 널리 알려져 있다. 어느 여인이 아이젠하워와 맥아더를 만나고 난 후 두 사람에 대한 평가가 흥미를 끈다. 맥아더를 만나고는 "그는 정말 위대한 장군이다."고 했고 아이크를 만나고는 "내가 얼마나 매력 있는 여자인 것을 알게 됐다."고 했다. 아이크는 그만큼 여인들의 호감을 사는 사람이었다. 아이크는 미국의 역대 대법원장 중 가장 위대한 사람이라는 평을 받는 얼 워렌을 임명했다. 그러나 얼 워렌이 워낙 급진적인 판결을 많이 내자 그를 임명한 것을 후회했다. 아이크는 워렌을 임명한 것이 "내 인생의 가장 큰 실수라고" 토로하기도 했다.

아이크의 런닝메이트는 리처드 닉슨, 그런데 닉슨이 대통령에 출마했을 때 아이크의 태도가 애매모호 했다. 자신의 부통령이었는데도, 명확한 지지를 표명하지 않았다. 결국 닉슨은 존 F 케네디에 패배했다. 표차는 20만표. 0.1% 차였다. 닉슨의 패배는 아이크의 애매한 태도 때문이라고 전문가들은 평했다. 그러나 아이크는 손자세대에 이르러 닉슨과 사돈 관계가 되기도 했다. 아이크가 유럽에 있을 때 롤스로이스에 전화를 걸어 롤스로이스를 구매하겠다고 말했다. 콧대 높은 로이스 측은 그런 것은 전화로 하지 말고 판매점에 와서 판매심사부터 받으라고 하면서 "4성 장군이면서 어린애처럼 전화로 귀찮게 구느냐"는 핀잔을 받기도 했다. 아이크는 그러나 대통령 때 롤스로이스를 애용했다.

아이크는 일찍 상처했고 앞서 말한 여비서 케이 서미스비와 결혼하려고 했다. 그러나 마셜 장군 등 주변 사람들이 "당신이 그동안 쌓아온 명예를 모두 상실하는 어리석은 짓"이라는 충고를 받아들여 재혼을 포기했다. 케이 서미스비는 그 후 미국인과 결혼, 미국에 정착했고 아이크와의 관계를 정리한 회고록을 내기도 했다. 그녀는 회고록에서 아이크는 매우 정이 많은 사람이며 그는 고령이어서 활발한 섹스 생활은 없었다고 털어놓기도 했다. 아이크는 대통령 후보 때 한국전을 종식시키겠다는 공약을 내걸었고 한국전쟁에 피로감을 느낀 미국 유권자들이 그에게 표를 던져 대통령에 당선됐다.

아이크의 방한은 한국 전쟁을 종식시키겠다는 그의 대선 공약을 이행하는 일환이었으며 실제 한국전쟁을 휴전협정으로 전쟁이 그치도록 했다.

정주영의 보리싹 이식으로 UN군 묘지를 푸르게 만든 기지는 아이젠하워 대통령을 만족케 하는데 충분했다.

10

고령교(高靈橋)의 참담한 실패

정주영은 미8군 발주건설공사 수주로 거금을 수중에 넣었다. 군인들이 메고 다니는 자루에 가득한 달라화는 정확히 어느 정도였는지 아직까지 밝혀지지 않고 있다. 정 회장에게 필자는 어느 기회에 그 당시의 금액이 어느 수준이었는지를 질문하는 기회가 있었다. "글쎄 그 많은 돈은 일일이 어떻게 세어볼 수가 있었겠나?"라는 대답이었다. 당시의 달러화(貨) 교환비율은 1,200대 1. 암시장에서는 3,000대 1을 넘고 있어 정주영은 부호의 대열에 끼일 수 있는 수준이다.

대부분의 사람들은 여기에서 멈춘다. 호화주택 마련하고 땅에 돈을 묻어 두는 행태를 보이기 마련이다. 정주영도 그런 보통 수준의 사람이었다면 우리의 이야기는 재미가 없이 끝나고 만다. 우리 경제성장의 역사도 다르게 바뀌었을 것이다. 정주영은 1953년 한국전쟁이 휴전협정 가조인이 되고 미군이 일본으로 철수하는 것을 보면서 일거리를 다른 곳에서 찾아야 한다는 것을 금방 알아차렸다. 미8군을 대체할 수 있는 시장이란 "정부 발주공사"다. 전쟁으로 파괴된 국토를 복구하려면 정부 발주공사가 폭증할 수밖에 없을 것으로 봤다.

정부는 6·25 때 폭파된 고령교 복구공사 발주공고를 냈다. 고령교는 고령군 성산면과 대구 달성군 논공읍을 잇는 구 26번 국도상의 250m 길이의 교량이다. 이 교량은 낙동강을 가로질러 놓여 있다. 정부는 지리산의 빨치산 토벌을 위한 도로망 구축이 시급하고 기타 군수물자 수송을 위해서도 복구가 필요한 곳이다. 공사 기간은 24개월, 복구비용은 547만 원. 당시로써는 정부 발주공사 금액으로는 최고였다. 현재의 구매력으로는 5백억원 수준쯤이다.

정주영은 공사 수주에 성공했고 현대건설 최초로 교량공사를 시작했다. 공사는 시작부터 난항을 겪기 시작했다. 낙동강 수위 변동을 조사해보지 않은 것이 실수였다. 낙동강은 비가 오면 홍수가 나고 교각 기초공사를 휩쓸어가곤 했다. 가장 애를 먹이는 것은 건설자재값이 하루가 다르게 천정부지로 상승하는 것이다. 철근, 시멘트들 건재재 값은 하룻밤 사이에 몇 배씩 뛰어오른다. 인건비도 덩달아 올랐다.

정주영은 미8군으로부터 벌었던 돈 전부를 쏟아 넣었다. 그래도 부족해 정순영의 20평짜리 기와집, 매제 김영주의 20평짜리 집, 초동에 있는 자동차 수리공장 대지를 팔아 쏟아부어도 돈은 부족했다. 정주영은 고리 사채에 의존할 수밖에 없었다. 사채업자들은 시도 때도 없이 장충동 집에 쳐들어와 횡패를 부렸다. 도끼로 마룻바닥을 쾅쾅 찍어 대는 자도 있었고 갖은 위협적인 짓을 자행했다.

정순영, 김영주는 공사를 포기하자는 건의를 했다. "공사 포기? 회사 간판을 내리자는 거냐! 그럴 수 없다. 신용은 생명이다. 정부와의 약속은 꼭 지켜야 한다."

여기서 우리 이야기는 대단히 감격적인 장면에 다다르게 된다. 정주영은 돈에 그렇게 시달리면서도 미국 컬럼비아 대학에 유학하고 있는 동생 세영에게 매달 100달러 씩 보내주는 학비 걱정을 대단히 심각하게 했다는 사실이다. 정주영의 인간적인 면모가 적나라하게 나타난다. 정주영은 그의 회고록에서 어느 날 학비를 송금해주지 못한 것을 매우 안타깝게 생각하며 괴로워했다고 쓰고 있다.

정주영은 끝내 고령교를 완공해 정부와의 약속을 지켰다. 다만 준공이 6개월 늦어졌을 뿐이다. 「고령교」는 정주영에게는 평생 기억에 남은 최악의 악몽이었다.

정세영 회장

정세영 회장을 인터넷 검색을 해보면 「기업인, 69년 현대자동차를 설립하고 사장을 맡았다」라고 나온다. 정확한 데이터라 말하기 어렵다. 이 데이터대로라면 추후 많은 문제점을 만들 소지가 충분히 있다. 현대자동차를 설립한 창업자는 정세영 회장의 첫째 형 정주영 회장이기 때문이다. 정세영 회장을 좀 더 구체적으로 알려면 시간을 꽤 많이 뒤로 해봐야 한다. 정세영 회장은 1928년 강원도 통천군 송전면 아산(峨山)마을에서 태어났다. 아버지 정봉식, 어머니 한성실 사이의 4째 아들로 태어났다. 그의 맏형이 정주영 회장이고 정주영 회장과는 13살 차이다. 어느 인터넷 사이트는 정세영 회장을 실향민이라고 쓰고 있는데 이것은 해방 후 38선이 그어질 때 통천면이 북한 땅이었기 때문에 그걸 기준한 것 같으며 그것은 잘못된 것은 아니다. 통천면은 1953년 7월 한국전이 휴전협정이 성립될 때 유엔군이 지배하는 전선 속에 있었고 휴전협정 성립 시각에 유엔군이 지배하는 땅은 대한민국의 국토라는 원칙에 따라 우리 땅이 된 것이다. 그런뜻으로 6·25 전(前)에는 대한민국 땅이었던 개성(開城)이 휴전협정으로 우리나라 땅이 아니고 북한 땅이 된 것과 같은 것이다.

정세영도 보성고등학교에 입학하기 전까지는 통천군 아산마을에서 소먹이고 농사짓는 농촌 아동이었다. 정세영은 보성고를 졸업하고 사립명문 고려대학교 정치학과에 합격했다. 정세영의 이력에 6·25전쟁 때 미군 통역장교로 복무했고 영어 실력이 좋았다는 것으로 나타난다. 정세영이 미국 아이비리그인 명문 컬럼비아 대학에 유학을 가게 되는데 아마도 영어실력이 출중했을 것으로 보인다. 정주영 회장은 미국 유학을 하는 동생이 기특하기도 하고 집안의 자랑으로 당시 유학생에게는 거금이라 할 수 있는 매달 100달라 씩을 학비로 송금해 주었다. 정주영 회장이 미8군 발주의 건설공사를 거의 독점하면서 재력을 쌓아가고 있을 때의 이야기다.

정주영 회장은 그러나 정부 발주공사인 고령군의 고령교 복구

공사를 수주했으나 교량공사 경험 부족으로 거대한 적자를 내면서 동생에게 매월 송금 해주는 학자금을 보내지 못했다. 정주영 회장은 사채업자들에게 빚에 쫓겨 피신 생활을 하면서도 세영에게 학비를 제때 못 보내는 것을 안타깝게 생각했다는 것은 앞에서 이야기한 대로다. 정세영 회장은 그 때문에 전액 장학금을 받을 수 있는 마이애미 대학으로 학교를 옮기고 이 대학에서 석사학위를 받았다. 정세영 회장 이력서에 최종 졸업학교가 마이애미 대학인 것은 그런 연고를 가지고 있는 것이다.

정세영 회장은 학교를 마치고 1957년 현대건설에 입사했다. 현대건설이 정세영 회장의 사회 첫 출발점이었다.

한편 정주영 회장은 1963년 경 건설업의 해외 진출을 구상하고 있었다. 당시 건설업계는 총 도급의 80% 이상이 정부 발주에서 비롯됐다. 정주영 회장은 생각했다. 정부의 공사발주 여력이 무한한 것이 아니고 언젠가는 한계를 들어낼 것이다. 더구나 미국은 바이 아메리카(Buy America) 정책으로 미군 발주공사도 계속 축소해 가고 있는 추세다. 그렇다면 해외, 외국에서 일거리를 개척하는 것이 생존을 보장받는 것이다.

정주영 회장은 마침내 1965년 5월 동남아의 성장하는 나라 태국에 진출하기로 결심하고 현대건설 태국지점을 냈다. 그리고 지점장에 정세영을 발령했다. 정세영 37세 때의 일이다. 정주영 회장이 동생 세영을 유능한 인재로 생각해 오고 있던 것이 표현된 것이다.

현대건설은 태국에서 1, 2차의 입찰에서는 실패하고 세 번째 입찰에서 드디어 성공했다. 세 번째 입찰에서 성공한 프로젝트는 태국의 파타니나라타왓 고속도로 공사였다. 수주한 고속도로는 2차선 98킬로미터 공기 30개월, 공사비 522만 달러였다. 공사비 522만 달러, 이 금액은 한국의 도급순위 1위인 현대건설의 1년간 총 도급액보다 많으며 1965년 한국 정부의 총 발주액의 60%를 넘는 것이었다. 당시로써는 대단한 일이었다. 현대건설의 태국고속도로 공사 수주는 한국건설업 해외 진출 역사에서 제1호로 기록된다. 추후 한국건설업체들이 1973년 오일쇼크(Oil Shock)로 오일 달러가 산처럼 쌓여있는 중동진출을 하는 데 현대건설이 신호탄을 쏘아 올린 것이다.

제1차 오일쇼크란 1973년 10월 이집트와 시리아가 이스라엘을 공격하면서 제4차 중동전쟁이 발발했을 때 미국은 이스라엘에 무기를 공급했고 아랍의 석유 수출국들은 이에 대한 보복으로 미국에 대한 석유 선적을 거부한 데서 원유 기근 현상과 원유 가격 폭등 현상을 말한다. 1979년 이란의 팔레비 왕국이 와해되면서 세계는 2차 오일쇼크를 겪게 된다. 현대건설의 태국 건설 시장진출은 국내에서만 생사 결단 싸움을 벌이던 국내건설업계에 커다란 생존의 산소 파이프를 연결해 준 것이다. 현대건설 기술자들이 태국으로 출발할 때 KBS에서 공항을 연결, 생방송으로 출발장면을 보여줄 정도로 국민관심도 높았다.

현대건설은 이 프로젝트에서 완전히 실패했다. 고속도로 공사를 시공해 본 경험이 없었던데다 태국의 기후특성, 토질연구 등이 전혀 없었다. 태국은 하루에도 몇 번씩 엄청나게 쏟아붓는 소나기가 있었고 토질도 황토가 아니고 빗물에 쉽게 쓸려간다. 고속도로 건설공사는 제자리 걸음을 하고 있었다. 결국 정세영 등 현장 간부들은 정주영 회장에게 공사 포기를 건의했다.

"뭐, 정주영더러 이완용이 되란 말이냐! 우리 현대만을 위해서만이 아니라 나라를 위해서도 중단은 있을 수 없다. 재정상 어떤 어려움이 있어도 일은 끝내야 하고 태국 정부에 양질의 고속도로를 맞춰 드려야 하는 것이 우리의 임무다. 해외건설 시장진출 첫 스타트를 끊은 현대가 공사를 중단해 버린다면 우리나라 건설업체들의 해외 진출을 막아버리는 일이 된다."

정주영 회장은 단호하게 공사 포기의 부당성을 말했다. 임원들도 더이상 공사를 포기하자는 말은 못했고 악전고투 속에 계약 공기 내에 공사를 마쳤다. 태국 정부는 현대건설의 열의 넘치는 공사 진행에 감탄하고 감사함을 표시했다. 현대건설은 이로써 국제적 명성은 어느 정도 얻었다. 그러나 현대건설은 막대한 적자를 보았다.

정주영 회장은 그의 회고록에서 "태국에서 막대한 손실을 입은 것은 사실이다. 그러나 얻은 것도 많이 있다. 손실이 손실만으로 끝나면 그것은 말 그대로 손실이 되고 만다. 어느 때는 돈으로 본 손실 보다 얻은 것이 더 클 수 있다."고 적고 있다.

현대건설은 태국고속도로를 건설하면서 시행착오를 재빨리 시정할 수 있는 능력을 키웠고 고속도로 건설이 요구하는 노하우와 경험을 얻은 것이다. 현대건설은 이 때문에 추후 한국이 경부고속도로를 건설할 때 주력 건설회사로 공사를 주도했으며 박정희 대통령으로부터 경부고속도로 총건설비용을 산출해 달라 요청을 받는 영예를 누렸다. 정세영 회장은 이 과정에서 많은 것을 배웠고 경험했다. 어느 프로젝트든 사전계획을 충분히 해야 하고 일단 시작하면 끝까지 밀고 나가야 된다는 것을 깨닫게 됐다.

정세영은 67년 3월 어느 날 맏형 정주영 회장의 부름을 받았다. "현대그룹은 앞으로 자동차 산업을 그룹 주력사업으로 키우게 된다. 그룹의 운명이 달린 중대한 프로젝트다. 그동안 건설에서 익힌 경험과 실력으로 보아 그 일을 충분히 해낼 수 있을 것이다. 자동차 공장은 울산에 세워질 것이다. 울산에 내려가 공장 지을 땅 매입부터 하고 필요한 인력, 기계, 자제 등을 확보해라. 우선 미국 포드사와 조립공장부터 시작한다. 포드사와 기술제휴는 합의 돼 있다. 잘해봐라."는 짧지만 중요한 지시를 받았다.

정세영의 자동차 인생은 이날부터 시작됐다. 인터넷 사이트 등에 정세영 회장에 대해 "1967년 현대자동차를 설립" 등으로 표기된 것은 정주영 회장의 이 지시를 설립으로 본 것이다. (정주영 회장이 자동차 산업을 시작하게 된 동기, 설립 과정 등은 앞장에서 이미 기술 돼 있기에 이 장에서는 여기까지만을 기술한다.)

정세영 회장은 이 날부터 32년간 현대자동차 성장에 헌신했다.

제2부

현대가(家) 사람들과 기업

11

MH(정몽헌) 현대그룹의
「건설」과 「상선」(HMM)

정몽헌 현대그룹 회장은 정부의 기업 계열 분리 정책으로 현대
건설과 현대상선(HMM)을 그룹 산하 계열회사로 두게 되었다. 물
론 「현대」그룹이라는 명칭도 얻었다. 이 명칭은 일반에게 정주영
창업 회장이 이룩한 현대그룹을 이어받은 것으로 인식되기도 한
다. 건설과 상선은 2000년 기업 계열분리 당시에도 그룹의 주력
기업이었다. 여기서 건설과 상선의 성장과정을 다시한번 되돌아 볼
필요가 있다. 현대그룹(정몽헌)의 부침을 더 정확하게 알기 위해서
다.

이 책 앞부분에서 현대건설의 태국 고속도로 수주와 건설과정
까지는 말한 바 있다. 정주영 회장은 건설업계가 정부 발주 공사에
만 의존했다가는 언젠가 한계에 부딪히게 되고 생존하기가 어려울
것이라고 전망했다는 것도 말한 바 있다. 1973년 1차 오일 쇼크가

일어나고 원유가격이 급등으로 세계의 달라화가 사우디아라비아 등 중동의 산유국에 산처럼 쌓여가고 있어 돈을 벌려면 중동으로 달려가는 것이 왕도였다. 특히 건설업은 그랬다. 정주영 회장은 돈을 벌려면 돈 있는 곳에 가는 것이 가장 현명한 선택이라고 확신했다. 정주영 회장은 중동진출을 결심했고 중동의 관문인 바레인부터 공략하기 시작했다.

이때 사내에서는 중동진출이 오히려 그룹을 어려움으로 몰고 간다는 진출 반대의견도 만만치 않았다. 그 선봉에 정인영 부사장이 있었다. 정인영 부사장은 끝까지 자기 주장을 굽히지 않았고 끝내는 그룹을 떠나는 사태가 일어났다. 정주영 회장은 동생이자 가장 유능한 참모를 잃으면서도 중동진출을 결행했다. 정인영 회장이 현대를 떠나 한라그룹을 창설한 것이 이때의 일이다.

사우디아라비아는 현대건설에게 황홀한 뉴스를 제공했다. 달러 부국이 된 사우디아라비아는 국토 개조계획으로 걸프만의 한적한 어촌 쥬베일을 대형 산업항으로 건설한다는 뉴스를 전하는 것이다. 산업항의 내용은 50만톤 유조선 4척을 동시에 접안할 수 있는 해안 터미널을 건설하는 것이었다. 사업규모는 20억 달러에 달할 것이라는 20세기 최대의 공사였다. 정주영 회장은 이 뉴스를 접하면서 심장이 뛰는 기쁨을 느꼈다고 회고록에 쓰고 있다. 사우디아라비아는 세계의 유수한 10개 건설회사에게만 입철 기회를 주는 것으로 했고 정주영 회장이 이 소식을 들었을 때는 이미 9개사는 결정됐고 단 하나의 자리만 남아 있을 때였다. 정주영 회장은 낙담하지 않았다. 그리고 결국 하나 밖에 남지 않은 마지막 자리를 확보했고 입찰기회를 가질 수 있게 되었다.

입찰 가격을 얼마나 써낼 것인가는 난해하고 중요한 일이었다. 정주영 회장은 평소 건설공사 입찰에서는 2등은 꼴찌나 같은 것으로 1등만이 유효하다고 강조해온 터다. 외신에서는 20억 달러는 써넣어야 입찰에 성공할 것이라 전하는 판이었다. 정 회장이 면밀한 계산을 통해 보면 12억 달러 수준이었다. 정 회장은 고심 끝에 결심한 입찰가격은 8억 7천만 달러였다. 12억 달러에서 25%를 마이너스했고 여기에서도 보험으로 5%를 더 낮추었다. 정 회장은 나머지 9개사는 도저히 이 가격을 써 낼 수 없을 것이라고 확신했다.

정주영 회장은 담당임원(전갑원 상무)에게 8억 7천만 달러를 써내라는 지시를 내렸다. 입찰장에서 가격을 써넣고 나오는 전 상무에게 정 회장은 별다른 의미 없이 "잘 써냈지?"하고 물었다. 당연히 지시한 금액으로 썼을 것으로 생각했기 때문이다. 전 상무 대답이 "지시하신 금액대로 쓰지 않았습니다. 9억 3,114달러를 썼습니다."고 말하는 것이다. 기절초풍할 일이었다. 전 상무가 써낸 가격은 정 회장이 애초 25%를 마이너스한 그 값이었다. 정 회장이 지시한 값보다 6천만 달러가 높은 것이다. 그러나 현대건설은 미국의 브라운앤드사를 누르고 입찰에 성공했다. 9억 3천만 달러. 이 금액은 당시 한국이 보유 하고 있는 외화 총액보다 많은 것이었고 한국은 이후부터 매월 외화부채 상환에 쫓기는 데서 벗어나게 되었다.

현대건설은 중동진출에서 대성공을 했고 세계 일류 건설 회사에 랭크되었다. 현대건설은 이 기세를 몰아 이란에도 진출했다. 이란에서의 건설수주도 순조로웠다. 그러나 이란 진출이 현대건설에 치명적인 타격을 주게 될지는 누구도 예측할 수 없었다. 현대건설은 1978년 2차 오일쇼크 원인이 되는 이란의 호메이니주도로 이슬람 혁명을 일으킨 여파로 이란에서 크나큰 손실을 보았다. 현대건설은 이란, 이라크전이 발발하자 이란에서 철수했지만 이 과정에서 이란으로부터 공사대금을 제대로 받을 수 없었고 미수금으로 남아있을 수밖에 없었다.

현대건설이 이라크로부터 받지 못한 미수금은 1조 원 수준이었다. 현대건설은 이 미수금을 대손처리를 하지 않고 숨겼다. 이른바 분식회계를 해온 것이다. 비극은 여기에서 시작되었다. 현대건설은 결국 2000년 2조 9800억의 단기 순손실을 기록하고 부도를 냈다. 현대그룹(정몽헌)이 건설을 계열사로 두게 된 직후의 일이다. 현대건설, 국내 도급순위 1위, 쥬베일 산업항 건설, 한강 제1인도교 건설, 소양댐 건설 등 블루칩 중의 블루칩인 현대건설의 부도는 우리경제 성장사에서 기록될 만한 충격적인 사건이었다. 현대건설은 결국 산업은행을 포함한 채권단이 관리하게 되었다.

채권단은 2006년 6월 5년 2개월 만에 현대건설을 정상기업으로 되돌려 주었다. 정몽헌 회장이 타계한 지 2년 후의 일이다. 현대그룹의 회장은 정몽헌 회장의 부인 현정은 여사였다. 현대건설은 매물로 나왔고 누구라도 매입 의사가 있고 자금 뒷받침이 된다면 새 주인이 될 수 있다. 여기서 세칭 제2차 왕자의 난이 시작되었다. 더러는 「시숙의 난」, 「제수의 난」이라고 불리는 현대건설 인수전이 시작되었다. 현대그룹(현정은)의 선공으로 시작되었다. 현정은 회장의 인수작전은 당연한 수순을 밟는 것으로 보였다. 그렇지 않은가? 현대건설은 계열 분리로 현대그룹의 계열사가 되었고 현 회장의 부군이 애지중지했던 애착이 가는 기업체가 아닌가.

현대그룹의 대북(對北) 사업에도 필요했다. 현정은 회장은 무려 5조 5천억 원을 인수대금으로 제시하고 우선 협상자가 되는데 성공했다. 현 회장이 제시한 5조 5천억 원은 금융계나 일반의 예상을 뛰어넘는 높은 수준이었다. 현대그룹의 주가는 폭락했다. 자금 조달에 빨간불이 켜지는 것이다. 현정은 회장은 5조 5천억 원 중 1조 2천억 원을 프랑스의 나타시스은행에서 지원한다는 자금 조달계획을 내놓았다.

채권단이 나타시스은행의 대출계약서 제출을 요구했으나 현정은 회장은 끝내 이를 제출하지 못했다. 현대그룹이 제출한 서류는 정체가 모호한 것일 뿐이었다. 채권단은 더이상 현대건설 매각을 지체할 수는 없었다. 채권단은 현대그룹과 맺은 MOU를 해지하고 인수 의사를 밝히고 있는 정몽구 회장의 현대차그룹으로 우선 협상 대상자를 변경했다. 시숙, 제수간의 인수 경쟁이 시숙 쪽으로 기운 것이다. 현정은 회장은 MOU 해지 무효 소송을 벌렸지만 패소했다. 정몽구 현대차그룹은 인수대금으로 4조 9601억 원을 완전히 지불하고 현대건설의 새 주인이 되었다. 일부에서는 "되찾았다"는 표현을 쓰지만 그것은 채권단으로부터 되찾았다는 의미 이상일 것이다.

정몽구 회장에게는 만감이 교차하는 순간이었다. 우선 가문의 장자로써 아버지가 온갖 난관을 이겨내고 키운 "건설"을 산하의 계열사로 두게 됨으로써 집안의 적통을 잇게 됐다는 자부심이고 다른 하나는 계열 분리로 자동차 부문만을 떠안고 그룹의 본산인 계동 사옥을 쫓기듯 나왔지만 다시 계동 사옥의 주인이 됐다는 통쾌감이었을 것이다.

정몽구 회장은 2011년 4월 1일 계동사옥에서 현대건설 월례 조회를 주최했다. 10년 만의 감개무량한 일이었다. 역사에 가정은 없지만 만일 정몽구 회장이 현대건설을 인수할 만한 힘을 기르지 못했다면 현대건설은 어떤 행로로 갔을지 예측이 쉽지 않은 것이다.

HMM(현대상선)과 MH(정몽헌)와 현정은

현대상선의 역사는 드라마틱 그 자체라 말할 수 있다. 현대상선을 말하려면 현대조선(현 현대중공업)을 꼭 말해야 하고 정주영 회장이 빠질 수 없고 현정은 회장의 부친 현영원 회장도 등장해야 한다. 우선 현대조선부터 이야기해보는 것이 좋을 것이다.

정주영 회장은 1972년 한국도 배를 만드는 조선 건조국이 되는 것이 경제부국이 되는 첩경으로 생각하고 조선사업에 진출하기로 결심했다. 조선 강국이 되는 것은 현대그룹 차원뿐만 아니라 국가적으로도 중요한 일이었다. 당시 이웃 일본은 세계 제1위의 조선 건조국이었고 세계 3위의 경제 부국이었다. 2차 세계대전 패전 후 일본의 경제 부흥의 원천 중 하나가 조선산업이었다. 정주영 회장의 조선사업 결심을 부추겨 준 것은 박정희 대통령과 김학렬 부총리였다. 특히 김학렬 부총리는 하루가 멀게 전화를 하면서 정 회장으로 하여금 조선사업을 시작하라고 독촉이 성화같았다.

　정주영 회장은 마침내 사업에 필요한 자금을 마련하기 위해 미국과 일본 시장을 두들겨 보았다. 미국과 일본은 "뭐? 한국 당신들이 조선 사업을 한다고? 한국은 후진국 아닌가. 돈도 기술도 조선 경험도 없지 않은가?"라는 핀잔 수준의 냉담한 반응이었다. 정주영 회장은 낙심한 끝에 귀국해 김학렬 부총리에게 "조선 사업은 할 수 없다."고 말했다. 김 부총리는 그 말을 듣자 그럼 청와대에 가서 박정희 대통령을 만나 보자고 했다. 정주영 회장은 김 부총리와 함께 청와대에서 박 대통령을 만났다. 박 대통령은 대뜸 "김 부총리, 앞으로 정주영 회장이 하는 사업에 정부지원을 하지 마십시오. 조선 사업을 하겠다고 나섰으면 만난을 무릅쓰고라도 해내야지 외국에 한 번 나가 보고 포기하겠다는 것이 말이 됩니까?"고 노기에 찬 음성으로 질타하는 수준의 말을 쏟아냈다.

　정주영 회장은 적당한 대응 논리도 없어 잠자코 박 대통령의 말을 듣고 있을 수밖에 없었다. 박 대통령은 "정 회장, 이번에 미국, 일본을 다녀오셨으니 구라파(유럽)쪽을 한번 가보시는 것은 어떻습니까?"고 말했다. 정 회장에게 "유럽 쪽"이라는 말이 마음에 꽂혔다. 유럽, 조선 산업의 원산지 아닌가. 스페인 함대, 영국 함대 중세시대부터 대항해 시대를 연 조선 강국들 아닌가. 18세기부터 영국은 세계 조선산업을 우지좌지 해온 조선 강국인 것이다.

　정주영 회장은 영국으로 날아갔다. 조선 사업을 일으키는데 필요한 자금(차관)을 마련하기 위해서였다. 정주영 회장은 2천 5백만 달러 규모의 차관을 일으킬 셈이었다. 바클레이즈은행에 선박 건조에 필요한 차관을 신청하려면 지으려고 하는 조선소 레이아웃이 필요했다. 정주영 회장은 이 분야의 실력이 뛰어난 A&P 애플도어의 롬바텀 회장을 만났다. 롬바톰 회장은 정 회장의 부탁을 다 들어주었으며 바클레이즈 은행을 어떻게 접촉할 것인가도 조언해 주엇다.

이 과정에 있었던 우리나라 지폐 500원 짜리 일화는 현재까지도 우리를 흐뭇하게 해주고 있다. 애플도어의 롬바톰 회장은 정주영 회장의 조선소 레이아웃과 차관이 필요하다는 말을 듣고는 처음에는 부정적인 태도를 보였다. 먼 동양의 조그마한 나라, 아직 공업화도 유치단계에 있는데 조선소를 짓겠다는 건가. 믿기지 않는다는 것이다. 이때 정주영 회장은 호주머니에 있는 500원 짜리 지폐에 인쇄 돼 있는 거북선 생각이 떠올랐다. 정주영 회장은 500원 짜리 지폐를 책상 위에 올려놓으며 "여기에 인쇄 돼 있는 거북선은 500년 전 한국이 만든 배입니다. 영국보다 300년 앞선 배입니다. 한국이 조선 사업화 하는 것이 늦었지만 배를 만드는 저력이 있는 민족입니다."고 말했다. 롬바톰 회장은 정 회장의 말을 수긍했다. 유명한 5백 원짜리 일화인 것이다.

차관을 일으키는데 정 회장의 일화는 여기에 그치지 않았다. 모든 서류가 완성되어 차관 신청을 했고 면담하는 수순이 남아 있었다. 바클레이즈은행측은 해외 담당 부회장이 정 회장을 만나겠다고 알려왔다. 최종 면담이기 때문에 중요하다. 정 회장은 긴장했다. 바클레이 은행 부회장은 테이블에 앉자마자 첫 질문을 던졌다.

"회장님의 전공은 경영학인가요. 공학인가요?" 첫 질문이 묘했다. "내가 어제 옥스퍼드대학을 방문했습니다. 옥스퍼드대학은 내 사업계획서를 보더니 경영학 박사 학위를 주더군요."

실제 정 회장은 전날 옥스퍼드대학을 관광 갔었다. 바클레이즈 부회장은 정 회장의 이 해학 넘치는 답변에 굴복하고 말았다. "회장님이 제출하신 사업계획서는 옥스퍼드대학 학위를 위해 제출한 것보다 더 훌륭합니다."

이야기는 여기서 끝나지 않는다. 바클레이즈은행에서의 차관은 성공리에 마무리했다. 그러나 최종 관문이 하나 더 남아있었다. 영국의 금융기관 대외차관 제공절차는 은행이 승인하더라도 영국의 국가신용정보국(BCGD)의 승인을 받아야 하는 시스템으로 되어 있다. 그렇기 때문에 정 회장은 신용정보국의 심사를 거쳐야 하는 것이다. 정주영 회장은 BCGD총재와 면담했다. 그런데 이 최종 관문은 통과하는 문이 너무 좁았다.

BCGD의 총재는 차분해 보이는 전형적인 영국 신사로 보였다. BCGD의 총재는 정중한 어조로 "우리는 당신들이 배를 만들 수 있다는 우리나라의 권위 있는 기술 회사의 판정을 믿습니다. 또 세계 5대(大)은행의 하나인 바클레이즈 은행이 당신들이 배를 만들어 팔아서 그 이익금으로 원리금을 갚을 능력이 있다고 해서 그 점에 대해서도 이의가 없습니다. 그런데 한가지 의문이 있습니다. 만약에 당신네들한테 배를 주문할 선주가 없다면 어떻게 되는 겁니까? 내가 배를 살 사람이라면 작은 배도 아니고 4천만~5천만 달러 배를 세계 유수의 조선소를 제치고 선박 건조 경험도 전혀 없는 당신네 배를 사지 않을 것입니다. 조선 선진국의 배를 사지 무엇 때문에 당신네 나라의 배를 사겠습니까? 더구나 외상거래도 되지 않는데, 당신네가 배를 만들 수 있다고 해도, 배를 만들어 쌓아놓고 있다 해도 배를 사주는 사람이 없다면 원리금을 어떻게 갚겠습니까? 그러니까 배를 살 사람이 있다는 확실한 증명을 내놓지 않는 한 나는 이 차관을 승인할 수가 없습니다."고 단호하게 말했다.

선주를 찾아오라는 것이었다. 정확한 논리였다. 흠 잡을데가 없다. 대영제국 영국의 국고를 지키고 있는 사람답게 빈틈이 없다. 정주영 회장은 생각했다. 자신같아도 총재의 말처럼 조선 후진국에서 4천만~5천만 달러의 큰 배를 구입하는 얼빠진 짓은 안 할거라 생각했다.

정 회장은 결국 "알겠습니다."라는 말을 남기고 면담을 끝냈다. 극동의 작은 나라 한국, 그리고 울산 미포만의 황량한 바닷가에 소나무 몇 그루와 초가집 몇 채뿐인 초라한 백사장 사진과 1:5000짜리 지도 한 장, 그리고 스코트 리스고에서 빌린 26만 톤급 유조선 도면을 들고 다니면서 만나는 사람한테마다 "당신이 이런 배를 사준다고 하면 내가 영국에서 돈을 빌려 이 백사장에 조선소를 짓고 배를 만들어 팔아 빚을 갚겠다."고 하면 미친 사람 취급 당하기 안성맞춤이었다.

존재하지도 않는 조선소에서 배를 만들겠다는 것이 미친짓이라면 그보다 더 미친 선주를 찾아내야 하는 것이다. 그러나 정 회장은 용기를 잃지 않았다. 애플도어 롬바툼 회장을 찾아갔다. 바클레이즈은행 차관은 성사됐으나 영국신용정보국에서 선주를 먼저 찾아오지 않는 한 정부의 차관 승인을 할 수 없다는 말을 전하고 선주를 구할 수 없겠느냐고 도와줄 것을 청했다. 롬바툼 회장은 호의적이었다. 그리스에서 그럴만한 선주를 찾아보자는 희망적인 말을 했다.

그날부터 롬바툼 회장은 선주 찾기를 시작했고 며칠 후 반가운 소식을 전해왔다. 존재하지도 않는 조선소에서 배를 주문할 미친 사람(?)을 찾아냈다는 것이다. 리노바스라는 사람이었다. 그는 케네디 대통령 미망인 재클린 여사와 재혼해 세계적인 화제를 뿌린 그리스 선박왕 오나시스의 처남이었다. 애리스토틀 오나시스는 호화요트를 소유한 것으로도 유명했고 재클린 케네디 여사가 백악관에서 퍼스트레이디로 있을 때 이 호화 요트에 초청, 요트 관광을 시킨 것으로 유명했다.

리노바스는 활달하고 배짱이 있어 보이는 패기 있는 사업가로 보였다. 그는 자기 소유의 비행기를 내어 스위스 별장으로 정주영 회장을 초청했고 거침없이 선박 주문계약서에 사인했다. 극적인 순간이었다. 아마도 세계 조선사(史)에서도 찾아보기 힘든 희귀한 케이스일 것이다. 리노바스는 26만 톤급 유조선 한 척도 아닌 두 척을 동시에 계약했다. 그런데 리노바스가 추가로 계약한 이 배가 현대조선에 큰 문제를 안겨 주고 우리가 말하려고 하는 HMM(현대상선)이 탄생하는 계기를 만들어 줄지는 당시 아무도 예측 못하는 일이었다.(이 이야기는 다음에 자세하게 한다)

정주영 회장은 리바노스가 사인한 선박 주문계약서를 영국 BCGD에 제출했고 BCGD는 즉시 차관허가를 내주었다. 정주영 회장이 울산에 세계 최대의 조선소를 건설했다는 것은 익히 잘 알려진 사실이다. 이 장에서는 현대조선 건설과정에서 생겨난 자세한 일들은 생략한다. HMM이 생겨날 수밖에 없었던 사정을 알려고 하는 것이 주목적이기 때문이다.

1973년~4년 1차 오일쇼크가 일어났을 때 현대조선(현대중공업)은 큰 곤경에 처했다. 선주들이 주문한 배를 인수해 가지 않았기 때문이다. 오일쇼크라는 워낙 큰 경제 변동으로 선주들은 계약대로 배를 인수하는 것이 큰 손실을 입게 되는 것이다. 조선 업계에서는 주문자인 선주들이 갑(甲)이고 조선소는 을(乙)의 처지다. 주문이 있어야 선박을 건조하기 마련인데 선주들은 이기적으로 행동한다. 선주들은 선수금을 포기하고 선주감독관을 철수시키는 것은 보통 일어나는 일이고 선주에 따라 온갖 트집을 잡아 조선소가 책임이 있는 것으로 소송을 걸어 손해를 보게 만드는 악의적인 선주도 있다. 리바노스가 이 경우에 해당한다.

현대조선 탄생의 일등 공신인 리바노스는 추가로 주문한 VLCC 한 척을 찾아가지 않으려고 했다. 온갖 트집을 만들어내고 소송전까지 벌였다. 당시 현대조선은 3척의 VLCC가 문제였다. 현대조선은 이들 VLCC 3척을 7308호, 7310호, 7302호로 자체 순번을 만들었는데 7308호, 7310호 두 척은 홍콩의 "CY통"이 계약을 포기하고 철수했는데 리바노스의 7303호가 문제로 남는 것이다. 리바노스는 결국 현대조선과 소송전까지 벌였다. 한편 정주영 회장은 난감했다. 찾아가지 않는 VLCC 3척을 국제 선박시장에 내다 팔수도 없고 건조비를 전액 떠안을 수밖에 없는 것이다.

여기서 정주영 회장다운 결단을 내렸다. 상선회사를 만들어 아예 선박운송 분야에 진출하는 것이다. 이렇게 해서 1976년 3월 25일 탄생한 것이 "아세아" 상선이었다. 아세아상선은 3척의 VLCC를 기반으로 출발했다. 한국 해운사(史)를 새로 써가기 시작한 것이다. 아세아상선은 원유, 석탄, 철광석, 특수화물 등 전략물자를 주로 운송했다. 아세아상선은 컨테이너, 벌크, 광석, 중량화물, 특수제품 분야 수송에도 진출했다. 아세아상선이 탄생 되자 종전까지 한국에 들어오는 원유를 수송해 짭짤한 재미를 보아오던 서구 선사들이 들고 일어났다. 아세아상선의 출현으로 1천 4백만 달러의 손실을 입게 되어 이를 보상하라는 것이다. 이들은 국제석유메이저들을 배경 삼아 거세게 부딪쳐 왔다. 그러나 그들은 정주영 회장을 몰라봤다. 정주영 회장은 이들과 싸웠고 그들에게 한 푼도 주지 않았다.

아세아상선은 1983년 8월에 현대상선으로 이름을 바꾸었다. 그 후 국내 해운업계는 일련의 M&A의 소용돌이가 일어났다. 현대상선은 1985년 8월에 동해상선을 흡수했고 같은 해 12월에는 "신한해운"을 흡수했다.(신한해운에 대해서는 후에 자세히 설명한다) 1984년 당시 국내 해운업계는 포화상태로 해운업계 전체의 부채는 4조원을 넘었고 대부분 심한 경영난을 겪고 있었다. 5공 정부는 1984년 5월 팬오션의 전신인 범양상선과 한진해운의 전신인 대한선주를 포함 63개 해운사를 17개사로 통폐합하고 채무상환을 유예하는 일대 조치를 취했다. 이른바 해운 합리화 방안이었다.

현대상선은 1988년에는 고려해운을 합병한 후에 화물 집하 영업을 위한 별도 회사로 분사했다. 이 회사는 현대물류, 현대택배, 현대로지엠, 현대로지스텍스 등으로 이름이 수차 바뀌었다. 현재는 롯데글로벌로지스다. 현대상선은 1995년 10월 5일에 상장회사가 되었고 1999년 9월에는 한소해운을 흡수합병했다.

현대가(家)와 신한해운

현대그룹의 현대상선이 1985년 12월 신한해운을 흡수했다. 이로써 신한해운은 현대그룹 가족이 되었다. 신한해운 창업자는 현영원씨다. 정주영 회장은 해운업계에 진출하면서 상선의 몸집을 키우기 위해 군소해운사를 흡수하는 과정에서 신한해운의 현영원 회장을 만난다. 두 사람의 만남은 현대그룹의 성장사에 꽤나 운명적이라 할 수 있다. 정주영 회장은 현영원 회장의 둘째 딸 현정은을 다섯째 며느리로 맞이하고 현정은씨는 계열 분리 후의 현대그룹(정몽헌)의 회장으로 그룹의 운명을 좌지우지했기 때문이다.

정주영 회장 다섯째 아들 정몽헌은 76년 현정은 회장과 결혼했다. 기록대로라면 현정은씨는 21살에 결혼했으니 당시로써는 눈에 띄는 조혼이라고 말할 수 있다. 여기서 현정은 회장의 가계를 둘러보는 것도 흥미 있으면서 중요하다. 현정은 회장이 이른바 「시숙의 난」이라고 하는 현대건설 인수전에서 보여준 거센 비즈니스 마인드의 뿌리가 어디서 비롯되었는가를 알수 있기 때문이다.

신한해운은 현정은 회장의 부친 현영원씨가 창설했다. 현영원씨는 서울대 영문과를 나와 한국은행에 입행했고 한국은행 동경지

점에서 외환업무를 주로 다루었다. 현영원 회장이 1964년 신한해운을 창설한 것은 그의 이력으로 볼 때 의외의 분야에 진출했다. 현영원 회장은 신한해운 창업 이전에 신한제분 전무, 대한제철 전무로 일했다.

현영원 회장이 신한제분 전무로 일하게 된 것은 김용주 전남방직 사장의 권유에 의한 것이었다. 김용주 전방 사장은 현영원 회장의 장인이다. 현영원 회장은 김용주 회장의 셋째 딸 김문희 여사와 결혼했다. 김문희 여사는 현대그룹 현정은 회장의 어머니다. 정주영 회장은 신한해운 인수과정에서 만난 현영원 회장의 인품에 매료되어 결국 사돈관계까지 발전했다.

여기서 현영원 회장의 윗대 가계까지 올라가 보는 것이 필요하다. 현영원 회장의 부친은 현준호씨다. 현정은 회장의 조부이다. 현준호씨는 1889년 8월 전남 영암군에서 태어났다. 머리가 명석했고 조선총독부 중추원 참의를 지냈다. 현준호씨는 전남을 대표하는 거부가 되었다. 조정래의 「태백산맥」에 나오는 보성의 현부자(玄富者)는 현준호씨를 가리키는 것이다. 전남에서는 광주를 들어가려면 현준호씨 땅을 밟지 않고는 들어갈 수 없다는 말이 정설처럼 회자된다. 그만큼 넓은 땅을 가졌다는 것이다. 현준호씨는 넓은 땅을 가졌고 금융업에서도 뛰어난 재능을 가졌다.

현준호씨가 광대한 농토를 가진 것은 일제강점기 때 시행되었던 간척(干拓)사업에 뛰어들어서다. 간척사업이란 본래 바다나 하천이었으나 육지로 변경시키는 것을 말한다. 당시 쌀 생산을 늘리기 위해 쌀 생산면적을 늘리는 것은 아주 중요한 일이었고 매력있는 프로젝트였다. 현준호씨는 벌교만 일대 간척사업을 주도했고 전남 영암 혁파농장은 대표적인 간척 사업으로 현재까지 그 흔적이 남아 있다. 영암군 서도면 일대 270만평을 간척지로 만들었다. 간척지 전부를 논(畓)으로 만들었고 여기서 생산되는 쌀은 5000여 명의 농민들이 먹고 살 수 있는 규모다. 농장 인근 6개 동이 생겨날 정도였다. 훗날 정주영 회장이 서산 천수만에 간척 사업을 벌여 50만 명이 먹을 수 있는 쌀을 생산한 것과 닮았다.

혁파농장을 관리해오던 사람들의 증언에 따르면 현준호씨에 대한 아름다운 일화가 전해오고 있다. 당시 전국 일원의 소작료는 수확량의 30%였는데 혁파농장은 15% 수준이었다고 한다. 소작료를 늘 평년작 이하로 해주었다. 소작인들이 지주에 대해 가장 분하게 생각하고 지주와 소작료율 분쟁이 생기는 것이 지주들이 풍년이 들었던 해를 기준해 당해년이 풍년작이든 흉년작이든 상관없이 소작료를 정하는 것이다.

현준호씨는 보리농사 수확물은 소작인의 소유로 인정해 주었고 소작인에게 토지점유권을 주어 소작을 계속하도록 해준 것이다. 이것은 대단한 특혜였다. 소작인들은 소작을 계속하는 것이 절체절명의 명제였기 때문이다. 당시 대부분의 지주들은 1년 혹은 2년 단위의 단기 소작 계약을 주로 사용했다. 지주들은 이 단기계약을 통해 소작농을 옥죄는 것이다.

민족자본 호남은행

현준호 선생은 1920년 8월 호남은행을 설립했다. 민족자본에 의해서였다. 일제 식민지배로 모든 경제권이 일본에 예속된 구도에서 민족자본으로 금융기관을 설립하는 발상과 선택은 놀라운 용기와 의지가 필요한 일이었다.

현준호 선생은 은행경영에서도 특별했다. 일본인을 은행원으로 쓰지 않았고 은행내에서 일본어를 쓰지 않도록 했다. 일본인에게는 대출을 해주지도 않았다. 이런 점에서 구한 말 민황후계의 민씨 일가가 주동이 되어 세운 천일은행과는 차별되는 것이다.

현준호 선생은 호남은행 전무에 김신석을 발탁했다. 김신석은 경상남도 산청 출신 수재였다. 부산상고를 졸업했고 일제의 중추원 참의를 지냈다. 현준호 선생이 중추원 선배. 현준호 선생은 1931년 중추원 참의였고 김신석은 1936년에 참의가 됐기에 5년 선배다. 현준호 선생은 김신석이 조선은행(현 한국은행 전신)에 근무하고 있을 때 호남은행으로 초치했다. 김신석은 목포지점에서 일하다 전무가 되었다.

호남은행은 오래 존속할 수가 없었다. 일제는 호남은행을 조흥은행에 강제 합병시켰다. 김신석 전무는 한등급 깎여 조흥은행 상무가 되어 서울로 오게 되었다. 김신석 상무는 서울지방법원 자문위원으로 위촉되어 법원에 자주가는 기회가 있었다. 이때 초임 판사였던 홍진기 판사를 만나게 되어 그를 사위로 맞이하게 된다.

홍진기 판사는 김신석 상무의 딸 김윤남과 결혼한다. 홍진기 판사는 훗날 법무장관, 삼성그룹의 중앙일보 사장을 지낸다. 홍진기 장관의 딸 홍라희가 이건희 삼성그룹 회장과 결혼하게 되어 삼성 가문과 사돈이 된다. 호남은행에서 함께 일한 현준호, 김신석 두 분은 한국 1,2위 재벌인 현대와 삼성과 사돈 관계를 맺는다. 여기서 흥미를 끄는 것은 사람의 인연이란 끈질기다는 것이다. 현영원 현대상선 회장이 한국은행 도쿄지점에 근무할 때 김홍준과 절친이었는데 김홍준이 김신석의 아들이라는 사실이다. 2대에 걸쳐 두 집안이 세교가 이어진 것이다.

현대상선의 파산

현대상선은 현대그룹(정몽헌) 계열회사다. 앞에서 이야기한 바와 같이 정부의 재벌기업 계열분리 정책과 맞물려 그룹 자체의 왕자들의 재산분할로 현대그룹으로 속하게 된 것이다. 그렇기는 하지만 현대상선이 현대그룹으로 간 것은 인연의 미묘함을 말해주기도 한다. 현대상선이 신한해운을 합병했고 신한해운은 현영원 회장이 창업한 것이었는데 현영원 회장은 정몽헌 회장의 장인이라는 인연이다. 결국 정몽헌 회장은 장인을 모시게 됐다는 것이다. 2003년 정몽헌 회장의 타계로 현대상선은 현정은 회장이 경영을 이어받았다. 현정은 회장은 전업주부에서 경영 일선에 갑자기 등장하게 된 것이다.

국제해운 세계는 어느 산업 분야보다 경쟁 파고가 높은 곳이다. 인류가 2만 년 전 개발한 배는 사람의 이동수단에서 화물의 운송

수단이 되면서 산업혁명 이후 폭발적으로 증가한 국가 간, 대륙 간 화물이동의 주 수단이 된 것이다. 한국경제가 수출주도형으로 자리잡으면서 수출화물을 실어 나를 국적선은 국가 생존의 조건이 되었다. 현대그룹이 해운분야에 진출한 것은 그런 의미에서 의미심장했고 국가적으로도 특별한 일이었다. 현대상선은 현대그룹(정몽헌)의 전체 매출의 70%를 차지하는 그룹의 캐시카우였다.

현정은 회장이 상선의 경영을 이어받을 때의 경제환경은 위험이 가득했다. IMF 사태 여진이 남아 있었고 미국에서 시작한 글로벌 금융위기 파고가 높아 있는 때였다. 여기에다 국제해운 업황 부진까지 겹쳐 있는 때였다. 한국의 해운업계는 비틀거렸고 결국 국내 해운업계 1, 2위 주자인 현대상선과 한진해운은 파산을 면치 못했다. 대참사였다.

2017년의 일이다. 이전 2010년에 현대상선이 유동성 위기(자금 부족)를 맞자 주거래은행인 외환은행이 현대그룹에 재무구조 약정 체결을 요구했다. 금융기관이 주거래처에 대해 재무구조 약정 체결을 요구하는 것은 옐로카드를 들어 올리는 것이다. 논란 끝에 현대그룹은 위기를 잠깐 벗어났지만 현대건설 인수전에 뛰어든 게 문제였다.

현정은 회장은 왜 현대건설 인수전에 뛰어들었을까? 그룹의 체력이 허약한데도. 그것은 두 가지 측면에서 생각해 볼 수 있다. 하나는 부군인 고 정몽헌 회장의 건설에 대한 애착이 각별했었다는 점이다. 더구나 건설은 정주영 창업 회장이 심혈을 기울여 길러냈고 현대그룹의 상징이었다. 다른 하나는 정몽구 자동차그룹 회장을 견제하기 위한 것이다라는 견해다. 건설이 정몽구 회장에게 가는 것을 두고볼 수 없다는 경쟁심리다. 앞장에서 본 바와 같이 1차 왕자의 난에서 정몽구, 정몽헌 두 형제는 「형제지간」으로 다시 돌아오기 힘든 사이가 되었다. 현정은 회장이 건설의 우선협상 대상자로 결정되고 인수대금으로 능력을 뛰어넘는 5조 4천억을 제시한 것만 보아도 현정은 회장의 정몽구 회장을 견제하려는 심리상태가 어느 정도였는지 알 수 있다. 5조 4천억 원은 재계나 금융기관도 예상하지 못한 높은 값이었다.

현 회장은 무리했고 결국 건설 인수에 실패했고 그룹의 힘을 소진시켰다. 더구나 현대상선 경영권 방어용으로 투자했던 파생금융상품의 손실이 늘어난 게 결정타였다. 고도의 전문지식이 요구되는 파생금융상품은 고수익 유혹이 많은 독약이 숨겨진 금융상품이다. 금융전문그룹도 겁을 내는 분야다. 현정은 회장이 파생금융상품에 방어용 진지를 구축한 것은 의문이다. 악재는 계속되었다. 스위스의 쉰들러로부터 배임과 손해배상소송까지 당한 것이다.

쉰들러는 현대엘레베이터의 30% 지분을 가지고 있는 대주주다. 현대엘리베이터는 1984년 정주영 창업 회장 지시로 설립됐다. 승강기와 주차시스템 제조업체다. 이후 여러 과정을 거쳐 현정은 회장의 어머니 김문희 이사장이 대주주가 되었고 영향력이 컸다. 현대상선이 위기에 빠지자 현대엘리베이터가 지원에 나서자 쉰들러는 계열사 부당지원이라고 소송전을 전개했다. 더구나 사회단체인 경제개혁연대도 가세했다. 스위스 정부까지 동원됐다. 현대상선은 결국 2016년 8월에 감자와 채권단 출자전환을 통해 산업은행으로 넘어가면서 현대그룹(현정은) 품을 떠나고 말았다. 약 6조 규모의 정부보증 대출과 영구채 지원도 더해졌다. 가까스로 법정관리를 면해 파산은 피했다. 정부는 제1위 국적 선사를 파산시키는 것은 국가 경제에 손실이라는 판단을 한 것으로 보인다.

국영기업이 된 현대상선은 2020년에 사명(社名)을 HMM으로 바꾸었다. 2020년 현재 산업은행의 지분은 17.42%다. 이 과정에서 현대그룹(현정은)은 1977년에 인수했던 현대증권(국일증권)의 지분 29.62%를 그룹 재무구조 개선을 위해 KB금융지주에 1조 2500억 원을 받고 매각했다. 현대상선과 현대건설을 잃은 현대그룹은 자산가지 5조 원 아래인 중견기업으로 격하되었다.

2019년을 기준으로 전 세계적으로는 약 6200척의 컨테이너 선박이 운용되고 있다. 총 운송능력은 약 2300만 TEU다. 글로벌 1위 해운사는 덴마크의 APM 머스크(Apm Maepsk Group)로 세계시장의 점유율 17.7%를 차지하고 있다. 보유 선박이 700척이며 400TEU를 넘는다. TEU란 (영어 Twenty foot Equivalent Units)로 20피트(6.069m) 길이의 컨테이너 크기를 부르는 단위다. 2위인 스위스의 MSC가 14.4%이고 HMM은 9위인데 점유율은 1.9%다. HMM은 2016년 해운업 구조조정으로 국내 1위였던 한진해운이 퇴출되어 순위가 상승되었지만 글로벌 선두 주자와의 격차가 워낙 커서 글로벌 10위권 안에 들지만 중하위권으로 분류된다.

세간에서는 현대그룹이 현대상선을 상실함에 따라 그룹의 해체 또는 몰락이라고 한다. 과연 그럴까? 그렇지 않다는 의견이 더 많은 것 같다. 현대그룹(현정은)은 정주영 창업 회장이 만든 범 현대 그룹의 일원으로 자동차, 중공업(조선)과 함께 한국경제에서의 위치와 그 정체성을 공유하고 있는 점을 인정받고 있기 때문이다.

HMM(현대상선)의 종가(宗家)(현대차그룹) 귀환?

이야기를 다시 본론으로 되돌려 보자. HMM이 현대차그룹 품으로 돌아오는 어렴풋하나마 어떤 신호가 있어 보인다. 산업은행 등 채권단은 2022년 3월 주총에서 김경배 현대위아 대표를 HMM의 새 대표로 뽑기로 한데서 그런 가능성이 있어 보이는 것이다. 채권단의 이번 새 대표이사를 정통 현대맨을 선택한 것은 HMM의 매각 작업이 물밑에서 어느 정도 진행된 것으로 보이는 것이다.

2016년 HMM이 현대그룹에서 채권단 관리체제로 들어온 지 6년의 시간이 지났다. HMM은 최근년 해운 업황의 호황으로 기업가치가 수직 상승했으며 정상경영 괘도에 올라와 있다. 현대건설도 채권단 관리 6년만에 정상경영 궤도에 올라 매각된 일이 있다. 만일 HMM이 현대자동차그룹으로 M&A되어 간다면 정주영 창업 회장이 일으킨 현대그룹은 기업 계열분리 이전의 모습을 거의 완성하는 것이다. 정의선 현대차그룹 회장은 그룹을 창업하신 조부에게 꽤 큰 보은을 하게 되는 것이다. 재계에서 현대차그룹이 HMM 인수 명분이 충분히 있다는 얘기가 나오고 있다. 사업 시너지도 기대된다.

현재 현대글로비스는 국내에서 생산한 현대차와 기아의 신차와 중고차를 해외에 실어 나르는 역할을 하고 있다. 현대글로비스는 사업 다각화를 시도하고 있지만 현대차와 기아에서 나오는 매출 비중이 압도적이다. 현대글로비스 분기 보고서 내용을 보면 현대글로비스의 연결매출액 60.6%가 현대차와 기아에서 나오고 있다. 반면 HMM의 주요 매출의 93.7%가 컨테이너선에서 나온다. 현대글로비스와 HMM이 합병하게 되면 한쪽에 편중되어있는 사업 포트폴리오를 다각화할 수 있는 이상적인 모습을 갖추게 된다. 특히 현대글로비스는 계열사 간 내부거래 비중이 높다는 비판에서 자유스러워 질 수 있다.

HMM의 인수전은 아직 수면하에 있다. 그동안 HMM이 매물로 나온다면 인수 기업 후보로 포스코, CJ그룹, SM 등이 올라와 있다. 유력 후보였던 포스코는 지난해 산업은행으로부터 HMM에 대한 어떤 제안이나 제의를 받은 적이 없고 내부적으로도 인수를 검토하지 않고 있다고 선을 긋고 있다. 해운업은 불확실성이 큰 업종이다. 경기 흐름에 예민하고 경기침체기에 대응하는 힘에 한계가 있다. 최근 해운업 호황으로 HMM 기업가치가 크게 상승했지만 언제 침체기로 진입할지 모르는 것이다. 그러나 이것은 신중론이다. 덴마크의 Apm 머스크(글로벌 1위)나 스위스 MSC(글로벌 2위)등 대형선사들은 해운업의 침체와 상관없이 오랫동안 시장을 지배하고 있다.

현재 산은(20.69%)과 해양진흥공사(19.96%)가 HMM의 지분 40.6%를 넘게 가지고 있다. 재계는 HMM의 인수는 인수당사자가

산은의 HMM 지분 20.69%를 취득하는 방식으로 진행될 가능성이 높은 것으로 보고 있다. 이럴 경우 인수금액은 3조 원 정도가 될 것으로 보고 있다. 현대자동차그룹은 인수 의사가 강렬하기만 하면 이 수준의 인수금액은 동원할 수 있을 것으로 보인다. 정의선 현대차그룹 회장이 아버지 정몽구 명예 회장이 현대건설을 인수했듯이 HMM을 품에 안는 선택을 할지 비상한 관심을 끌고 있다.

MH(정몽헌)과 대북(對北)사업(금강산 관광)

정몽헌 회장은 2003년 8월 4일 충격적인 뉴스를 던져주었다. 그는 서울 종로구 계동 140의 2 현대그룹 본사 사옥 12층 자신의 사무실에서 투신자살했다. 경악 그 자체였다. MH는 당시 대북 송금 의혹사건으로 재판이 진행중인 것과는 별도로 현대비자금 150억원 의혹사건과 관련해 3차례 대검찰청 수사부에서 수사를 받았으며 4번째 검찰 소환을 앞두고 있었다.

MH는 왜 극단적인 선택을 했을까? 아직까지도 명확한 이유는 밝혀지지 않고 있다. 당시 MH가 그런 결심을 할 수밖에 없었던 것은 현대아산의 유동성 위기, 현대상선 부실화, 현대건설, 하이닉스 반도체 경영권 상실 등에서 온 심리적 타격이었을 것으로 분석하는 견해가 있다. 더구나 비자금 사건으로 수사를 피할 수 없는 처지까지 겹치고 있는 것이다. 여기서 MH가 대북사업 창구인 ㈜현대아산의 경영을 책임지고 있으며, 현대아산의 유동성 위기 고전을 면치 못했을 배경을 들여다 볼 필요가 있다. 이야기는 시간을 꽤 뒤로 해봐야 한다.

정주영 창업 회장은 1989년 1월 북한 조국평화통일위원회의 허담 위원장 초청으로 북한을 방문했다. 남북 분단 이후 민간인으로 방북하는 것은 초유의 일이다. 정주영 회장은 방북을 앞두고 꽤 긴장했다. 그는 회고록에서 "만일 그들이 나를 다시 남으로 보내주지 않으면 속수무책일 수밖에 없다. 나는 소련 고르바초프 대통령을 만난 사람이어서 그들이 나를 붙잡지는 못할 것이다."라고 긴장했던 당시를 회고하기도 했다. 정주영 회장은 도쿄를 거쳐 평양 순안 비행장에 도착해 보니 공항에 40여 명의 북한에 살고 있는 친척들이 마중 나와 있었다. 정주영 회장은 10여 일을 평양에 머물면서 허담과 수차례 회의를 거쳐 "금강산 공동개발 의정서"를 만들었다. 대북사업의 씨앗이 뿌려진 것이다.

이 의정서를 만들면서 있었던 에피소드는 흥미롭다. 북한측에서 금강산을 소개하는 사람이 금강산에 대해 브리핑해 주는 시간이었다. 그 사람이 금강산에 대해 한참 열심히 말하고 있는데 정주영 회장이 "그곳에는 이런 길도 있지 않느냐"고 물으니까 브리핑하는 사람이 "선생은 나보다 금강산을 더 잘 알고 계시다"면서 브리핑을 중단했다는 것이다. 정주영 회장은 14~5세 소년 시절 농사일을 하다 일에 진력이 나 일하기가 싫으면 금강산에 자주 놀러 가서 금강산 온정리 일대를 훤히 알고 있는 터였다.

소(牛)떼 방북

1998년 6월 16일 판문점, 정주영 회장은 이날 오전 10시, 평양을 방문하기 위해 판문점 평화의 집 앞에 섰다. 정주영 회장의 이번 평양 방문은 허담 초청으로 평양을 방문한 이후 9년만의 일이다. 정주영 회장 83세 때의 일이다. 마침 김대중 정부가 들어선지 4개월만이라는 데서도 여러 의미를 담고 있었다. 김대중 정부의 대북정책 기조는 햇빛정책이었고 남북관계가 해빙기를 맞게 될 것이라는 기대가 부푸는 때였다. 정주영 회장은 평양에 가면서 한우 1000마리를 북한에 기증하기로 하고 1차분 500마리와 동행하는 것이다.

21세기 분단국가에서 적대관계인 곳에 소떼를 몰고 가는 풍경은 역사를 통틀어서도 찾아보기 힘든 광경이다. 퍼포먼스라면 최고급의 드라마틱한 퍼포먼스다. 미 CNN은 평화의 상징인 소떼가 지구상에서 군사적으로 날카롭게 대치하고 있는 비무장지대를 평화스럽게 넘어갔다고 보도했다. 정주영 회장은 평화의 집앞에서 북으로 한 발자국을 들여놓기 전에 "나의 방문이 단지 한 개인의 방문이 아니라 우리 남북 화해와 평화를 이루는 초석이 되기를 진심으로 기원합니다."고 말했다. 이번 방북이 한 기업이 이윤을 내기 위한 것이 아니라는 것을 분명히 밝힌 것이다.

정주영 회장은 순영, 세영, 상영 등 세 아우와 몽구, 몽헌 두 아들을 동행시켰다. 정몽헌 회장이 동행한 것을 눈여겨 볼 필요가 있다. 정주영 회장은 김정일 위원장을 만나 남북 간의 공동사업으로 금강산 관광사업과 개성공단 건설 등 프로젝트를 벌이기로 합의했다. 꽉 막힌 북한을 개방시킨 것이다. 1998년 11월 18일. 강원도 동해항. ㈜현대아산의 현대금강호가 뱃고동을 울리며 항구를 벗어나 북한 동해안 장전항을 향해 움직이기 시작했다. 이것은 글로벌 톱 뉴스였다.

한편 분리 이전 현대그룹 내에서는 대북사업이 정몽헌 회장에게 맡겨질 것이라고 전망됐고 실제 그렇게 됐다. 그룹내에서는 중요한 새 프로젝트가 정몽헌 회장 품으로 간 것을 두고 부러워하기도 했으며 현대그룹의 후계구도가 정몽헌 회장 쪽으로 기운 것이라고 평가하기도 했다. 금강산 관광사업은 북측이 남측 여자관광객 한 사람을 경계선을 넘었다고 주장하면서 총격으로 사망케 한 사건이 발생했고 사업은 중단됐다. 현대아산은 경영위기를 맞았고 대북사업은 밑 빠진 독에 물 붓기 식의 적자를 면치 못했다.

우리는 여기서 MH가 극단적 선택을 하게 된 근인과 원인을 추론해 볼 수 있다. 근인(近因)은 현대 비자금 사건으로 대검찰 중앙수사부에서 소환 조사받는 상황이다. 검찰은 증거를 정확히 들이밀었고 압박했다. MH는 대북 불법송금사건에서 관계자들이 유죄판결을 받는 것을 보고 괴로워하기도 했다. 원인(遠因)으로는 앞에서 말한 ㈜현대아산의 경영 악화다.

현대그룹은 최초에는 ㈜아산이란 상호를 쓰다가 ㈜현대아산으로 바꿨다. 금강산 관광사업이 중단된 이후 현대아산은 감자상태에 이르는 최악의 상태를 면치 못했다. 우리가 1차 왕자의 난 때 이익치 회장 등 MH 측근들이 정주영 창업 회장의 청운동 자택을 찾아가 "그룹을 살리기 위해서는 삼부자(정주영 회장, 정몽구, 정몽헌)가 동시에 퇴진해야 한다"고 말한 것을 기억하고 있다. 이때 "그룹을 살리기 위해"의 의미는 현대아산의 경영 악화를 막기 위해서로 해석되는 것이다. MH는 이때부터 현대아산의 위기 탈출에 비상 수단을 사용하려고 했던 것으로 보이는 것이다.

MH를 상심케 한 원인 중의 하나는 현대건설의 경영권 상실이다. 이미 보아온 바와 같이 현대건설은 1979년 이란-이라크전 발발로 이란에서 철수하면서 1조여 원의 공사대금을 회수하지 못한 채로 나왔다. 현대건설은 이미 회수채권을 대손 처리하지 않고 분식회계로 감추어 왔다. 기업 계열 분리로 현대건설은 MH의 현대그룹 계열사가 됐다. MH는 결국 2조 6천억 원의 부채를 안고 있는 현대건설을 부도 처리했고 경영권을 잃었다. 여기서 MH의 고뇌의 한 단면을 읽을 수 있다. MH는 계열 분리 때 현대건설이 안고 있는 부실채권의 존재를 알고 있었을까? 부실채권의 존재를 알고 있으면서도 건설을 계열기업으로 받아들였다면 MH의 고심은 말할 수 없이 컸을 것이다.

현대상선의 업황 악화도 MH를 짓누르는 불안요인이었다. 현대상선은 국내 1,2위를 다투는 대형선사로 현대그룹의 캐시카우였다. 현대그룹의 수익의 70%를 만들어냈다. 그러나 국제 경제 변동 악화로 해운업계는 심한 경영난에 빠졌고 현대상선의 경우는 더욱 심했다. 거인은 한끼도 굶지 못한다.

이렇게 보면 현대그룹은 어느 하나 좋은 계열기업이 없는 것이다. 그중에서도 현대아산의 경우가 가장 심각한 것이다. 우리는 여기서 현대아산의 대북사업, 즉 금강산 관광의 성격에 대해서 다시 한번 생각해 볼 필요가 있다. 대북사업은 금강산 관광이나 개성공단은 순수 민간 베이스 사업으로 규정하기는 어렵다. 그것은 처음부터 「남북 화해」를 위한 것이었기 때문이다. 공적 성격이 강한 것이다. 일개 기업이나 그룹이 독점하는 것은 성격상 맞지 않은 것이다. 말하자면 공적 자금이 투입되어야 마땅하다는 것이다. 현대아산은 이런 사업을 단독으로 뒤집어 썼다고도 말할수 있다. 현대아산의 유동성 위기(자금 고갈)는 공적 사이드에서 도와주어야 마땅한 것이다. MH의 극단적 선택은 어떻게 보면 남북 화해라는 대단히 큰 테마가 만들어 낸 비극이라고 말할 수 있다.

2차 소떼 방북

정주영 창업 회장이 1998년 6월 방북 때 한우 500마리를 동행해 갔지만 이 소들이 북한 현지에서 병이 나서 폐사하기 시작했다. 북한 당국은 좋아할 리가 없다. 북한 당국이 폐사한 소를 조사한 결과 비닐같은 이물질이 발견됐다. 북한 당국은 이물질을 먹여 보냈다고 남한을 비방하기조차 했다. 정 회장이 보낸 소는 서산 현대그룹 농장에서 기른 소들이다. 정주영 회장은 서산 간석 사업과 함께 서산에 대형 축산 단지를 만들어 소를 길렀다. 정주영 회장은 부친 정봉식 옹이 강원도 통천에서 농사일을 할 때 소를 극진히 돌보고 기른 것을 항상 감명 깊게 생각한 터에 서산에서 소를 기르면서 부친에게 효도하는 것으로 생각했다. 정주영 회장에게는 소는 특별한 의미를 가지고 있다. 정주영 회장이 4번째 가출하면서 아버지가 소 판 돈 70원을 가지고 왔던 일이 있어 소에 대한 애정이 남다른 것이다.

정주영 회장은 1998년 10월 나머지 소 500마리를 데리고 평양에 갔고 김정일 위원장을 만났다. 금강산 관광사업을 위한 최종판단이 성립된 것이 이즈음이다. 정주영 회장은 평양에 대형 체육관을 건설해 주기도 했다. 평양 류경호텔 바로 옆에다 1만 2,300석 규모의 현대식 체육관이다. 2000년 7월에 착공 돼 2003년 10월 26일에 개관했다. 북한은 이례적으로 "류경 정주영 체육관"으로 체육관 이름을 정했다. 북한이 남측 인사의 이름을 건축물에 붙인 것은 이례적이다.

12

MH(정몽헌)와 현대전자

2000년 3월 현대상선(회장 정몽헌)이 현대전자의 경영권 포기 각서를 내고 전자산업에서 손을 뗐다. 현대그룹 성장사에서 그룹 계열사를 포기하고 영영 되찾아 오지 못한 것은 현대전자가 유일하다.

현대그룹은 이 해 현대전자의 최대주주를 현대중공업(회장 정몽준)에서 현대상선으로 바꿨다. 대주주 변경의 이유는 밝혀진 게 없다. 현대 그룹은 왜 그 시점에서 현대전자를 현대중공업에서 현대 상선으로 대주주를 바꿨을까? 이런 추론은 가능하다. 현대중공업(정몽준)을 이익되게 하기 위해서다. 경영권 포기가 확실해 보이는 전자를 우량 기업인 현대중공업이 끌어안고 있는 것은 손해이기 때문이다. 이 추론이 맞다면 현대중공업은 자신의 이익을 위해 소액투자자를 희생시키고 대기업의 책임을 외면했다는 비판을 받을 수 밖에 없다. 당시 현대전자 경영 환경은 국내 대 재벌들의 전자산업 구도와 IMF사태 이후 산업구조 조정과 맞물려 있어 좀 더 큰 시각으로 들여 다 볼 필요가 있다.

정주영 회장은 1983년 2월 본격적으로 전자산업에 진출했다. 삼성그룹 이병철 회장이 이른바 동경(東京) 선언이라 불리는 반도체 사업착수 발표가 있은 후 얼마 되지 않은 때이다. 당시 전자산업 분야는 금성사(구자경), 삼성전자(정재은), 대우전자(김우중) 3강이 장악하고 있었다. 현대그룹은 경기도 이천에 약 30만평 부지에 현대전자산업 주식회사를 론칭시켰다. 현대전자는 1985년에 256KD램을 개발 생산하면서 반도체 생산기업이 되었다. 정주영 회장이 전자산업에 진출한 것은 현대그룹의 사업체 구조를 바꾸겠다는 철학에서 출발한 것이다. 조선, 건설, 자동차 등 중후장대형에서 새로운 수출주도산업으로 전환해야 그룹의 성장이 멈추지 않을 것으로 판단한 것이다. 정주영 회장은 자동차 산업의 전자화(電子化)를 내다보았다. 이것은 앞날의 산업 구조의 변화를 미리 내다보는 뛰어난 통찰력인 것이다. 2022년 현재의 자동차 산업의 변화, 전기차, 전기배터리가 자동차 산업의 핵심을 이루고 있는 것을 감안하면 대단한 감각이랄 수밖에 없다.

현대전자는 1985년 국내 10대 제조업체 반열에 오르고 1996년 상장법인이 되는 정상적인 성장 괘도를 밟았다. IMF 외환위기는 전자산업계에도 큰 위기로 다가왔고 반도체업계의 지도를 바꾸게 만들었다. 대재벌들의 반도체 산업의 중복 투자에서 업계의 리스크는 어떤 조정이 필요했다. 그렇지 않고는 삼성, 현대, LG로 정립되어 있는 상황에서 어느 한쪽은 파산을 면치 못할 가능성이 분명해 보이는 것이다.

처음에는 재계 스스로가 구조조정에 나섰다. 그러나 순탄치가 않았다. 각 회사의 첨예한 이해가 맞부딪혀 있는 사안으로 업계 자율적으로 해결하기에는 한계가 있다. 결국 정부의 개입을 불러 왔다. 정부의 입장에서 대기업의 구조조정은 국가 경제적으로 중요한 현안이다. 반도체 분야뿐 아니라 자동차 등 많은 분야에서 그랬다. 이른바 "빅딜"의 일환으로 현대전자는 LG반도체를 인수했다. LG반도체는 현대반도체로 사명을 바꿨다. 그리고 현대전자에 흡수합병되었다. 그러나 현대전자는 반도체 사업이 유발하는 과도한 투자 부담을 이기지 못하고 막대한 부채 때문에 흔들리게 된다. 반도체의 상품 수명은 빠른 것은 3개월도 못가는 것도 있다. 그만큼 신제품 투자비가 막대하게 요구되는 것이다. 정몽헌 회장이 경영포기각서에 서명하게 된 것은 이런 과정을 거쳐서 나온 결과다.

채권금융기관들이 대주주가 되었다. 채권단은 2001년에 메모리를 제외한 모든 사업이 각개 회사로 분리된 후 「하이닉스」반도체로 이름을 바꾸었다. 현대그룹에서 분리된 것은 당연한 이야기다. 2002년 6월 대주주는 현대상선에서 외환은행으로 바뀌었고 2003년 3월에 무려 21대 1의 감자가 단행되었다. 2004년에는 창사 이래 최대의 영업이익을 내면서 경영이 정상화 되었다. 감자 효과에서 나온 결과다.

시간이 10년이나 흘러 2011년 6월 하이닉스는 매물로 나왔고 원래의 주인이었던 현대중공업 인수설이 나와 한때 재계를 미묘한 흥미 속으로 빠지게 만들기도 했다. 현대중공업이 만일 하이닉스를 인수한다면 현대자동차가 현대건설을 인수했듯이 또 하나의 「계열사 되찾아오기」가 되지 않을까 하는 흥미진진한 일이 기대되었을 것이다. 그러나 그런 일은 일어나지 않았다. 현대중공업(정몽준)이 인수를 왜 포기했는지는 밝혀진 게 없다. 아쉬움을 남기는 장면이다.

하이닉스는 2012년 2월 3조 3747억 원에 SK그룹 SK텔레콤이 인수했다. SK그룹은 같은 해 3월 SK하이닉스로 사명을 바꾸었다. SK하이닉스는 삼성전자에 이어 국내 시가총액 2위의 회사가 됐고 글로벌 반도체 업체로 성장해있다.

정주영 회장과 구자경 회장(LG그룹)

반도체사업 빅딜(Big Deal) 과정에서 정주영 회장과 구자경 회장은 맞섰다. 개인적으로 사사로이 맞부딪친 것이 아니라 정부의 큰 정책 구도에서 비롯된 것이었다. 매스컴들이 빅딜이란 용어를 만들어냈지만 빅딜이란 대재벌 사이의 계열기업을 맞바꾸는 것이었다. 계열기업을 맞바꾸는 것은 소프트 아이스크림을 먹는 것과는 다르다. 엄청난 이해관계가 얽히고 머리싸움, 지략이 필요한 게임이다. 파국으로 가기 쉽다.

현대그룹과 LG그룹의 반도체 빅딜도 그런 유형을 벗어나지 못했다. 이 빅딜도 결국 정부의 개입이 있고서야 완성되었다. 난산이었다. 각 당사자가 자기 기업과 상대방 기업을 보는 가치 평가가 어떻게 같을 수 있겠는가. 구자경 LG그룹 회장은 빅딜이 있고 난 후 월간조선(2003년 2월호)과의 인터뷰에서 다음과 같은 소회를 쏟아냈다. "하이닉스(현대그룹)가 LG반도체를 인수하고 나서 일년 반 동안에 하이닉스 반도체에서 반도체를 개발해서 수출한 것은 한 건도 없었다. 하이닉스는 순전히 우리 것(LG반도체)을 수출했고 그걸로 재미를 봤다. LG반도체 한 주(株)에 적어도 2만 5천 원은 받아야 되는 건데 2만 1천 원에 팔았으니까 뺏긴 셈이다."고 말했다. 1주당 4천 원이나 싸게 넘겨 주었다는 건데 이것은 꽤 큰 것이었다. 구자경 회장은 당시 격렬하게 저항했다. 그 값으로는 빅딜을 할 수 없다는 것이 저항의 이유였다. 딜 협상의 돌파구는 없었다. LG반도체 한주당 가격이 4천 원이나 차이가 나는데 이를 봉합할 묘책을 찾기란 쉬운 일이 아니다.

결국 청와대가 나섰다. 정부가 재벌에게 압박 할수 있는 일이란 다양한 카드가 있지만 자금줄을 끊어버리는 것이다. 이것만큼 재벌에게 무서운 일은 없다. 은행 대출이 막혀버린 재벌이 버틸 수 있는 저력은 그렇게 길지 않다. 정부는 실제 LG그룹에 대한 금융기관의 신규 대출을 전면 봉쇄해 버렸다. LG 구자경 회장은 손을 들고 말았다. LG는 패배하고 현대는 승리했다. 그러나 이 게임에서 우리는 몇가지 교훈도 배울 수 있다. 민간 사기업 사이에 일어나는 순수한 사업영역에 관이 개입하는 일이다. 시장경제 시스템에서는 있어서는 안 되는 일이다. 다음으로는 관이 금융기관을 마음대로 통제하는 일이다. 관치 금융은 언제나 피해야 하는데도 이런 일이 일어난다. 관치금융시스템이라면 시장에서 기업의 공정경쟁은 있을 수 없다. LG그룹은 매각대금으로 데이콤을 인수했다. 훗날 LG데이콤은 정부의 기간 통신사업자였으며 2010년 LG파워콤과 함께 통합 LG텔레콤으로 합병되었다. 그 뒤 사명을 통합 LG텔레콤에서 LG유플러스로 변경되어 현재에 이르고 있다.

구자경 회장은 빅딜을 사실상 주도한 전경련(全經聯, 전국경제인연합회)에서 탈퇴하고 말았다. 정주영 회장과 구자경 회장은 개인적으로 친분이 두터운 사이였다. 구자경 회장은 정주영 회장보다 10년 연하다. 그럼에도 두 사람은 재계에서 쉽게 찾아지지 않는 막역한 사이다. 구자경 회장은 1925년생으로 진주사범을 졸업하고 5년간 교사생활을 했다. 그가 사업가의 길로 들어선 것은 1950년 부산에 있는 락회 화학공업사에 입사하면서부터다.

그가 교직을 떠나 사업가의 길을 택했던 것을 이해하기 위해서는 그의 가계(家系)를 거슬러 올라가봐야 한다. 구회장 가문은 원래 경기도 양주, 파주에서 세거한 문인 집안이었다. LG그룹 창업자인 구인회 회장의 조부 구연호는 대한제국 홍문관 교리로 사간원 정원이었다. 구인회 회장은 조부의 강한 유교 가풍 때문에 사업계에 진입하는데 많은 어려움을 겪었다. 그러나 조부의 사업계 진출 허락을 받고 오히려 유교가풍이 사업경영에 좋은 영향을 주었다. 구인회는 서울 중앙고보를 나왔다. 당시로서는 인테리였는데 고향 진주로 내려와 진주지수협동조합 이사로 사회생활을 시작했다. 구인회는 1931년 진주에서 구인회 포목상을 시작하면서 개인사업을 전개했다.

구인회는 사돈 관계에 있는 허만정의 김해 허씨 집안과 동업했다. LG그룹의 구씨가문과 허씨가문의 동업은 이때부터 시작되었다. 동업자였던 허만정씨도 진주에서 만석꾼 소리를 듣는 갑부였다. 허만정씨는 독립운동가였으며 지역사회 구휼과 사업에도 돈을 아끼지 않았다. 구인회 회장은 부산으로 나와 전화기, 선풍기, 에어컨, TV, 냉장고 등 초기가전제품을 생산하는 전자산업을 벌려 크게 성공했다. 구인회 회장은 부산국제신보 사장이 되었고 전국 경제인연합회 부회장도 지냈다. 방송 사업에 뛰어들어 동양방송의 전신인 RSB 라디오서울을 삼성그룹 창업주인 이병철과 함께 설립하여 사장을 지냈으나 이병철이 전자사업에 뛰어들자 둘의 사이가 틀어지면서 사장직에서 물러났다. 구회장과 이병철 회장은 사돈 관계이기도 하다. 구회장 3남 구자학씨와 이병철 회장 2녀 이숙희씨가 결혼했다.

이야기를 정주영 회장과 구자경 회장으로 돌려보자. 정주영 회장과 구자경이 최초로 대면했던 것은 언제, 어떤 일 때문이었다는 기록으로 밝혀진 게 없다. 우리가 추론할 수 있는 것은 전경련 회의에서였을 것으로 보는 것이다. 정회장과 구회장이 전경련 회의에 참석할 때는 두 분이 가장 젊은 측에 들었다. 그래서 자연스럽게 가까워졌다고 볼 수 있다. 한편 구자경 회장 자택이 원서동으로 현대그룹 정회장 사무실(계동)과는 길 하나 건너면 되는 가까운 거리에 있었다는 점도 눈여겨볼 점이다. 정주영 회장은 구자경 회장에게 전경련 회장 자리를 넘겨주기도 했다. 정주영 회장이 전경련 회장 4연임을 앞두고 사실상 차기 회장을 결정하는 중견그룹 회의에서 "정주영 회장에게 회장자리를 덮어 씌웁시다."고 말해 의사결정을 유도한 사람도 구자경 회장이었다. 정주영 회장은 일해재단 이사장 자리도 구자경 회장에게 넘겨주려 했고 이 때문에 5공 실세들과 다투기도 했다. 사업의 영역은 냉혹하다. 정 회장과 구 회장의 개인적인 친분도 반도체 빅딜에서는 적대관계로 만들었다.

13

극동석유-현대오일뱅크

정주영 현대그룹 창업 회장의 사업력에서 본인이 창업하지 않은 기업체는 거의 없다. 본인이 땅 파고 말뚝 박고 벽돌 쌓아 올린 것이 대부분이다. 그런데 현대오일뱅크(극동석유 후신)는 예외에 속한다.

극동석유는 1964년 장홍선씨가 부산에 설립한 정유회사다. 민간인이 독자적으로 정유회사를 설립한 것은 극동정유가 최초였고 설립자 장홍선씨는 그로해서 순식간에 주목받는 기업인이 되었다. 당시 국내 정유산업의 판도는 국영인 대한석유공사가 메이져였고 호남정유가 미국 칼텍스와 합작으로 설립되어 이 두 회사가 정유산업을 장악하고 있었다. 거대자본이 지배하는 정유업계에 민간인 기업인이 정유업계에 뛰어드는 것은 모험에 가까웠다. 다만 공업화 초기 단계를 벗어나려는 한국의 산업구조는 석유 다소비형으로 짜졌고 정유산업은 성장 가능성이 아주 큰 유망업종이었다.

장홍선 회장은 그런 민간 단일 기업의 한계를 극복하기 위해 1969
년 로열더치/쉘을 합작파트너로 손을 잡고 외자를 유치했다. 로열
더치쉘은 쉘 등으로 분리해 1907년에 네덜란드와 영국서 시작된
다국적 기업이다. 쉘은 세계에서 두 번째로 큰 석유회사이며 여섯
개의 세계 수퍼메이저 중의 하나이다. 영국의 석유회사이지만 네
덜란드의 헤이그에 본사가 있다. 로열더치쉘이 참여하면서 상호가
극동쉘석유주식회사로 바뀌었다. 1977년 로열더치쉘이 철수하면
서 상호가 극동석유로 변경되었다.

이때 정주영 회장은 극동석유의 지분 일부를 취득했다. 현대가
문과 장홍선 가문과의 운명적인 만남은 이때 이루어졌다. 현대그
룹이 극동석유의 지분 일부를 취득한 것에 대해 재계의 반응은 예
민했다. 현대그룹이 정유산업에 진출하기 위한 교두보를 마련하기
위한 것이라는 견해가 지배적이었다. 1988년에는 미국 게티오일이
합작 투자로 진입했고 1988년 상호를 극동정유로 바꾸었다. 극동
정유는 1989년 대산공장(충청남도 서산시)을 지었다. 극동정유는
걸프전 반발에 의한 유가 급등과 재정난으로 1993년 7월 현대그
룹이 현대중공업을 통해 인수해 현대정유가 됐다.

극동정유가 현대그룹으로 오는 과정은 험난했다. 극동정유 창
업자이자 공동 대주주인 장홍선 회장과 정주영 명예회장이 적극
적으로 경영권 장악을 위해 사투를 벌인 것이다. 사돈간의 싸움이
기도 했다. 장홍선 사장의 누나 장정자 여사가 정주영 회장 넷째
동생 정신영씨와 결혼해 장홍선 사장은 현대가와 사돈간이 된 것
이다. (이에 대해서는 다음 장에 자세히 다룬다) 두 진영의 싸움은

끝없이 치열하게 전개되었고 결국 정부가 개입했다. (반도체산업 빅딜, 현대와 LG의 재판과도 같았다)

당시 극동정유는 정부 소유 석유개발공사의 대리경영 체제하에 있었다. 대산공장의 대폭발 사고 이후 경영악화로 유개공이 경영을 주도하고 있었다. 당시 정부는 대기업의 정유업계 진출은 바람직스럽지 않다는 이유로 대주주인 현대그룹의 경영권 장악을 배제하고 있었다. 그러나 극동정유 부채는 계속 늘어나고 있었고 경영 정상화에 필요한 2000억 원의 추가증자를 감당할 수가 없었다. 정부는 결국 주주들의 자율 경영에 맡기는 방침을 택했다. 이 결정은 사실상 현대그룹이 경영권을 쥐게 되는 것을 의미하는 것이다. 당시(1992년 7월) 극동정유의 주식지분은 현대그룹 48.9%, 장홍선씨가 29.3%, 대한항공 14.1%, 유공 3.9%, 유개공 2.3%, 경인에너지 1.5% 등이다. 이런 주식 분포를 볼 때 2000억 원의 추가증자도 현대그룹이 주도할 수밖에 없는 것이다. 그 사이 우여곡절도 있었다.

정부는 1991년 7월 장홍선 사장을 퇴진시키고 동자부 장관을 역임한 최동규씨를 사장으로 앉혀 유개공을 통한 위탁경영을 시도했으나 경영 정상화를 위한 1천 1백 60억 원의 증자를 둘러싸고 진통이 이어졌다. 이런 상황이라면 대주주이자 자금 여력이 있는 현대그룹에 증자를 맡길 수도 있지만 대기업의 정유사 장악이 바람직하지 않다고 판단했다. 정부는 우여곡절 끝에 1992년 6월 대한항공과 유공, 경인에너지 등 3개 사를 참여시며 현대를 견제하며 1천 1백 60억 원의 증자를 단행했으나 사태를 호전시키지는 못했다. 극동정유는 계속 적자가 눈덩이처럼 불어나 또다시 2천억 원의 증자가 불가피해졌다. 정부는 외국회사합작 등 외자 유치까지 시도했으나 성공하지 못했다. 현대그룹은 극동정유를 인수하면서 "그룹 경영이 어려운 판에 2천억 원을 어디서 끌어댈지 걱정"이라며 정부의 금융지원을 희망하는 메시지를 내놓기도 했다. 극동정유는 1992년 말 현재 자본금 2천 6백 60억 원에 부채는 1조 3천 5백 31억 원이며 매출액은 91년 말 현재 7천 4백 54억 원에 내수시장 점유율은 7.8%, 종업원은 1천 3백 43명이었다.

현대그룹은 인수 이듬해 회사 이름을 「현대오일뱅크」로 론칭했고 3년 만에 435개였던 주유소를 1020개로 늘렸다. 1999년에는 구 경인 에너지인 한화에너지를 인수해 인천정유를 만들었다. 정주영 회장은 현대정유를 조카인 정몽혁 당시 현대종합상사 회장에게 맡겼다. 정몽혁은 정주영 회장의 다섯째 동생 정신영 전 동아일보 기자의 아들이자 장정자 현대학원 이사장의 아들이다.

매각과 회수

현대오일뱅크 부침은 심했다. 1999년 12월 IMF 외환위기 여파로 경영난을 겪게 되어 5억 달라에 지분의 50%를 중동의 아부다비 국영석유회사 IPIC(International Petroleum Investment Company)에 넘기면서 현대그룹에서 계열 분리됐다. 2002년 현대오일뱅크가 되었고 IPIC가 경영권을 인수하면서 정몽혁 회장도 물러났다. 2006년에는 인천정유를 SK에 매각했다. 현재의 SK인천석유화학이다.

7년 후 현대중공업이 현대종합상사를 되찾아왔고 정몽혁 회장은 다시 경영일선에 복귀했다. 정주영 회장이 글로벌 네트워크 구축 목적으로 1976년에 설립했던 현대종합상사는 채권단 손에 들어갔다. 당시 한국 대재벌들은 종합상사를 설립해 수출 증대 창구로 활용하는 시스템을 구축하는 전략을 썼다. 일본의 종합상사 제도를 본뜬 것이었다. 현대종합상사는 2016년에 현대중공업에서 분할되어 현대코퍼레이션이 되었고 현대(종합)상사는 그 자회사다.

현대오일뱅크를 손에 넣은 아부다비의 IPIC는 2006년에 현대오일뱅크로부터 20%의 추가지분을 매입해 그 후 미국의 코노필립스에 지분 35%를 매각하려고 했다. 그러나 이 계획이 실패로 돌아가자 IPIC는 이번에는 공개입찰방식으로 전환해 매각을 시도했다. 매각지분도 35%에서 50%로 높였다. 국내 석유회사들과 코노코가 입찰에 뛰어들었다. 국제 석유관련 회사들은 M&A를 전문으로 하는 업체들이 다수이고 업계의 지도가 변화무쌍하게 펼쳐진다. 현대중공업 입장에서는 애써 장악했던 현대오일뱅크를 내줄 수밖에 없었다. 그때 일말의 희망이 있는 사실을 찾아냈다.

현대중공업이 1999년 매각한 지분 50%에 대한 콜옵션(CALL OPTION)이 있는 사실을 알고 이를 행사하겠다고 주장했다. 콜옵션이란 옵션 매수자에게 특정 기간 내에 구매할 수 있는 권리를 부여하는 금융계약이다. 2008년 콜옵션을 행사한 후 이 사안을 ICC국제 중재에 붙였고 ICC는 2009년 11월 IPIC의 계약위반을 인정했다. 더해서 IPIC가 지분 70%를 현대중공업에 넘겨야 한다고 판정했다. IPIC는 판정에 불복했지만 2010년 8월에 법적 다툼을 포기하고 현대중공업에 지분을 매각했다.

이로써 현대중공업은 지분 91.18%를 확보했고 창업주 정주영 회장이 남겨준 유산을 되찾았다. 현대그룹은 어떻게 보면 낭만적이다. 살벌한 생존의 세계에서 상실했던 기업체들을 되찾아 오는 것에 감탄하지 않을 수 없다. 현대건설이 그렇고 현대오일뱅크가 그런 것이다. 다만 앞에서 보았듯이 하이닉스 반도체를 되찾아 오지 못한 것은 현대그룹 성장사에 잊기 힘든 한(恨)으로 남는 것이다.

정신영과 장정자

정신영은 정주영 회장의 다섯째 동생이다. 장정자는 장홍선 극동정유 창업자의 누나이다. 이 두 사람이 결혼함으로써 정주영 가문과 장정자씨 가문은 사돈 간인 혈연으로 묶이게 되는 것이다. 이 두 사람의 만남과 결혼은 드라마틱하고 애절한 순애보를 보여준다.

우선 정신영씨를 보자. 정신영씨는 공부를 잘한 머리가 좋은 수재였다. 정주영 회장이 부산에서 현대건설의 기초를 닦으며 빠른 성장을 하고 있을 때 보성고를 졸업하고 서울법대에 진학했다. 정신영은 보성고 시절 학교 교지에 기고도 하고 편집도 맡아보는 문학 소년이었다. 친구들이 많았다. 성격이 활달하고 다정다감했다. 친구들은 의리파라고 말했다. 정신영은 서울법대에 진학한 법대생 대부분이 그러하듯 사법시험을 준비했다. 공부에 지나치게 집중한 나머지 쇠약해져 일년 간 휴학하기까지 했다. 정신영은 진로를 바꾸어 서울대 대학원에 진학했다. 법관보다는 학자의 길을 선택했다. 그런데 대학원 2학년 때 「동아일보」 수습기자 시험에 응시해 신문기자가 되었다. 정신영이 동아일보사 입사를 결심하게 된 것은 둘째형 인영씨 영향이었을 것으로 생각하는 사람도 있다. 인영씨는 동아일보 기자였으며 일본의 아오야마 각구엔대에 유학해 영어에 능했다. 신영씨는 일선 기자로써 두각을 나타냈으며 동아일보 정치부에 속해 국회 출입 기자로 일했다. 정주영 회장은 수재인 동생이 언론인보다는 학자가 되기를 희망했고 그래서 1957년 경제학 박사 학위를 따기 위해 독일 함부르크대학으로 유학을 갔다. 정신영은 유학 중에도 1958년 한국일보 독일 통신원으로, 1961년 7월에는 동아일보 유럽 통신원으로 일했다. 1961년 8월 25일 베를린 위기를 취재해 기사를 송고함으로써 이름을 알리기도 했다. 그런데 1958년 크리스마스는 정신영에게는 인생의 전환점을 맞는 일이 있게 된다. 독일에 먼저 유학을 온 임성희(任聖熙)씨(추후 중앙대 총장, 문공장관)씨가 정신영을 크리스마스 이브 파티에 초청했다. 임성희씨 자택은 쾰른에 있었다. 임성희씨는 독일 남부 뮌헨 대학에 유학중인 장정자씨도 초청했다. 장정자씨는 서울대 음대 졸업 후 뮌헨 함부르크 국립음악대 유학 중이었다. 이 파티에는 이홍희씨(삼성 이병철 회장 친조카)도 초청되었다.

이렇게 해서 정신영과 장정자씨는 운명적인 만남을 갖게 되었다. 두 사람은 첫눈에 서로 일생을 맡길 수 있는 상대라는 것을 확인했다. 두 사람은 첫 만남이 있은 후 6개월도 안된 1959년 봄 독일에서 결혼에 골인했다. 그러나 비극은 너무 쉽게 찾아왔다. 정신영씨가 박사학위 논문을 마친 후 친구들과 홀가분하게 알프스산맥에 스키 관광을 갔다. 그런데 장폐색증이 일어났고 함부르크대 병원에서 수술 중 세상을 떠나고 말았다. 정신영씨 32세 때였다. 장정자 여사는 27세였다. 슬하에 남매가 있었고 현대코퍼레이션 회장 정몽혁씨가 아들이다.

정주영 회장의 상심이 컸던 것 같다. 정주영 회장이 일생동안 회사 결근을 해본 일이 없는데 신영씨의 부음을 듣고 1주일간 회사 출근을 하지 않았다. 정주영 회장은 신영씨의 재능을 사랑했고 자랑으로 여겨왔다. 정주영 회장은 정신영을 영원히 죽지 않는 방법을 찾는 데 고심했다. 정신영이 동아일보 기자로 재직할 때 중견 엘리트 모임인 관훈클럽 회원이었다는 것을 알아냈다. 관훈클럽은 1959년 설립된 언론인 모임이다. 종로구 관훈동에서 설립 모임을 가졌다고 해서 관훈클럽으로 작명되었으며 주로 필명을 날리는 중견 언론인들의 모임이다. 현재도 대통령 후보들을 초청해서 검증 작업을 벌이고 있으며 후보들은 이 클럽의 초청을 받는 것을 영광으로 생각한다. 정주영 회장은 관훈클럽 회장 등 간부들을 찾아가 정신영 기금을 출연할 것을 제안했다. 기금 규모는 당시로써는 거금인 1억 원이었다. 관훈클럽이 각종 언론상, 또는 언론인 자질 향상을 위해 외국에 연수를 보낼 때 이 기금에서 발생하는 과실로 써달라는 취지였다. 관훈클럽은 정주영 회장의 제안을 받아들였다. 그래서 현재도 정신영 기금 재단은 매년 관훈클럽 행사를 지원하고 있다. 정신영 기금, 즉 관훈클럽으로 인식될 정도이다.

우리가 앞에서 정신영, 장정자씨의 만남을 「애절한 순애보」라고 한 것은 27세의 젊은 나이에 남편을 잃은 장정자 여사가 60년도 넘게 미망인으로 신영씨를 잊지 않는 삶을 살아오고 있음을 말하는 것이다. 장정자 여사는 수준급의 첼리스트이기도하다. 정주영 회장은 신영씨가 세상을 떠났을 때 독일에서 시신을 청운동 자택으로 들어오도록 했다. 주위에서는 반대했다. 객지에서 죽은 사람의 시신은 집안으로 들여오지 않는게 관례라는 것이다. 정주영 회장은 그런 주장을 일축했다. 동생 신영에 대한 애정이 그런 주장을 꺾은 것이다. 그리고 장정자 여사가 독실한 기독교 신자인 것을 알고 정주영 회장은 신영씨의 묘비 머릿 부분에 †자가를 새기도록 했다. 정주영 회장은 회고록에서 제수 장정자 여사가 그 †자가를 보며 흐뭇해 하더라고 썼다. 정주영 회장은 신영씨가 세상을 떠난 후 제수씨가 홀로 교회에 가는 것이 외롭게 보여 부인 변중석 여사와 함께 7개월 동안이나 교회에 동행했다. 정주영 회장은 기독교 인은 아니였다. 정주영 회장은 장정자 여사를 현대학원 이사장으로 일할 공간을 만들어 주었다. 현대학원은 강남구 압구정동에 있는 현대고등학교를 운영하고 있다.

장정자 여사는 현대가(家)가 커다란 국제적인 스포츠 행사를 유치하는데 숨은 공로자이기도 하다. 정주영 회장이 88올림픽 유치민간위원장으로 독일 바덴바덴에서 IOC위원들을 상대로 투표전을 벌릴 때이다. 올림픽을 대한민국으로 유치하는 것은 아주 어려운 일이었다. 한국이 유치 활동을 늦게 시작한 데다 일본의 나고야시는 모든 면에서 우위였다. 이기는 싸움이 될 수 없었다. 심지어는 단 한 명의 한국 IOC위원마저도 승산이 없다면서 뒷짐을 지고 있는 형편이었다. 정주영 회장은 굴하지 않았다. 바덴바덴에서 현대의 독일 함부르크 지점 직원과 가족까지 전원 바덴바덴으로 옮겨와 유치전에 참여하는 때였다. 장정자 여사도 지원팀에 참여했다.

정주영 회장은 각국 IOC 위원들이 묵고 있는 숙소에 꽃바구니를 넣어주는 아이디어를 냈다. 정주영 회장은 꽃을 싫어하는 여자는 없고 IOC 위원들 동반해 온 부인들에게 꽃바구니를 선물하는 것이 더 효과적이라고 판단했다. 이 아이디어는 적중했고 매일 싱싱한 아름다운 꽃을 넣어주는 코리아에 환호했다. 아침마다 만나면 보내준 꽃 이야기를 하면서 좋아했다. 꽃을 보내는 일을 장정자 여사가 도맡아 했다. 장정자 여사는 바덴바덴의 꽃가게 꽃이 모자라는 것을 보고 아예 인근의 꽃밭을 통째로 구입하는 아이디어까지 내어 꽃이 모자라지 않게 했다. 숨은 공로자인 것이다. 대한민국은 일본의 나고야를 물리치고 88서울올림픽을 개최한 것이다.

장정자 여사의 역할은 바덴바덴에서 그치지 않았다. 1996년 한·일 월드컵 유치전에서도 장정자 여사의 저력은 발휘되었다. 정몽준 국제축구연맹(FIFA) 부위원장이자 한국축구연합회 회장은 한·일 월드컵 유치 기자회견장에서 회견이 끝나자마자 플로어 뒷면에 자리 잡고 있는 「노(老) 숙녀」에게 종종걸음으로 다가가 허리를 굽신거리며 두 손을 부여잡았다.

"숙모님, 너무 고생 많으셨습니다."

"네가 고생했지, 내가 뭐."

노숙녀는 다름 아닌 장정자 여사였다. 장정자 여사가 한·일 월드컵 유치전에 뛰어든 것은 1994년 미국월드컵 때 유창한 영어 실력과 세련된 매너로 FIFA 집행위원들의 부인들을 효과적으로 공략했다는 평가 때문이었다. 장 이사장은 그 후 2여 년 동안 정몽준 부회장과 40여개국을 누비며 한국지지를 호소했다. 정몽준 부회장의 부인이 임신하면서 「월드컵 내조」는 장 여사 몫이었다. FIFA 집행위원들의 부인들 대부분이 장 여사와 동년배여서 친해지기 쉬웠다. 장정자 여사는 기자들의 인터뷰 요청에 "단독 개최가 된 것도 아닌데 공치사 같아서 쑥스럽다."며 한사코 사양했다. 겸손함이 묻어나는 것이다. 장정자 여사는 "팔자에 없는 월드컵 때문에 우리 학생들(현대고교) 얼굴 잊어먹겠네"라며 마음은 교육 현장에 있음을 내비쳤다.

정몽혁과 현대오일뱅크

현대오일뱅크 역사 속에서 정몽혁 회장 이름이 자주 나온다. 정몽혁 회장은 현대오일뱅크(전 극동정유)와 인연이 깊다. 앞장에서 보았듯이 극동정유 지배권을 둘러싸고 정주영 회장과 장홍선 회장의 대립은 치열했다. 정주영 회장은 이때 한 중견 언론인에게 이렇게 말했다.

"내가 극동정유에 대해 보통 이상의 애착을 갖고 있는 것은 조카 몽혁이 때문이다. 극동정유는 앞으로 몽혁이에게 돌아갈 거야. 아버지도 없이 크는데 극동정유쯤은 주어야지."

정몽혁 회장은 당시 어렸다. 극동정유 창업자 장선홍 회장은 몽혁씨의 친 외삼촌이다. 몽혁씨의 어머니 장정자 여사는 장선홍 회장 친누나다. 정주영 회장이 동생 신영씨에 대한 애정은 남달랐다는 것은 앞서 이야기했다. 정신영씨는 박사학위 논문을 마무리하기 위해 형님 정주영 회장에게 아내와 몽혁이를 청운동 정주영 회장 자택에 맡기겠다고 부탁했고 이게 받아들여졌다. 정주영 회장은 두 살배기 몽혁을 귀엽게 예뻐했고 각별한 애정을 가졌던 것이다.

정주영 회장은 1993년 7월에 현대그룹이 현대중공업을 통해 인수한 후 정몽혁에게 맡겼다. 극동정유를 손에 넣으려고 애쓰고 조카 몽혁에게 이를 주려고 했던 결심을 실현한 것이다. 정몽혁 회장은 2002년 아부다비의 IPIC가 현대오일뱅크를 인수하면서 자리에서 물러났다. 7년 후 현대중공업이 현대종합상사를 되찾아오면서 정몽혁 회장은 다시 경영 일선에 복귀했다. 그러나 현대오일뱅크의 대표가 아니고 현대코퍼레이션 대표였다. 현대오일뱅크와는 거리가 멀어졌다. 이점이 아쉬움을 남긴다. 정주영 창업 회장이 그토록 애지중지하고 현대오일뱅크(극동정유)만큼은 정몽혁 회장에게 주고려 했던 뜻이 이루어지지 않고 만 것이다.

정몽혁 회장은 꽤나 곡절을 많이 겪은 편이다. 정몽혁 회장은 경복고와 미국 캘리포니아대를 졸업하고 30대 초반 나이에 현대정유 대표가 됐다. 현대정유 경영권이 아부다비 국영석유공사(IPIC)로 넘어간 뒤 경영일선에서 물러났다. 이후 건설자재 납품 회사인 에이치에비뉴 컴퍼니를 차려 재기를 모색했지만 빛을 보지 못했다. 정 회장은 2005년부터 자동차용 주물을 만드는 현대차계열 메티아(옛 아주금속)을 경영해왔다. 메티아 경영은 사촌형인 정몽구 회장이 권유한 것으로 알려지고 있다. 메티아는 현대차 계열의 현대위아와 다이모스가 각각 50.94%와 48.53%의 지분을 갖고 있는 회사다. 본격적인 재기를 노려온 정몽혁 회장은 매물로 나온 현대종합상사 인수에 적극 참여했다.

정 회장은 현대중공업 컨소시엄이 현대상사를 인수할 때 KCC 등과 함께 개인 자격으로 참여하며 주도적 역할을 했다. 그는 현대종합상사 인수가 마무리된 후 사촌 형제 등과 현대중공업 측에 현대종합상사가 국내 최고의 회사가 되도록 노력하겠다고 다짐했다. 정몽혁 회장은 "기존 트레이딩(중계무역) 일변도에서 벗어나 스타트업처럼 스스로 신산업을 발굴하고 추진할 수 있는 인재가 필요하다."면서 그룹의 성장을 한 괘도 높이겠다는 열의에 차 있다.

14

정인영, 한라그룹, 5공(共)

　정인영 한라그룹 회장은 현대 성장사에 특별한 위치를 차지한다. 정주영 창업 회장이 6·25 때 부산으로 피난길에 오르면서 많은 동생중에 정인영 한 사람만을 데리고 갔다. 그에 대한 애정이 그만큼 많았다는 것이다. 정주영 회장은 피난길에 양친도 계시지만 인영 한 사람만을 택한 것은 인영이 동아일보 기자로 있었기 때문이다. 보수, 반공 기조가 강한 동아일보 기자라면 인민군의 처형 1호가 되기 마련이다. 인영은 그 당시 동아일보 편집국 외신부에 배속되어 있으면서 주한 미 대사관을 비롯 각국 대사관을 순회하면서 신생 대한민국의 외교정책과 주한 외교사절단의 대한민국에 대한 시각을 취재 보도하는 일을 하고 있었다. 북한이 호의적일 리 없다. 정주영 회장은 이런 것을 감안했을 것이다.

　정인영은 6·27일 북한군이 서울에 입성하기 직전 동아일보 호외(号外)를 독자적으로 만들어 광화문과 무교동 일대에 뿌렸다. 북한군 서울 입성이 임박해지자 회사에 들어와 보니 최두선 사장은 이미 피난을 갔고 신문을 만드는 공무국도 텅 비어있었다. 정인영은 소년시절에 문선(文選)일을 해본 경험을 갖고 있었다. 문선이란 납으로 된 활자를 조그마한 나무상자에 정리해 인쇄기에 넣을 수 있도록 하는 작업을 말한다. 아무나 할 수 있는 일은 아니다. 정인영은 공무국에서 자신이 문선을 해서 신문 호외 조판 형틀을 만들어 호외를 만들었다. 북한군 서울진입이 얼마 남지 않았으니 서둘러 피난길에 오르라는 내용이었다. 이 사실은 동아일보 사사(社史)에도 나온다.

정인영은 정주영 회장을 따라 피난길에 오른다. 이때는 한강 제1인도교는 폭파되어 다리를 건너 남쪽으로 가기는 불가능했다. 정주영 회장과 인영은 뚝섬으로 갔다. 그곳에서는 강남 봉은사를 가는 나룻배가 있었던 시절이다. 봉은사 가는 배편도 없었고 개인들이 보트로 피난 가는 사람들을 돈을 받고 도강시켜주고 있었다. 도강하려는 사람들이 넘쳐 뚝섬 일대는 아수라장이었다. 정주영회장은 수영을 해 도강할까도 생각했다. 정 회장의 수영 실력은 등위에다 수박을 올려놓고 한강을 건너는 수준이었다. 그런데 보트를 가지고 도강 인파로 재미를 보고 있던 보트업자가 돈 버는데 지쳤는지 보트를 모래사장으로 올려놓고는 어디론가 사라져 버렸다. 정주영 회장은 그때를 놓치지 않고 보트를 물로 끌고가 한강을 건넜다. 인영, 그리고 사원이었던 최기호씨와 손으로 보트를 저어 강을 건넜다. 강우로 한강물 유속이 빨라 세 사람이 열심히 손으로 물을 저었지만 도착한 곳은 지금의 반포 근처였다.

정주영 회장과 정인영 회장은 남하하면서 대구에 잠시 머문 일이 있다. 이때 정주영 회장은 일선 장병들에게 배달되는 신문을 최전선에 매일 직접 전해주는 일을 했다. 정주영 회장은 젊은 청춘들이 생사가 갈리는 최전선에서 적군과 싸우는데 후방의 소식을 그들에게 전하는 것이 얼마나 보람이 있는 일이라는 것을 확실히 알고 있었다. 정인영 회장은 대구의 한 지방신문에서 편집일을 하면서 신문 제작을 도왔다.

두 형제를 대구에서 부산으로 일찍 내려가게 한 사건은 전시에 사람들이 얼마나 타락할 수 있는가를 보여준다. 정주영 회장이 그날도 신문 배달을 하기 위해 신문 집배소에 가봤더니 신문이 한 부도 보이지 않았다. 근처 상인들에게 물어보니 신문 집배 일을 보는 사람이 신문 모두를 두부 장사한테 모두 팔아버렸다는 것이다. 정주영 회장은 그 말을 듣고 그날로 즉시 부산으로 내려가고 말았다. 신문을 헌 포장지로 팔아봐야 돈이 얼마나 된다고 젊은 청춘들이 전선에서 신문을 애타게 기다리고 있을텐데... 정주영 회장은 화도 나고 낙심도 커 바로 부산으로 내려간 것이다.

정인영 회장의 역할

현대그룹 성장사(史)는 여기서 대전환을 맞이하며 정인영 회장의 역할이 눈부시게 빛나는 것이다. 정주영, 정인영 두 피난민 형제는 부산 광복동을 떠돌면서 북한군과의 전투가 호전되기만을 기다릴 수밖에 없었다. 두 형제는 그날도 무슨 좋은 뉴스가 없는

가 하고 광복동에 있는 민주당사를 들렀다. 당시는 조용하고 어느 방에서는 국회의원 두 사람이 런닝샤스 차림에 맥주잔을 옆에 놔두고 바둑에 열심인 것을 보았다. 정주영 회장은 바둑판을 엎어버리고 싶게 화가 났으나 참고 밖으로 나오고 말았다.

정주영 회장 호주머니 사정은 바닥이었다. 그 시대 대부분의 사람들이 그랬듯이 급전을 마련하는 곳은 전당포였다. 정 회장은 전당포에 들렀다. 정 회장은 손목에 찬 시계를 내보이며 저당을 잡고 상응하는 급전을 융통해 줄 것을 요청했다. 전당포 주인은 서울에서 온 피난민들을 상대로 나름 거금을 벌고 있는 것으로 보였다. 고리사채업자들에겐 전시가 호황을 누릴 수 있는 기회라는 것은 동서양을 막론하고 공통이다. 전당포 주인은 "쇠똥 값도 안되게 시계값을 쳐줄려기에 전당포를 나오고 말았다."고 정주영 회장은 회고록에서 쓰고 있다. 정주영 회장에게는 낙심보다는 분노가 더 컸을 것이다.

전당포 문을 나서는 정주영, 정인영 두 형제는 길가에 서 있는 검은 전선대에 붙어 있는 하얀색의 「구인 광고」를 발견했다. 구인 광고의 내용은 "통역관을 찾고 있음, 미 군사령부"로 되어 있었다. 그 광고는 정인영의 눈을 콕 찌르는 듯이 강렬하게 다가왔다. 통역관, 영어를 한국말로 전하고 한국말을 영어로 전하는 것 아닌가. 정인영에게는 영어만큼은 친근하게 지내는 외국어이다. 소년 시절에 서울에 올라와. YMCA 영어반에서 영어를 배우기 시작했고 일본 아오야마 가쿠인대에 유학해 영어를 공부했다. 아오야마 가쿠인대(青山学院大学)는 1874년 개신교 감리회 선교사가 개교한 사립명문대로 미션스쿨로 출발했다. 부유층 자제, 연예인, 가부키 계통에 경쟁력이 있고 「영어의 아오야마」란 별칭이 있을 정도로 영어 부분에서 우수하다.

정인영은 미군 사령부가 있는 부산 서면으로 단숨에 뛰어갔다. 정인영은 자신이 동아일보 기자 신분인 것을 밝히고 통역에는 자신있다고 했다. 심사장교는 통역관으로 채용하겠다면서 많은 부서중에 어느 부분을 선택하겠냐고 물었다. 당시 부산은 6·25 전쟁 초기로 유엔(UN)연합군 참전으로 건설물량이 산더미같이 토해내는 곳이었다. 정인영은 형 정주영이 토건 사업을 하고 있었기 때문에 어떻게 밥벌이 할 일이 있지 않은가 해서 「공병대」를 선택했다. 대단한 감각이었다.

공병대로 배속된 인영은 맥갈리스터 중위를 만나게 되었다. 맥갈리스터 중위는 미국 사람답게 실용적이고 비교적 냉철한 사람이었다. "미스터 정, 우리는 공병 일을 주로하고 있고 토목건축 물량이 많다. 우리의 일을 잘 처리할 수 있는 민간건설업자 한사람을 데리고 오라."고 했다. 정인영은 자신이 공병대를 선택하면서 혹시 밥벌이라도 할 수 있는 일이 생겨나지 않을까 생각했던 것이 적중되자 자신도 놀랐고 내심을 쾌재도 불렀다. 정인영은 지체없이 형 정주영에게 쫓아가 통역관으로 채용됐고 공병대를 선택했는데 담당 장교가 토목건축업자를 선정해서 데리고 오라는 말을 전하고 같이 가자고 했다. 정주영은 순간도 지체할 필요가 없었다.

두 형제에게 현대그룹이라는 대재벌이 탄생하는 역사적 순간이기도 했다. 맥갈리스터 중위는 정주영을 보고 어떤 부분을 전문으로 하느냐고 물었다. "토목 분야라면 모두 자신 있다"고 대답했다. 이때부터 일감은 주체하기 힘들 정도로 밀려들었다. 일감이 넘친다는 것은 돈벌이가 잘된다는 것이었다. 정인영은 낮에는 통역관 일을 보고 퇴근 후에는 형의 사무실에서 일을 도왔다. 현대건설 초기에는 정주영, 정인영 쌍두마차가 이끌었다.

운명의 중동(中東) 진출

1975년 정주영 회장은 중동진출을 결심했다. 그룹 내에 아랍어 프로그램을 만들고 시동을 걸었다. 중동은 매력이 가득한 곳이었다. 오일쇼크로 세계의 달라는 이곳으로 모여들었고 사우디아라비아 같은 야심 가득한 나라는 오일달러로 부국이 된 기회를 국토개조계획으로 연결시키겠다고 선언하고 있었다. 이것은 대형 건설 프로젝트가 쏟아져 나올 것을 예고하는 것이었다.

정주영 회장은 조바심이 났다. 이 타이밍을 놓쳐서는 안 된다고 생각했다. 그래서 1975년을 「중동진출의 해」로 슬로건을 내걸기까지 했다. 그러나 그룹 내의 사원들의 반응은 신통치 않았다. 머나먼 중동, 열사의 사막, 거센 모래바람, 이런 곳에서 건설 일을 한다는 것은 상상하기 힘든 어려운 일임은 분명하다. 내수시장에만 익숙한 사람에게는 해외시장 진출이란 대단한 발상의 전환이 필요한 일이었다.

정주영 회장은 사내에서 아주 강한 진출 반대론자를 만났다. 다름 아닌 정인영 부사장이었다. 정인영 부사장의 진출 반대 논리는 명확했다. 중동시장은 리스크(위험)가 너무 크다는 것이다. 중동의 역사, 상관습도 모르면서 섣불리 시장에 뛰어들었다가 잘못하면 그룹이 위험에 빠질 수 있다는 것이었다. 일리가 있는 주장이었다. 중동시장은 불확실성이 큰 것은 분명했다.

두 형제의 견해 차이를 좁히는 것은 어려워 보였다. 정주영 회장은 특유의 저돌적인 추진력을 보이면서 밀어부쳤고 정인영 부사장은 그가 할 수 있는 범위에서 저지했다. 정인영 부사장은 만일 중동에서 일감을 찾아내는 사람이 있다면 면직시키겠다는 것을 공공연히 했다. 정주영 회장은 어느날 사내에서 중동으로 발령을 낸 직원이 눈에 띄어 왜 중동 현지에 가지 않고 서울에 있느냐고 물었더니 정인영 부사장이 못 가게 해서 여기에 있다고 대답했다. 심각한 문제였다. 정인영 부사장의 소신과 신념도 꺾이지 않았다.

정주영 회장은 하는 수 없이 정인영 부사장과 헤어지는 길을 선택했다. 정인영 부사장 입장에서는 형님에게서 떨어져 나가는 길을 선택한 것이다. 재계에서 흔히 볼 수 없는 특별한 케이스였다. 보통은 형제의 난은 재산, 지분 등으로 형제들이 갈라서는 일이 흔하지만 이렇게 어떤 방향성이 맞지 않아서 결별 되는 일은 드문 것이다. 정주영 회장은 그의 회고록에서 "정인영을 경기도 군포에 따로 중장비 회사를 만들어 전보 발령 냈다"고 적고 있다. 그러나 다른 기록에서는 사우디아라비아 주베일 항만 공사 참여에 신중론을 폈고 정주영 회장의 뜻에 강하게 반대한 것을 계기로 1962녀 자신이 창립했던 현대양행(Hyundai International)으로 간 것으로 되어있다.

사우디 주베일 산업항

사우디아라비아는 앞서 이야기한대로 1976년 달러 부국이 되어 국토개조계획을 발표하고 그 중 하나로 걸프만 입구에 있는 한적한 어촌인 주베일을 산업항으로 만들겠다는 대담한 계획을 발표했다. 대형건설공사를 일으키겠다는 것이다. 세계건설업계는 흥분했다. 사우디가 발표한 공사내용이 건설업자라면 꼭 해보고 싶은 마음이 생기는 매력있는 것이었다. 공사 규모가 그렇고 공사 내용 역시 최신공법이 요구되는 최첨단 기술이었다. 외신들은 20세기 최대의 프로젝트라고 보도했다. 우여곡절 끝에 중동에 진출한 현대건설에게는 너무 일찍 나타난 대어(大魚)였다.

중동진출 2년 차에 불과한 현대에게 벅찬 프로젝트인 것은 틀림없다. 정주영 회장 사전에 관전자(觀戰者)란 없다. 프로젝트가 벅차면 벅찰수록 어금니에 힘이 들어가는 정 회장이었다. 정주영 회장이 프로젝트 정보를 알게 된 시점은 꽤 늦었다. 사우디아라비아 발주청은 이 공사에 입찰 할수 있는 건설업자는 10개사로 한정했고 이미 9개사를 확정했고 1개 사만 미정으로 남아있는 시점이었다. 정주영 회장은 딱 하나 남은 자리는 현대건설이어야 한다고 다짐하고 모든 가능성을 열어놓고 있었다. 이미 확정된 9개 회사들의 면면들은 화려했다. 모두가 세계건설시장을 주름잡는 메이져였고 그 중 특히 미국의 브라운루트사는 눈에 띄는 존재였다. 현대건설, 동방의 작은 신흥공업국 한국에서 얼굴을 내민 잘 알려지지 않은 낯선 존재였다. 천신만고 끝에 현대건설이 마지막 남은 한 자리를 차지했지만 눈여겨보는 사람은 아무도 없었다. 주목할만한 경쟁상대로 볼 어떤 자료나 정보도 없는 존재인 것이다.

공사를 수주하느냐 못하느냐의 관건은 입찰 가격을 어느 수준으로 써 넣느냐에 달려있다. 정주영 회장을 가장 애먹이는 것도 입찰 가격을 얼마로 결정하느냐였다. 권위 있는 외신들은 이 공사의 낙찰자가 되려면 최소한 20억 달러는 써넣어야 한다고 보도했다. 정주영 회장이 100페이지가 넘는 모든 자료를 검토해서 내린 결론은 12억 달러였다. 정주영 회장은 자신이 계산한 이 값은 다른 사람도 그 수준에 이를 수 있다고 생각했다. 그렇다면 이기기 위해서는 이보다는 싼값이 되어야 한다는 결론을 냈다. 정주영 회장은 그렇다면 12억 달러에서 20%를 다운시켜 9억 3114만 달러 수준이면 안심권에 들 수 있다고 생각했다. 정 회장은 라이벌들이 10억 달러 이하는 쓸 수 없을 것으로 확신했다. 하지만 이 공사수주는 너무 중요했다. 그래서 거기에서 5%를 더 다운시켜 최종입찰 가격을 8억 7천만 달러로 정했다. 정 회장은 이 가격은 너무 낮다고 이의를 제기하는 임원에게 "입찰에서는 2등은 꼴찌와 같다"고 하고 이 가격을 써넣도록 임원에게 이르고 입찰장으로 보냈다.

그 이전에 정주영 회장은 이런 양동작전을 편 일이 있었다. 입찰사 중에는 프랑스의 스피베타놀사가 있었는데 한국의 현대건설사의 움직임을 알아내기 위해 대한항공(KAL)의 조중훈 회장을 정 회장에게 보내 한국-프랑스 컨서시움을 꾸며 입찰에 응할 수 있느냐고 물어왔다. 조중훈 KAL 사장은 한불 경제협회의 회장으로 프랑스 통이다. 정주영 회장은 20억 달러는 써야겠는데 입찰보증금 2억 달러 마련이 걱정이라며 조사장을 돌려보낸 일이었다. 현대는 20억 달러는 써내겠다는 것을 비친 것이다. 일종의 양동작전이었다. 프랑스 쪽에서는 그 말을 전적으로 신뢰했을 것으로 보인다. 국제 입찰에서는 어느 정도 연막전은 불가피하다.

입찰장으로 돌아 와보자. 입찰장에 들어갔던 임원이 입찰가액을 제출하고 입찰장에서 나왔다. 정 회장은 그 임원에게 "입찰 가격은 쓰라는대로 썼지?" 하고 별 이상이 없을 것으로 생각하면서도 물었다. "아닙니다. 그대로 안 썼습니다."라는 기절초풍할 대답이 나왔다. "얼마 썼는데?" 정 회장은 재차 물었다. "9억 3114만 달러로 썼습니다."

그 액수는 정 회장이 12억 달러에서 20%를 다운한 그 액수였다. 그 임원은 "아무리 생각해도 8억 7천만 달러로는 너무 낮아서 낙찰에 실패하면 걸프만에 빠져 죽을 각오하고 그렇게 썼습니다."고 말했다.

정 회장은 "시련은 있어도 실패는 없다."는 자서전에서 그 임원의 회사를 위한 충정과 회장의 지시를 어기는 용기가 가상하기는 하지만 "그런 행동은 용서할 수 없는 반란"이고 썼다. 입찰서를 모두 공개해 본 결과 미국의 브라운 루트사가 9억 4백만 달러를 써내 최저가격이었다. 그러나 미국의 브라운 루트사는 해안 접안시설에 대한 시공가격을 빠트린 것으로 실격처리되고 현대건설이 최종 낙찰자로 결정되었다.

현대건설은 꿈의 낙찰자가 되는 것에 성공했다. 그리고 중동진출에 대해 회의적이었던 사원들의 걱정을 일소시켰다. 현대건설이 수주한 9억 3천만 달러가 얼마나 큰 돈인가는 당시 정부의 외환 보유고가 5천만 달러 내외였다는 것을 감안하면 짐작할 수 있다. 박정희 대통령도 현대의 입찰상황을 실시간 보고 받을 정도로 국가적 현안이었으며 외환은행장은 직접 정주영 회장에게 전화를 걸어 "정 회장님이 입금해 주어 외환은행이 생겨난 이후 최대의 외환 계정을 갖게 돼 감사드립니다."고 말했다. 기록에 따르면 당시 정부는 매월 외채상환에 쫓기고 있었으나 현대건설의 입금으로 이를 벗어난 것으로 나타나고 있다.

15

파란의 현대양행

정인영 회장이 현대건설 중동진출을 둘러싸고 형 정주영 회장과 의견이 달라 형과 결별하게 된 것은 앞에서 설명한 바와 같다. 정인영 회장이 형을 떠나 그가 창립했던 현대양행에 간 것은 1977년이다. 현대양행은 미국 포드와 제휴한 자동차 부품회사였다.

포드는 현대자동차와 인연이 많다. 포드는 현대자동차와 자동차 조립계약에 따라 현대자동차의 최초의 완성차인 코티나를 생산하기도 했다. 정주영 회장이 포드사와 합작 회사를 만들려 했을 때 지분 문제로 결국 합작이 파탄에 이르기도 했다. 포드가 동남아 각국에 부품공장을 세우려는 범아시아계획에 따라 현대자동차를 부품회사화 하려는 계획을 세웠는데 정주영 회장은 이를 반대하고 한국형 완성차 계획을 세워 포니라는 한국형 자동차를 만들기도 했다. 정주영 회장은 포드와 기술제휴협상을 하면서 협상

장인 계동 현대사옥 사무실에 에어컨을 틀지 않고 포드 협상팀이 더워서 항복하게 만들려는 작전도 폈다. 정주영 회장은 끈질기게 포드에게 핵심기술을 내놓으라고 요구했지만 포드는 끝까지 응하지 않았다.

현대양행이 포드와 자동차 부품 제조사를 만든 것은 포드의 범아시아 계획이었는지는 밝혀지지 않았다. 정인영 회장은 국내 최초로 건설 중장비를 생산한 중공업 회사를 만들었다. 현대양행은 1970년대에 해수 담수화 사업에 진출했다. 당시로는 최첨단 기술이었다. 정인영 회장의 현대양행은 1978년에 사우디아라비아의 파라잔 해수 담수화 프로젝트를 시작했으며 지금까지 중동에서만 28개의 해수 담수화 플랜트를 수주했다. 글로벌 1위이다. 해수 담수화 사업이란 바닷물을 담수로 전환시키는 기술을 말한다.

현재 두산중공업이 중동에서 담수화 사업에 독주하고 있는데 현대양행이 신군부에 의해 1980년에 대우그룹으로 넘어가서 한국중공업이 되었다가 국유화를 거쳐 2000년 12월 두산그룹이 인수해 두산중공업이 되었기 때문이다. 정인영 회장의 시련은 1979년 12월 12일 군사반란으로 정권을 잡은 신군부 출현에서 시작된다. 신군부는 중화학 산업의 구조조정 정책을 펴면서 기업 통폐합을 시작했다. 현대그룹과 대우그룹에게도 중복되는 사업 교환을 통한 통폐합을 요구했다. 신군부가 그린 그림은 현대는 대우자동차를, 대우는 현대양행(창원공장)을 인수하는 것이었다. 신군부는 현대양행을 현대그룹으로 분류했다. 신군부가 그린 그림은 합리적이지 못했다. 그 그림대로라면 대우그룹이 이익을 보고 현대그룹이 불이익을 보는 구도인 것이다.

　신군부는 어느날 정주영 회장을 국보위로 불렀다. 그 자리에는 대우 김우중 회장이 먼저 와 있었다. 신군부 국보위는 정 회장에게 자동차와 발전설비 중 하나를 택하라고 다그쳤다. 발전 설비란 현대양행이 창원공장에 가지고 있는 시설을 말한다. 정주영 회장은 두가지 모두를 거절했다. 국보위는 국가경제 발전을 위한 국책에 반대하느냐면서 현대그룹에 공수대를 풀겠다는 협박을 서슴치 않았다. 국보위는 김우중 회장에게도 둘 중 하나를 선택하라고 하자 김 회장은 두말없이 국보위 정책에 따르겠다고 쉽게 대답했다. 국보위는 정 회장에게 김회장을 따르라고 압박했다. 김우중 회장은 신군부와 가까운 기업인이었다.

　정 회장은 "경제란 아무것도 모르는 젊은 사람들이 어느 사람의 아이디어를 듣고 그대로 강요한는 것을 보고 나라가 걱정되었다."고 회고록에서 쓰고 있다. 어느 사람이란 대우 김우중 회장을 가리키는 것이다. 정 회장은 자동차와 발전 설비 중 이 기회에 자동차를 포기하면 영원히 자동차를 다시하기란 어렵다고 판단해 자동차를 선택하겠다고 했다. 자동차를 일원화하려면 미국의 GM이 문제였다. 정 회장은 신군부 실력자 전두환씨를 만나 GM문제를 말하자 전두환씨는 "GM문제 없습니다. 내가 상공부 장관에 말해 GM의 합의 결제를 받았습니다."고 말했다. 그러나 그 말을 헛말이었다.

　한편 현대양행 정인영의 발전 설비 처리는 정산이 필요하다고 정주영 회장은 신군부에 말했다. 현대양행의 발전 설비는 값을 치르고 가져가라고 요구했다. 이때 해괴한 정산 논법이 나왔다.「선정리 후 정산」이란 것이다. 먼저 설비를 넘겨주고 정산은 후에 한다는 것이다. 일종의 외상거래 형식이다. 정주영 회장은 그렇지만 문서 한 장은 필요하다고 주장했다. 대우 측에서는 서울역 앞에 있는 대우그룹 본사 빌딩을 매각해 정산하겠다는 문건 하나를 건네 주었다. 이 거래는 그것으로 끝이었다. 정주영 회장은 회고록에서 전두환씨의「국보위」시대에 강탈당한 현대양행은 아직까지 한 푼도 못 받고 법원에서 재판을 하고 있는 중이라고 썼다. 결과적으로 현대양행은 국가에 헌납한 꼴이 되었다. 대우그룹이 인수한 현대양행은 한국중공업으로 이름이 바뀌지만 대우는 한국중공업의 자금난을 감당할 수 없었다. 정부는 한국중공업을 부실기업으로 규정, 한국전력과 산업은행이 출자하도록 해 국영 기업화했다.

한편 정인영 회장은 자신이 세운 현대양행에 대한 애착을 버리지 않고 1980년에 안양공장을「만도기계」로 바꾸어 글로벌 자동차 부품 회사로 성장시킨다. 재기에 성공한 것이다. 그리고 재계 12위까지 오른 한라그룹을 성장시켰다. 한라그룹의 전성기 때의 모습은 대단했다. 1964년 안양공장을 세우고 양식기를 만들었고 1969년에는 자동차 부품사업에 착수했다. 1976년에는 군포 종합기계공장, 인천조선소를 설립, 조선업까지 진출했다. 1977년 인천조선소를 인천조선으로, 1978년에는 한라시멘트를 세웠다.

그룹 구조가 현대그룹을 닮았다. 그러나 정인영 회장은 IMF 외환위기를 빗겨가지 못했다. 1000%에 이르는 부채비율로 만도기계는 만도(자동차 부품)와 만도공조로 분리되었고 인천조선은 현대중공업 위탁경영후 현대중공업이 인수해 지금의 현대삼호중공업이 되었다. 현대자동차가 2005년 만도를 인수하려다 중단한 적이 있다.

한라그룹은 한라건설과 한라레미콘의 순항으로 기력을 회복하고 있고 범현대가(家)의 도움으로 2008년에 만도를 되찾아왔다. 「기업 되찾기」 DNA는 한라그룹에서도 실현된 것이다. 만도는 현대모비스, 현대위아와 함께 자동차 부품업계 글로벌 50위 안에 든다.

정인영 회장은 말년에 건강이 악화되어 휠체어를 타고 다녔다. 휠체어를 타고 다니면서도 왕성한 경영 활동을 벌여 "부도옹"이라는 별명을 얻었다. 그리고 그의 유머는 유명했다. 오찬이나 만찬 내내 그칠 줄 모르는 그의 유머는 일품이었다. 특히 외국인을 만나 영어로 하는 유머는 외국인들도 감탄하는 수준이었다. 외국인들은 그의 유머에 녹아 비즈니스를 쉽게 성사시키기도 했다. 정 회장과 가깝게 지냈던 한 중견 언론인은 그의 유머를 듣고 있으면 "천부적인 재능을 타고 난 분"이라는 말이 절로 나온다고 했다. 정인영 회장은 2006년, 86세를 일기로 생을 마쳤다.

16

정상영 회장과 KCC

　　정상영 KCC 회장은 정주영 회장의 막냇 동생이다. 1936년생
으로 정주영 회장과는 21년 터울이다. 그렇기 때문에 형제라기보
다는 더 윗 항렬에 가깝다고 할 수 있다. 정상영 회장은 정인영, 정
세영과는 다르게 정주영 회장 산하 기업에 있다가 독립하지 않았
다. 처음부터 독자적으로 창업해 기업을 일으켰다. 정상영 회장은
1958년 영등포 양평동에서 건자재 회사 금강스레트공업을 창립했
다. 그의 나이 23살 때이다. 창업 연령으로 볼 때 그의 사업 욕구
가 얼마나 강렬했던가를 알 수 있는 것이다. 1958년이라면 정주영
회장이 고령고 건설의 악몽을 떨쳐내고 한강 제1인도교 공사 수주
성공으로 건설업계 선두 주자로 발돋움하는 시기인 것이다. 여기
서 정주영 회장의 제1한강교 수주 성공 이야기를 잠시 보자.

　　정주영 회장의 한강 제1인도교 공사 수주 성공스토리는 드라마
틱하다. 1957년 정부는 6·25때 폭파된 용산→노량진을 잇는 한강

인도교 복구공사를 발주한다. 당시 정부 발주 공사로는 최대규모였다. 건설업계는 대형 발주공사를 둘러싸고 수주 성공을 위해 모든 역량과 수단을 총동원했다. 현대건설은 당시 톱클라스에 끼지 못했다. 그런데 정부 내에서 발주 방법을 둘러싸고 부처간의 힘겨루기가 벌어져 문제가 복잡해졌다.

주무부처인 내무부는 수의계약방식을 채택하려고 했다. 그러나 재무부는 예산집행권이 있기 때문에 그 막강한 권한을 이용해 다른 견해를 보였다. 경쟁입찰 방식이었다. 두 부처가 힘겨루기를 한 것은 내부무는 조흥토건에 공사를 맡기려 했고 재무부는 흥화공작소를 밀려고 했다. 건설업계는 이 틈을 타 경쟁입찰방식을 주장했고 이게 받아들여졌다. 결국 경쟁 입찰 방식으로 걸러 본 결과 조흥토건, 대동공업, 중앙산업, 흥화공작소, 현대건설 등 5개 회사가 남았다.

그런데 여기서 예상하지도 못한 사태가 발생했다. 흥화공작소가 입찰 가격을 단돈 1천 환을 써내어 커다란 파란이 일어났다. 최저가 입찰제였기 때문에 흥화공작소가 낙찰자가 되는 것은 당연한 일이었다. 그러나 흥화공작소의 기부입찰 결정에 정부가 모종의 특혜를 약속한 것 아니냐는 의혹이 제기되었다. 내무부는 결국 기부 입찰이 유효한지 여부를 심계원(현 감사원)에 공식질의하기에 이르렀고 심계원은 "흥화공작소가 인도교 공사에 진의가 없는 것으로 판단되므로 낙찰을 무효화 해야 한다."는 유권 해석을 내렸다. 사태는 반전되었다. 흥화공작소가 탈락했기 때문에 현대건설이 최저가를 써낸 회사가 되어 입찰자가 되었고 공사 수주권은 현대건설에 돌아갔다. 현대건설이 국내 상위권 건설 회사로 올라오는 순간이었다.

정주영 회장은 이 즈음의 상승세를 타고 막냇동생 정상영의 금강스레트공업의 대표를 1년간(1958~1959) 맡아주어 자리를 잡도록 해주었다. 후일 1970년대 초 현대자동차가 위기를 맞았을때는 정상영 회장이 2년간 현대자동차 부사장 자리에 앉아 구원투수 역할을 해냈다.

경제부처 고위 관리를 지낸 S씨는 어느날 "야, 나 정상영이야. 나 알지. 초등학교 동기"하면서 사무실 문을 박차고 들어와 현대자동차 부사장 명함을 내밀면서 "사실은 말야, 자동차 부문의 기자재 수입관세 때문에 왔는데 업계 성장을 위해 좋은 방향으로 처리해 주면 좋겠다"고 말해 정상영 회장의 청을 들어준 일이 있다고 회고했다.

정상영 회장은 현대차에서 금강 스레트에 복귀한 후 1973년 기업을 공개했고 금강스레트는 1976년에 ㈜금강이 되었다가 2000년 고려화학과 합쳐서 금강고려화학이 되었다. 금강고려화학은 사명(社名)을 KCC로 바꾸어 오늘에 이르고 있다. 그룹 매출 8조 원대, 임직원 수 1만 3천 명을 넘는 대조직의 기업이다. KCC는 삼성그룹의 삼성물산 8.9%의 주주이기도 하다. KCC는 2000년부터 정상영 회장의 장남 정몽진 회장이 이끌어 오고 있다.

정몽진 회장은 소련이 붕괴되고 러시아가 탄생한지 2년만인 1993년 러시아 교수들과 함께 「비즈니스 러시아」라는 러시아어(語)교재를 낸 독특한 이력을 가지고 있다. 정몽진 회장은 1960년

생으로 용산고등학교, 고려대학교 경영학과, 미국 조지워싱턴대학교 경영학 석사학위를 받았다. 정몽진 회장은 정상영 회장이 타계하자 2021년 5월 31일 유족들의 유산 1500억 원, 정몽진 회장의 사재 500억 원을 합해 총 2,000억 원을 사회 환원했다. 그 중 100억 원은 민족사관 고등학교에, 500억 원은 서울특별시 서초구 내곡동에 짓고 있는 소리박물관에 기부하기도 했다.

정상영 회장은 2003년 조카인 정몽헌 회장이 투신자살하면서 그의 부인인 현정은 여사가 현대그룹의 회장으로 취임하자 지주회사인 현대엘리베이터의 주식을 매집하면서 현대그룹과 경영원 분쟁을 일으켰다. "현대그룹은 정씨(鄭氏)가 경영을 맡아야한다. 현(玄)씨 가족에게는 줄 수가 없다"는 것이 경영권 분쟁을 일으킨 명분이기도 했다. 그 후폭풍으로 현대엘리베이터 지분을 매집한 뒤 허위 보고한 혐의로 집행유예 1년을 선고받기도 했다.

정상영 회장은 농구를 좋아했다. 2001년 현대전자가 경영난으로 더이상 농구단을 운영할 수 없는 상황에서 인수할 기업이 나타나지 않자 직접 대전 현대 걸리버스를 인수하여 지금의 전주 KCC 이지스로 재출범시켰고 3번의 우승을 이끌어 내 농구 명문 구단으로 만들어냈다. 현역을 은퇴한 선수들을 직원으로 채용하기도 해 일부는 기업 임원으로 승진시키기도 했다. 농구 발전의 숨은 공로자인 것이다. 또한 모교인 용산고등학교를 농구 명문고로 키웠으며 허재, 신선우 등이 배출되도록 했다.

17

현대의 기아자동차 인수

　기아자동차가 부실기업이 되어 매물로 나온 것은 우리 자동차 산업 발전사(史)나 경제발전 과정에서도 매우 중요한 의미를 갖는다. 기아자동차는 1997년 10월 22일 법정관리에 들어갈 때의 상황은 28개 계열사를 거느린 재계 순위 8위에 있었다. 공룡이었다.

　기아의 도산은 우리의 거대기업들의 체질이 얼마나 약한가를 잘 보여 주는 것이다. 기아자동차가 도산할 때 한보철강도 부도가 났다. 한보는 재계순위 14위였다. 이 두 거함이 무너지면서 우리 경제도 덩달아 무너졌다. 이 때문에 1997년 IMF가 촉발된 것이다.

　기아자동차는 우리나라 자동차 공업의 효시다. 김철호 회장이 1944년 12월 설립했다. 김철호 회장은 18세 되던 1923년 모친으로부터 8원 30전의 노자금을 받아들고 일본 오사카로 건너갔다. 부두 하역장과 공사장 등에서 막노동으로 생활을 꾸리다가 보트, 너트를 만들던 오사카 철공소에 견습공으로 취직이 되어 기계와 만나는 인생을 시작했다. 김 회장은 이 회사의 지배인이 되었으며 당시 대중화 추세에 접어들었던 자전거 판매에 손을 대기 시작해서 돈을 많이 벌었다. 1931년 만주사변을 계기로 볼트, 너트의 수요가 늘어나자 종업원을 300명 가까이 거느리는 볼트, 너트 공장을 운영했다. 1941년「삼화정공」으로 법인화해 자전거 제조 및 판매업에도 손을 댔다. 1944년 귀국해 영등포에 경성정공을 설립했고 1952년 회사명을 기아산업으로 변경하고 국내 최초로 자전거 산업을 일으켰다. 그 유명한 3000리호 자전거는 이때 출시됐다. 김철호 회장은 1959년 일본 혼다와 마쓰다의 오토바이 및 삼륜차 생산을 위한 기술제휴를 체결했다.

기아자동차는 한동안 3륜차 시장에서 최강자였고 1974년「브리사」라는 국산승용차를 론칭해 시장을 장악했다. 영화「택시운전사」에서 송강호가 몰았던 승용차가 브리사였다. 1976년 현대의 포니가 나오기 전까지는 국산승용차 1위의 최강자였다. 기아차는 1976년에는 아시아자동차도 인수했다. 1979년 삼천리 자전거가 분리독립 되었는데 기아차 그룹 지배구조에 중대한 변화를 가져왔다. 기아차는 신군부 5공화국 정부의 1981년 자동차 공업 통합 조치(산업합리화)에 따라 중소형 화물차와 버스를 전문적으로 생산하는 업체로 지정되면서 위기를 맞이했다. 승용차 생산을 금지당한 것이다. 기아자동차는 1981년 10월 한국 최초의 전문경영인 시스템을 도입했다. 오너가 존재하지 않는 순수한 소유와 경영이 분리된 시스템을 도입한 것이다. 한국 재계의 비상한 관심을 끌었다. 소유주가 없는 회사가 얼마나 잘할수 있는가를 시험 할 수 있는 기회인 것이다.

김선홍 회장은 이때 나타난 전문 경영인이다. 김선홍씨는 전북 익산 출신으로 부농의 집안에서 태어났다. 서울대 공대 기계공학과를 졸업하고 1958년 기아자동차에 입사했다. 서울대 출신으로는 중소기계 공업체에 입사한 좀 특별한 존재였다. 김선홍씨는 사원에서 회장까지 올랐다. 김선홍씨는 한때 한국의 아이아코카라는 칭송을 받기도 했다.

1987년 자동차 공업 통합조치가 해제되면서 기아차도 승용차를 제조하게 됐다. 김선홍 회장은 프라이드와 콩고로 다시 살아났다. 특히 "봉고"라는 12인승 중형차를 출시, 대히트를 치면서 봉고 신화를 만들어냈다. 이때 앞에 말한 한국의 아이아코카 별칭이 붙었다.

아이아코카씨는 미 자동차 업계의 전설로 남아있는 인물이다. 원래는 포드사에서 일했다. 포드사 CEO까지 올랐으나 오너인 포드 2세와 뜻이 맞지 않아 크라이슬러사로 이적했다. 크라이슬러사는 부도 직전의 경영 위기에 시달리고 있었다. 2차 오일쇼크, 일본차 미 시장 점령으로 부진이 겹쳐 부도 위기를 눈앞에 두고 있었다. 아이아코카는 자신의 봉급을 연 1달러로 낮추고 미니밴의 원조 카라반을 출시, 대히트를 해 크라이슬러를 기사회생 시켰다. 김선홍 회장의 봉고 신화와 닮았다.

그러나 김선홍 회장의 경영 내용은 아이아코카와는 정반대 모양을 보였다. 김선홍 회장은 노조 친화적으로 회사 위기를 키웠다. 노조와 공동경영을 한다는 이야기가 나왔고 실제 그렇게 했다. 기아차가 당시 재계 8위라는 거함이었지만 과도한 부채 위에 선 부실기업이었다. 1997년 외환위기가 일어나자 한보그룹과 함께 제일 먼저 침몰하고 만 것이다.

기아차 팔아주기

기아차가 침몰 위기에 몰리자 시민단체들 사이에 기이한 운동이 일어났다. 기아차 팔아주기 운동이었다. 기아차는 소유와 경영이 분리된 국민기업이라는 것이 이 운동의 명분이었다. 여기에는 김선홍 회장이 노조친화적인 경영을 했다는 사실도 주효했을 것이다. 노조는 심지어 김선홍 회장을 보호하기 위해 노조 파업도 벌렸다. 노사유착이란 말이 이 때문에 나왔다. 노조 내부는 민주노총의 핵심 강경노조의 파워가 강했으며 우리 사주 지분도 13.8%나 되었다.

그러나 "기아차 팔아주기" 운동은 불발로 끝났다. 전문경영인이 오너 못지않게 황제경영을 했다는 사실이 밝혀지면서 여론의 역풍을 맞았다. 강경식 전 경제부총리의 회고에 의하면 "기아는 구조조정을 하는 등 경제 원칙에 따른 문제를 해결할 생각은 처음부터 없었다. 정치적인 영향력을 동원해서 어려운 상황을 모면하려고 온갖 수단을 다 동원했다. 기아는 기업이라기 보다는 정치 집단"이었다고 쓰고 있다. 김선홍 회장을 뛰어난 공작가(工作家)라는 별칭이 따라붙는 것이 이 때문이었을 것이다. 재계에서는 김선홍 회장의 재능을 아끼면서도 퇴진 기회를 놓쳐 그가 이룩해 놓은 성취를 모두 잃어버렸다고 아쉬워하고 있다.

김선홍 회장의 몰락은 결국 한국 재계에 시도되었던 전문경영인 체제가 실패했다는 말과 같다. 한국 재계의 가장 취약점 중의 하나가 오너 1인 경영체제라고 지적되지만 기아의 경우로 보면 오히려 「오너쉽」이 강한 그룹이 더 성장을 잘하고 일사분란하게 움직여져 가는 것이다. 미국이나 일본의 예를 보아도 이러한 사실은 증명된다. 1백 년, 2백 년 장수 기업들을 보면 하나같이 오너쉽이 강한 기업들인 것이다.

현대의 승리, 삼성의 패배

1998년 7월 기아차의 채권단이 국제입찰방식으로 기아차 매각을 추진했을 때 여기에 참여한 업체들은 현대차, 대우자동차, 삼성자동차, 포드였다. 포드가 참여함으로써 국제입찰의 모습을 갖추었다. 그리고 삼성그룹의 삼성자동차가 참여한 것이 비상한 관심을 끌었다.(삼성자동차에 대해서는 다음 장에 자세히 다룬다)

삼성은 5% 내외의 국내자동차 시장 점유율을 끌어올리는 것이 사활이 걸린 급선무였기 때문에 적극적이었다. 실제로 삼성은 기아차가 법정관리에 들어가기 전 부도유예 협약하에 있을 때 이미 기아차 인수를 추진했었다. 삼성그룹의 삼성생명이 기아자동차 주식을 장외에서 대량 매집하기 시작할 때 많은 논란이 뒤따랐다. 삼성그룹은 기아차 주식을 사모으면서 비밀리에 일을 추진했으며 이 일이 수면위로 부상했을 때도 확실한 해명을 하지 않았다.

기아차 입찰은 부채 탕감 문제로 진통을 겪었다. 입찰은 3차까지 가는 치열한 공방전이었다. 결국 현대차로 낙찰되었다. 낙찰 가격은 1조 2천억 원이었다. 현대차는 공식적으로 1998년 12월 1일 기아차를 인수했다. 현대차의 기아차 인수는 국내만이 아니라 세계자동차 시장에 충격을 안겨준 쇼킹한 뉴스였다. 글로벌 자동차 업계의 판도를 바꿀수 있는 폭발력을 가졌기 때문이다.

기아차는 현대차에 인수되면서 화려하게 부활했다. 국내시장 점유율 50%(현대차)와 25%(기아차)의 현대와 기아의 결합은 M&A 교과서에 나오는 모든 긍정적 효과를 발생시켰다. R&D 효율성이 높아졌고 기술융합의 시너지가 창출되었다. 중복투자가 없어져 기술투자 비용이 절감되고 효율성이 높아졌다. 무엇보다도 글로벌 생산과 판매 네트워크도 빠르게 확장되었다. 글로벌 거대 자동차 생산업체들이 걱정했던 현대차의 세계시장 판매망 확대가 현실로 나타난 것이다.

사실상 한 회사와 같아 보이는 현대차와 기아차는 내부적으로는 경쟁이 치열하다. 한 회사 내에서 다른 부서와 경쟁하는 것 이상으로 경쟁한다. 두 회사는 상장 회사들이기 때문에 각각 다른 소액 주주군이 있고 이사회와 경영진은 그 주주들의 이익도 배려해야 하는 의무를 지니고 있다. 두 회사의 경쟁이 치열할 수밖에 없다. 현대차는 시가 총액 5위권, 기아차는 시가 총액 20위권에 이른다. 2019년 기준 현대차 매출은 105조 8천억 원, 기아차는 58조 1천억 원이다. 현대모비스의 매출이 38조 원을 넘어서면서 그룹 내 3사 매출액 200조 원 시대를 열었다.

제3부

정몽구와 현대자동차 그룹

18

정몽구 등장 정세영 퇴장

1999년 3월 5일, 현대자동차 정세영 회장은 기자회견을 자청했다. 정세영 회장의 표정은 비감이 가득한 무거운 표정이었다.

"기자여러분 나는 앞으로 현대자동차 회장직을 그만두고 현대산업개발 회장으로 새로운 사업을 시작합니다."

정 회장은 다른 배경 설명 없이 기자회견을 짧게 끝냈다. 정세영 회장의 이 날 기자회견은 현대그룹의 지배구조에 지각변동이 일어났다는 것을 알리는 것이었다. 현대그룹은 정부로부터 계열 분리 압박을 받고 있는 미묘한 시점에서 정주영 회장은 정세영 회장에게 자동차로부터 손을 떼라고 말한 것이다. 당시 관가나 재계에서는 현대그룹이 내부적으로 형제간의 재산 싸움의 싹이 꿈틀거리고 있다는 풍문이 돌고 있었다. 정부는 현대그룹을 자동차, 건설, 조선 세 덩어리로 나눌 것을 종용하고 있었다. 정부의 요구대로라면 자동차는 정세영 회장, 조선은 정몽준, 건설은 정몽헌의 구도로 지배구조가 짜이게 되어 있다. 이 민감한 시점에 정세영 회장의 기자회견은 가히 메가톤급 폭발력을 가진 것이다. 정세영 회장은 기자회견 하루 전 정주영 창업 회장과 독대하는 자리를 가졌다. 정주영 회장이 정세영 회장을 부른 것이다.

정주영 회장은 "자동차를 몽구에게 주려 한다. 몽구는 집안 장자이고 오랫동안 자동차 관련 일도 많이 해오고 있어 그 애에게 자동차를 맡겨도 잘못되는 게 없을 것이다."고 말했다.

정세영 회장에게는 청천벽력과 같은 한마디였다. 정세영 회장은 "몽구는 성격이 섬세하지 못한 점이 있습니다. 치밀한 기계산업인 자동차를 이끌기에는 적당하지 않은 생각이 듭니다." "그런점이 전혀 없지는 않지. 그러나 내가 앞으로 15년 또는 20년 동안 지도해 가면 별문제 없을거야."

정세영 회장은 맏형님의 마음의 결심이 확고하다는 것을 알고 그 이상의 이야기는 무의미하다고 생각했다. 그리고 3월 5일 기자회견을 한 것이다. (정주영 회장과 정세영 회장의 독대 다이얼록은 마침 그 자리에 합석한 이익치 회장이 기록으로 전한 것이다.)

정주영 회장은 "그래서 세영이가 가지고 있는 자동차 지분과 몽구가 가지고 있는 현대산업개발 지분을 맞바꾸도록 해라."는 지침을 주었다. 정세영 회장이 기자회견에서 "장형이 현대산업개발을 넘겨주신 것만으로도 고마울 따름입니다." 고 말한 것은 바로 그 지침을 이야기한 것이다.

현대산업개발(HDC)

정세영 회장이 자동차 대신 새로운 사업으로 물려받은 현대산업개발(주)은 어떤 기업인가. 당시로써는 국내 제1위 아파트건설 업체이다. 이른바 "현대아파트"라는 브랜드로 강남에 아파트 붐을 불러일으킨 바로 그 업체이다.

현대건설은 강남 압구정동에 아파트를 짓기 전에도 아파트라는 새로운 주거형태건설에 참여했다. 현대건설은 1961년 1월에 우리 나라 최초의 대단위 아파트 단지인 마포아파트를 지었다. 1973년 에는 서빙고동에 현대아파트를 지었다. 70년대에 들어 아파트는 가장 인기 있는 주거 상품이 되었다. 서울이 급속도로 비대화 되면 서 폭증하는 주택 수요를 충족해 줄 수 있는 것은 아파트가 최상 의 수단이었다.

정주영 회장은 정부가 수도권 상수도 취수원 확보와 매년 되풀 이되는 한강 수역의 홍수피해를 막기 위해 소양감댐을 쌓을 때부 터 소양강댐이 완공되면 가장 각광 받는 수혜지역이 압구정동 일 대가 될 것을 예견했다. 당시만 해도 강남구는 경기도 광주군에 속 했다. 정부는 서울이 거대도시로 변함에 따라 기존의 강북만으로 는 도시기능이 한계에 이르게 되어 이른바 "강남(江南) 신도시" 개 발에 착수했다. 강남이란 한강(漢江) 이남을 의미한다.

현대건설은 1975년 3월부터 압구정동 일대에 아파트타운 건설 을 시작했다. 사업 초기에는 고전이었다. 아파트 수요가 전혀 일어 나지 않았다. 현대건설의 압구정 현대아파트뿐만 아니라 강남 다른 지역도 매일반이었다. 급기야 땅이나 아파트를 월부 또는 연부 판매하는 사태까지 일어났다. 당시의 기록으로는 강남 전역에 약 2만 5천 명의 브로커(소개인)들이 땅을 세일즈하는 일을 했던 것으로 나타나고 있다. 현대건설도 압구정동 1, 2, 3차는 물론 4차까지도 분양이 되지 않았다.

현대건설도 아파트가 팔리지 않아 애를 먹었다. 심지어는 정주영 회장이 강북 청운동 자택을 버리고 압구정 아파트로 이사 온다는 소문이 퍼졌지만 먹히지를 않았다. 현대건설도 5년 분할상환 판매 신문광고도 냈고 직원을 동원한 분양 세일까지 했다. 현대건설은 3차분이 거의 다 지어질 때 조직변경을 했다. 1976년 3월 25일 현대건설 내의 주택사업부를 분리해 한국도시개발(주)을 설립했다. 현재의 현대산업개발(HDC)의 전신인 것이다. 후에 정주영 회장이 정세영 회장과 자동차와 맞교환한 조직은 이런 과정을 통해 생겨났다.

여기서 현대건설 1, 2, 3, 4, 5차 아파트는 현재 구-현대아파트를 이르는 말이다. 현대건설 압구정 아파트 단지는 구현대, 신현대로 나뉜다. 1975년 당시 아파트는 주택건설 법규가 신고제였다. 사전허가제가 아니었다. 5차분은 7백 28가구였는데 절반은 사원용이었고 나머지는 일반분양이었다. 사원용 수요가 꽤 일어나 나머지 일반분양분도 사원용으로 재신고해 승인을 받았다. 사원용 아파트는 사원들이 연고 판매하는 방식이었다.

그런데 이런저런 연고로 사원이 아닌 사람들도 분양을 받았다. 이것이 문제였다. 5차 아파트 분양은 당초에 평당 30만 원 하던 것이 분양이 끝날 즈음에는 평당 1백만 원 선으로 폭등했고 분양받는 것이 큰 차익을 보는 결과를 낳았다. 그러자 이상한 소문이 퍼지기 시작했다. 현대건설이 특수층에게만 분양하는 특혜를 주고 있다는 정체불명의 소문이 돈 것이다.

1978년 여름 청와대 사정 보좌관실이 전직 장관을 포함해서 장성과 고급 공무원, 언론인 등 220여 명을 특혜분양자로 발표했다. 이른바 「현대아파트 특혜분양」사건이다. 청와대가 발표한 인사들의 사회적 위치와 직위가 평범하지 않았다는 것이 여론을 악화시켰다. 시정 당국이 조사에 나섰다. 정몽구 현대도시산업개발 사장은 구속되었고 분양받았던 인사들도 조사를 받았다.

정주영 회장은 이 사건에서 침묵을 지켰다. 임원들 대부분이 신문광고라도 내서 회사의 무관함을 사회에 밝혀야 한다는 건의도 받아들이지 않았다. 정주영 회장은 고향 통천의 눈 내리는 것을 생각하면서 침묵을 지켰다. 통천은 눈이 내리기 시작하면 몇날 며칠 계속해서 내리기 때문에 눈이 올 때는 쓸지 않는 것이 왕도였다. 쓸어봐야 소용이 없기 때문이다. 정 회장은 '폭풍우 속에 뛰어나가 설치다가 잘못하다간 휩쓸려가기 마련이다.'는 생각이었다. 이 특혜분양 사건은 루머에 의한 실체가 없었던 것으로 밝혀졌다. 법정에서 어느 한 사람 유죄 없이 전부 무죄판결을 받았고 공직자들도 혐의를 벗었다. 한국 도시개발은 그 후 사명을 현대산업개발로 변경해 오늘에 이르고 있다.

19

그룹 경영자 협의회

현대그룹에 경영자 협의회라는 기구가 생겼다. 1998년 1월 13일의 일이었다. 경영자 협의회는 현대그룹의 최고의사결정기구였다. 현대그룹의 지배구조가 근본적으로 바뀌는 의미심장한 변화였다. 정주영 창업 회장은 회사 창립 이후 50여 년간 비서실조차 설치하지 않으면서 그룹의 모든 사안을 직접 챙겨왔다. 정주영 회장 1인 체제였다. 그런 현대그룹에 정몽구, 정몽헌 두 사람의 회장이 생겨난 것이다. 현대그룹의 모든 주요 사안을 이 두 사람이 합의해야 한다. 향후 현대그룹이 이른바 「형제의 난」이라는 소용돌이 속에 빠져드는 최악의 사태가 여기에서 발단되었다.

역사를 통틀어 보아도 두 사람의 공동대표가 이끄는 조직이 성공한 예는 보기 힘들다. 경영자 협의회라는 기구가 생겨난 배경부터가 궁금하다. 정주영 회장은 비서실 기구가 없는 대신 그룹 구조조정본부를 설치해 거대한 현대그룹의 주요사안을 처리했다. 그렇기 때문에 그룹의 구조조정본부장의 역할이 막중했고 임원중 뛰어난 능력과 감각을 갖춘 최정예를 선정해 구조조정 본부장으로 기용하는 것이다.

당시 구조조정 본부장은 박세용씨였다. 박세용 회장은 현대가 자랑하는 대표적인 전문경영인으로 정주영 명예 회장의 오른팔로 평가받는 사람이다. 박세용을 정주영 명예회장 사람으로 분류하는 것도 그 때문이다.

경영자 협의회 설치는 누구의 아이디어였을까? 정주영 명예 회장이 건강상의 이유로 일선 업무에서 손을 뗄 수밖에 없었기 때문에 누군가가 역할을 맡아야 한다. 정주영 회장은 그러나 명백히 자신의 역할을 맡을 사람을 지정하지 않고 일선에서 물러난 것이다. 후계 구도의 문제다. 매우 중요한 사안인 것이다. 한국 제1의 재벌 현대그룹의 장래를 누가 맡을 것인가.

정주영 회장은 공식적으로 후계자 문제를 언급한 기록은 없다. 정주영 회장의 수많은 어록에서도 후계 구도에 관한 기록은 찾아볼 수 없다. 다만 앞장에서 보았듯이 정세영 회장에게 자동차 부문에 대해서 "몽구에게 주는 게 마땅하다."고 한 것이 유일하다. 구조조정 본부에서도 정주영 명예회장의 일선 후퇴에 따른 그룹을 운영해갈 여러 가지 대안을 가지고 연구했을 가능성이 크다.

정몽구, 정몽헌 두 사람의 공동경영 형태를 구체적으로 누구의 아이디어였는지는 아직까지도 밝혀지지 않고 있다. 경영자협의회 발족으로 내부적으로 갈등이 증폭되었다. 매 사안마다 의견이 엇갈렸고 거의 분란의 수준에 이르렀다. 그때부터 형제간의 갈등은 깊어졌고 「형제의 난」 싹은 돋아났다. 정몽구, 정몽헌 두 형제는 각자의 캠프가 구성되었고 임원들도 두 조각으로 갈라졌다.

이 분란은 결국 2001년 3월에 가서 끝을 맺었다. 2000년 3월 정주영 명예 회장은 정몽헌 회장을 경영자협의회 단독의장으로 한다는 결정을 발표했다.

정주영 명예회장은 그 인사를 발표하면서 "앞으로 정몽헌 회장을 단독의장으로 결정한다. 여러분이 의아하게 생각할지 모르지만 정몽구 회장은 현대자동차 및 기아자동차 등 여러 가지 일이 바쁘기 때문에 정몽헌 회장이 단독으로 경영자 협의회 회장을 한다고 하더라도 잘못이 없다고 생각한다."고 인사 결정의 의도를 밝혔다. 정몽헌 회장의 손을 들어준 것이다.

이것은 대단한 의미를 가졌다. 정주영 회장이 그룹의 주요의사 결정권을 정몽헌 회장에게 맡긴다는 의사 표시인 것이다. 반면 정몽구 회장은 그룹의 주요 의사결정에서 배제된다는 것을 의미하는 것이었다. 정몽구 회장은 이 인사를 전적으로 받아들일 수는 없었다. 정주영 회장의 건강상태, 평소의 판단력이 많이 흐려져 있는 상황에서 이런 중대한 결정이 나오는 것을 완벽하게 믿을 수 없었다. 정몽구 회장은 반발했다. 정주영 회장이 친필 사인이 쓰여진 결재 서류도 믿기 힘들다고 이의를 제기했다. 정주영 회장은 결국 육성 녹음까지 내놓았다.

정몽구 회장은 생각했다. 여기에서 한 발자국 더 나가면 사태가 어떻게 되겠는가. 결국 가족간의 재산 분쟁으로 번질 수밖에 없지 않겠는가. 정몽구 회장은 깨끗하게 물러나기로 결심했다. 정몽구 회장의 이 결심은 현대그룹 성장사(史)에 영원히 기록되는 존경받는 일일 것이다. 당시의 정부, 재계의 기류는 재산 분쟁이 일어나 소송전이라도 전개된다면 그룹 해체로까지 확대될 가능성이 충분하다는 것이었다.

한편 정부는 공정거래법에 따라 현대그룹을 현대자동차 그룹, 현대중공업 그룹, 「현대그룹」 등 독립된 대규모 기업 집단으로 나누기로 정했다. 여기서 현대그룹이란 명칭이 이채롭다. 정몽헌 회장이 공정거래법상의 동일인 지정을 받으면서 그룹의 명칭을 현대그룹으로 하겠다고 주장했다고 전해진다. 의도가 무엇이었을까? 이 명칭은 기존 계열분리 이전의 현대그룹과 혼동을 일으킬 수밖에 없다. 여러 해석이 있을 수 있겠지만 신생 현대그룹이야말로 기존의 현대그룹을 이어받은 적통으로 인식되었으면 하는 바램이 깔려 있다고 볼 수도 있다.

계열분리결과에 따른 그룹의 내용은 현대자동차그룹이 덩치가 제일 크다. 현대자동차그룹(동일인 정몽구)의 자산총액은 약 38조 7천억원으로 기아자동차, 삼미특수강, 엘지비, 오토에버닷컴, 이에이치닷컴, 인천제철, 제주다이너스티, 케피코, 한국디에서, 한국로지텍, 현대모비스, 현대우주항공, 현대자동차, 현대파워텍, 현대하이스코, 현대캐피탈 등 16개 계열사였다.

현대그룹(동일인 정몽헌)은 현대경제연구원, 현대오토넷, 현대상선, 현대아산, 현대엘리베이터, 현대정보기술, 현대종합상사, 현대택배, 현대모바일, 현대증권, 현대투잣딘탁운용, 현투증권 등

12개 계열사였다. 그룹 자산 총액은 약15조 6천억 원이었다. 현대 상선 비중이 가장 컸고 현대증권과 현투증권이 그 다음이었다.

현대중공업그룹(동일인 정몽준)은 현대미포조선, 현대중공업, 현대기술투자, 현대기업금융, 현대선물 등 5개였다. 자산총액은 약 11조원이었다.

현대그룹으로부터 일찍 분리되었던 범(凡)현대가의 기업집단들을 보면 한라그룹(동일인 정인영), 현대산업개발그룹(HDC)(동일인 정세영), 현대백화점그룹(동일인 정몽우)은 현대백화점, 한무쇼핑, 현대쇼핑 등 15개 계열사가 있고 자산총액은 3조 1천억 원이었다. KCC그룹(동일인 정상영)에는 금강고려화학, 금강종합건설, 코리아 오토그라스 등 6개 계열사가 있었고 자산총액은 2조 6천억 원 수준이었다. 정주영 회장의 둘째 동생 정순영 회장은 현대종합금속을 운영하다 1980년 현대시멘트를 가지고 독립했다. 이후 현대종합상운, 서한전기, 성우종합레저 등 성우그룹을 형성했다. 정주영 회장의 7남 정몽윤 회장은 1999년 현대해상화재보험을 가지고 현대그룹에서 독립했다. 현대해상은 9개 금융회사를 거느리는 금융그룹이 되었다. 정부의 대기업 그룹 계열 분리 결과 재계의 서열도 많은 변동을 가져왔다. 현대그룹은 1990년대 줄곧 1위였지만 2000년 계열분리가 끝나자 현대차가 5위, 현대중공업이 15위, 현대그룹(정몽헌)은 13위가 되었다.

현대와 삼성의 순위다툼도 흥미롭다. 1964년 삼성그룹이 재계 서열 1위였을 때 현대그룹은 10위 밖이었다. 현대는 1974년 3위, 1985년 삼성에 이어 2위로 서열이 상승했고 1987년 1위가 됐다.

정부는 공룡 재벌그룹의 선단식 경영의 폐해를 막고 부의 집중 현상을 완화하기 위해 재벌 계열 분리 정책을 시행했지만 대기업의 순위만 바뀌었을 뿐 별다른 정책효과는 거두지 못했다.

20

삼부자(三父子) 퇴진론(형제의 난-2)
(정주영, 정몽구, 정몽헌)

　이른바 현대가(家)의 형제의 난은 왜 일어났고 그 실체는 무엇이었을까? 앞장에서 본 바와 같이 현대그룹은 공정거래법에 의해 타율적이긴 해도 세계의 대기업 그룹으로 나뉘었고 정주영 명예 회장이 일군 대기업군이 몽구, 몽헌, 몽준 세 형제에게 분배되었다. 그리고 세 형제는 이를 받아들였다. 재산분배는 그렇게 일단락 된 것이다.

　그러던 2000년 5월 31일 오전 10시경 종로구 청운동 북악산 산기슭에 있는 정주영 명예회장댁에 정몽헌(MH)회장과 김윤규 현대건설 사장이 황급히 들어오면서 그룹을 살리기 위해서는 "삼부자(父子) 퇴진"을 발표해야 합니다. 다급한 목소리였다. 삼부자란 정주영 명예 회장, 정몽구 회장, 정몽헌 회장을 말하는 것이다. "형제의 난(2)"라는 파란의 시작이었다.

　이들은 정주영 명예 회장에게 "대북사업을 지속하기 위해서는 다른 방법이 없고 삼부자 퇴진만이 유일한 길입니다."라고 말했다. 정 명예 회장은 이들의 말을 들은 듯, 못 들은 듯 아무 대답 없이 헛기침만 했다. 그들은 "시간이 없습니다."라는 말을 남기고 10분 거리에 있는 계동의 그룹사옥으로 달려갔다. 그날 오후 2시 15분, 김재수 현대그룹 구조조정 본부장은 기자회견을 자청하고 "제가 오늘 정 명예 회장님을 직접 뵈었다."고 운을 떼고 3부자 동반 퇴진계획을 발표했다.

정몽구 회장은 무슨 영문인지 알 수 없었다. 현대그룹(정몽헌) 측은 정 명예 회장의 자발적 결정임을 강조했다. 과연 사실일까? 정주영 명예 회장은 다음해 3월 21일 세상을 떠나게 된다. 사망 8개월 전에 현대그룹(정몽헌)이 구상하고 있는 복잡한 지분 관계를 파악, 지시할 수 있었을지는 의문이다. 현대그룹이 정주영 회장의 재가를 받은 일이라고 말하는 것은 이 시나리오의 정당성 확보를 위한 명분이었을 것으로 해석되는 국면이다. 그룹내에서는 당장 이익치 현대증권 회장 등 MH(정몽헌) 핵심 측근들이 만들어낸 각본일 것이라는 말이 떠돌았다. 각본의 수준이 높았고 치밀했기 때문이다.

당시의 현대그룹(정몽헌) 자금사정은 최악상황이었다. ㈜아산의 금강산 관광사업은 거대한 적자를 내고 있었다. 어디까지가 밑바닥인지 가늠하기가 어려울 지경이었다. 현대의 주 채권 은행인 외환은행은 현대측과의 실무수준에서 벌어지고 있던 협의를 중단하고 그달 말까지 그룹차원의 자구방안을 마련해 오라고 압박하고 있었다. 정부에서는 긴급 경제장관회의를 열고 현대에 고강도 구조 조정안을 마련한 것을 요구하고 있었다. 현대그룹의 경영위기가 정부 차원의 아젠다로 떠올랐다. 이용근 금융감독 위원장은 기자 간담회를 자청해 "정부는 시장의 입장에서 현대그룹(정몽헌)문제에 접근하고 있다."면서 현대는 시장이 신뢰할만한 자구책을 마련해야 한다고 강하게 몰아세웠다. 그러나 현대는 이익치 현대증권 회장, 이창식 현대투신 사장 등에 대한 채권단의 문책 요구에 꿈쩍도 하지 않은 채 버티기 작전을 펴고 있었다. 채권단의 우량기업 매각을 통한 유동성(자금)확보 요구도 외면했다.

당시 금감위를 비롯한 금융계에서는 현대그룹(정몽헌)이 정부 관계기관의 고강도 구조조정 요구를 외면하고 있는 것은 청와대 수준의 믿는 구석이 있기 때문일 것으로 짐작했다. 그런 추측은 정확했다. 대북송금 특검 과정에서 사실로 밝혀졌다. 삼부자 퇴진론의 주체는 정주영, 정몽구, 정몽헌이다. 퇴진론이 확정된 사실로 공표되려면 이 세사람이 퇴진을 하기로 합의가 이루어지는 것이 전제다. 그런데 퇴진 주체 중 한 사람인 MK(정몽구)는 까맣게 모르고 있었다는 것이다. 이런 중대한 결함이 추후 형제의 난, 형제 간의 재산 싸움으로 번지게 되는 것이다.

삼부자 퇴진 결정이 공표되자 MK(정몽구)는 곧바로 퇴진을 거부했다. MK의 퇴진 거부는 모양새가 좋지는 않아 보였다. 발표대로라면 정주영 회장이 승인했기 때문에 아버지의 뜻에 항명하는 꼴이 되기 때문이다. 어떻게 보면 MH(정몽헌)측이 MK의 이런 딜레마를 계산, 퇴진 거부를 하지 못하는 상황을 만들었지도 모른다. MK는 삼부자 퇴진론이 품고 있는 함정을 즉시 간파할 수 있었다. 삼부자 퇴진론이 명분상으로는 현대 아산의 대북사업 자금난을 돕는 것이지만, 삼부자가 퇴진하더라도 MH(정몽헌)만이 홀로 생존해 자동차 등 현대그룹 전체를 수중에 넣을 수 있다는 결론이 나오는 것이다.

MK의 이런 추론은 정확했다. 삼부자 퇴진 발표가 있기 전 정주영 명예 회장의 계열사 지분이동을 보면 이 추론이 정확하다는 것이 확연히 드러난다. 비밀 작전처럼 전개된 정주영 회장의 지분이동은 정주영 회장의 현대건설지분 11.1%, 현대중공업 4.1%, 현대상선 2.7%를 MH가 대주주인 현대건설, 현대상선과 MH 개인에게 매각한 것이다. 정 명예회장은 이 지분 매각자금으로 현대차 지분 6.8%를 매입해 일거에 현대차의 대주주가 됐다. 현대그룹의 계열 분리에 따른 후계 구도 즉, 자동차는 몽구, 건설과 전자는 몽헌, 중공업은 MJ(정몽준)의 질서가 완전히 뒤틀리게 된 것이다.

정몽준 중공업 회장도 삼부자 퇴진에 반발했다. 현대중공업도 MH의 영향권에 들어갈 수밖에 없기 때문이었다. 정몽준 회장도 가족 회의에서 "그룹을 망치는 이익치 회장을 빨리 내쫓아야 한다."고 목소리를 높였다. MH측의 기세는 더욱 높아졌다. 2000년 6월 28일, 계동 현대사옥, 김재수 구조조정 본부장은 삼부자 퇴진 발표에 이은 또다른 충격적인 발표를 했다. "현대의 35 계열사 가운데 당초 분리될 예정이었던 현대차 관련 6개사를 모두 10개사로 남기고 대신 현대건설, 현대중공업 등 나머지 25개사를 분리하는 방안을 공정거래위원회에 신청하겠다."는 요지였다. 현대그룹(정몽헌)이 분리 이전의 현대그룹을 전부 장악한다는 구상이다. 이 구상은 당시 진행되고 있는 재벌기업계열 분리 정책과도 완전히 반대되는 것이다.

이 방안 역시 암수가 도사리고 있는 것이다. 현대차 등 10개사를 계열 분리에서 제외시키면 정주영 명예 회장이 가지고 있는 현대차 지분을 그대로 지킬수 있어 정 명예회장이 자동차를 컨트롤할 수 있다. 만일 자동차를 계열분리에 포함시키게 되면 정 명예회장은 9%인 지분이 3%로 줄어들어 자동차 경영에 영향력을 발휘할 수 없다. 그렇게 되면 MH의 힘이 약화되기 때문에 꾀를 낸 것이다. 6월 30일 오후 3시, 현대그룹은 이같은 변측적인 계열분리안을 공정거래위원회에 공식접수했다. 위기의 순간이었다. 공정거래위원회 판단 여부가 국내 제1위 재벌 현대그룹의 형제간 경영권(재산 싸움) 다툼에 종지부를 찍게 되는 것이다. 그것은 국가적으로도 중요한 선택이다.

전윤철(田允喆)공정거래 위원장은 "현대(정몽헌)측의 계열 분리안은 이치에도 맞지 않을 뿐만 아니라 법적 요건도 충족하지 못하고 있다. 계열 분리를 하려면 정주영 명예 회장이 보유하고 있는 현대차 지분 9%를 3%로 낮추라"고 지적하면서 현대(정몽헌)측이 제출한 계열분리안을 일축했다. 공정거래위원회는 현대측이 감추고 있는 현대차를 장악하려는 "꾀"를 정확하게 꽤뚫어보고 있었다. 공정위의 판정으로 숨막히게 돌아가던 형제간의 재산 싸움은 끝났다. MK(정몽구)의 승리였다. 현대그룹의 형제간의 재산 싸움을 더러 「가신(家臣)의 난」이라고 말하기도 한다. 가신이란 정계에서 보스 중심의 정치가 이루어질 때 또는 왕정 시대 군주를 돕는

신하 개념을 차용해 쓰는 것이다. 세간에서는 삼성그룹은 시스템에 의한, 현대는 가신에 의한 경영을 한다고 한다.

현대가의 경영권 다툼도 정몽구(MK), 정몽헌(MH) 두 회장 진영에 속하는 가신들의 치열한 두뇌전이었다. 선공에 나섰던 MH진영은 이익치 현대증권 회장, 김윤규 현대건설 사장, 김재수 구조조정 본부장 등 이른바 MH진영의 3인방이었다. 이익치 회장과 김윤규 사장은 69년 현대건설 입사 동기로 정주영 명예 회장의 비서 출신이라는 공통점을 가지고 있다.

이들은 정주영 회장이 일선에서 업무를 챙길 때는 왕회장의 직계로 분류됐다. 정주영 회장이 후계구도로 장자인 MK보다는 MH쪽에 흐르는 듯 하자 MH후견세력이 됐다. MK 측에서는 삼부자 퇴진, 계열분리 등 고도의 아이디어를 짜낸 사람은 이익치 회장으로 판단했다. MK측은 2000년 3월 24일 이익치 회장을 현대증권 회장에서 고려산업개발 회장으로 발령냈다는 것은 앞에서 이야기한 바 있다. 지독한 좌천 인사였다. 1차 왕자의 난 시초다.

MH 3인방에 맞서 삼부자 퇴진 거부, 현대차 사수 등을 MK에게 건의하고 방어 전략을 짜낸 MK측 3인방은 유인균 IN스틸 회장, 이계안 현대카드 회장, 정수원 현대기아차 기획총괄본부장이다. 이들 3인방은 MK(정몽구)의 경복고등학교 동문으로 양 진영이 치열한 경쟁을 벌일 때 「경복수비대」라는 별명을 얻기도 했다. 유 회장은 뛰어난 리더쉽을 갖춘 재계의 마당발로 통했다. MK의 의중을 가장 잘 아는 측근이다. 이계안 회장은 MK 진영의 재갈량으로 통할만큼 시야가 넓고 전술 구사에 능하다는 평을 받고 있다. 이 회장은 추후 정계에 진출해 국회의원을 지냈다. 정순원 본부장은 현대그룹 싱크탱크인 현대경제연구원 출신답게 그룹 내의 대표적인 기획통으로 꼽혔다.

박세용 회장과 2차 왕자의 난

1999년 12월 30일, 현대그룹(정몽헌) 구조조정 본부장 박세용을 현대차로 발령냈다. 현대역사에서 이 인사는 매우 중요한 사건이었으며 그 배경과 과정이 아주 복잡하다. 앞장에서 본 바와 같이 MH(정몽헌)가 자동차를 장악하려고 역계열분리형태의 이상한 안을 제출했다가 일축당했는데도 MH계열의 박세용 회장을 현대자동차 회장으로 발령낸 것이다. MK(정몽구)와는 사전 아무런 협의나 예고도 없었다. 외견상으로는 MH가 자신의 측근을 자동차 회장으로 앉혀 자동차에 대한 지배력을 확보하려는 것으로 보이는 것이다. MH의 자동차에 대한 집념이 대단했음을 보여준 것이다.

MH의 박세용 회장의 자동차 회장 발령은 무슨 의미가 담겨있는가에 대해 그룹 내에서는 여러 가지 각도에서 분석해 보는 시각이 있었다. 첫째는 MH측 핵심참모였던 박세용 회장이 핵심에서 밀려났다는 시각이 있었다. 둘째는 MH의 현대차 접수계획의 일환으로 보는 시각이다. 세 번째는 정주영 회장의 MK에 대한 배려라는 시각이다.

문제는 이 인사를 MK(정몽구) 자동차 회장이 어떻게 받아들이

냐가 가장 중요하다. 정몽구 회장은 지체없이 박세용 회장을 인천 제철 회장으로 발령냈다. MK는 박세용 회장은 MH가 보낸 트로이 목마로 판단한 것이 분명해 보인다. 왕자의 난에서 MK는 이익치 회장을, MH는 박세용 회장을 내친 것이다.

왕자의 난, 삼성의 경우

재벌가의 왕자의 난은 동서양 구분 없이 일어난다. 미국의 코크인터스트리즈의 데이비드 코크와 찰스 형제간의 형제의 난은 재산을 둘러싸고 형제가 끝내 화합되지 못한다는 것을 보여준다. 코크와 찰스는 네덜란드계 미국인으로 미국에서 비상장기업으로는 1위인 거대 재벌이다. 두 형제 다 세계에서 20위 안에 드는 억만장자이다. 그런데도 형제는 소송을 불사했다.

이태리의 구찌가문도 소송과 청부살인 등으로 가문의 몰락을 가져오는 결과를 가져왔다. 1921년 피렌체의 작은 가죽제품 공방에서 시작한 구찌는 1960~1970년대 새로운 소재를 사용한 뱀부백(BAG)과 모카신, 로퍼 등 히트상품을 잇따라 출시해 인기를 끌며 세계적인 브랜드로 성장했다. 그러나 가족들의 탐욕으로 구찌가는 몰락한다.

한국의 삼성 재벌의 왕자의 난은 아들이 아버지를 상대로 난을 일으켰다는 것이 다른 가문과는 성질을 달리한다. 삼성가의 왕자의 난을 알아보려면 삼성그룹의 "사카린 밀수사건"까지 거슬러 올라가 봐야 한다. 삼성 사카린 밀수사건이란 1966년 5월 24일에 일어난 삼성그룹 계열사 한국비료공업(현 롯데정밀화학)이 사카린을 건설자재로 위장하여 대량 밀수입한 사건이다.

　삼성그룹 창업자 이병철씨는 울산에다 연간 생산능력 3만 4천 톤의 요소비료공장 건설 허가를 받고 비료공장 건설에 들어간다. 이병철 회장은 박정희 대통령과 독대, 요소비료 공장건설 필요성을 역설했고 박 대통령도 한국 비료 건설을 재가했다. 당시 정치적으로는 대선을 앞두고 있어 인구의 95%인 농민들에게 비료를 싼 값에 공급할 수 있다는 메시지가 필요했다. 당시 한국의 농촌에서는 농사철이 되면 비료를 제 때에 공급받지 못해 농민이 자살하는 사태까지 벌어지고 있었다. 한국 비료 건설은 국책사업의 성격이 강했다. 그렇기 때문에 울산에 있는 관세 당국은 자재 통관에 관용적이었고 삼성은 이런 허점을 노렸다.

　사카린(OTSA)은 비료공장 건설에 필요한 자재는 아니다. 이런 밀수 사실이 숨겨져 있는 것을 경향신문이 대서특필함으로써 사회적 문제로 떠올랐다. 삼성은 사카린만이 아니라 당시 인기품이었던 변기, 도아 핸들 등 현금화가 쉬운 것들을 대량 밀수입했다. 재벌의 밀수 행위에 여론은 들끓고 정치문제로 비화했다. 밀수책임자 문책론이 나왔고 이병철 회장의 책임론이 제기되었다.

　이때 삼성그룹은 희생양을 찾아냈다. 이병철 회장이 둘째 아들 이창희씨였다. 이창희씨는 당시 한국비료 상무이사였다. 이병철 회장은 한국비료를 건설하면서 이맹희, 이창희, 이건희 세 아들 중 이창희씨를 한국비료의 상무로 발탁했다. 이병철 회장은 세 아들 중 이창희씨를 총애했고 유능하다고 여겼다. 삼성그룹은 결국 이창희씨가 총대를 메게 했고 구속되었다. 이병철 회장은 한국비료를 국가에 헌납했고 경영 일선에서 퇴진했다.

문제는 이후였다. 이병철 회장의 아들들에 대한 애정이 자꾸 셋째 이건희에게 기울어져 가는 것이다. 이병철 회장의 그런 심경 변화의 배후에는 이승만 정부시절 법무장관을 역임한 홍진기 중앙일보 사장이 있다는 것은 공공연한 사실이었다. 이창희씨에게는 참기 힘든 고통이었다. 아버지를 대신해 옥살이를 한 것은 차치하고라도 후계 구도가 셋째 건희에게 기울지는게 문제였다. 이창희씨가 선택한 수단은 아예 그룹의 지배구조를 뒤집어 아버지를 퇴진시키고 본인이 그룹을 지배하는 것이었다. 이창희는 거사를 준비했다. 치밀한 계획도 세웠다. 이창희씨는 이병철 회장의 약점을 32가지나 수집했다. 그것들 중에는 스위스은행에 비밀 예금구좌를 가지고 있다는 것도 있었다. 당시 한국은 외화부족에 심하게 시달리고 있었기 때문에 외화를 국외로 도피시키는 행위에 대해서는 엄벌주의로 나갔다. 이창희씨는 이 자료를 처음에는 중앙정보부 루트를 통해서 박정희 대통령에게 전달하려고 했다. 중앙정보부에는 이창희씨의 대구계성고등학교 동창이 요직에 있었다. 이창희의 제의를 받은 동기는 그런 일이라면 중앙정보부 보다는 청와대 경호실 경호실장 라인을 통하는 것이 더 효과적일 것이라고 말했다. 경호실이 절차가 더 간단하다는 말이었다. 이창희씨는 경호실과 접촉했다.

결국 박종규 경호실장을 만나게 되고 박 경호실장이 브리핑 차트를 만들어 박정희 대통령에게 보고하는 것으로 시나리오가 짜

여겼다. 박종규 실장은 대통령에게 이 사실을 보고했다. 이창희씨의 쿠데타 구상은 여기에서 끝나고 만다. 박종규 실장의 브리핑을 들은 박 대통령은 "그것, 패륜적인 일이 아닌가. 몹쓸 아들이군."이라고 한마디로 쏘아붙이고 말았다. 후폭풍이 심했다. 이병철 회장은 창희씨를 영원히 내쫓았다.

삼성의 후계 구도는 이건희 회장으로 확정되었지만 장남 이맹희씨가 이창희씨 사건에 관여했다는 이야기가 나와 이맹희, 이건희 형제간의 싸움으로 번졌다. 이맹희씨가 이창희씨 사건에 관여했다는 것은 사실 확인이 되고 있지 않다. 풍문 수준인 것이다. 그러나 삼성과 CJ그룹(이맹희)과의 갈등의 씨앗이 되었다. 2012년 상속 관련 소송과정에서 이맹희와 이건희 사이에 오간 대화 내용은 상징적이다.

이맹희: "요즘 건희가 어린애 같은 말을 해서 매우 당황했다. 건희는 항상 자기 욕심만 챙겼다. 한 푼도 안주겠다는 탐욕이 이번 소송을 초래했다."

이건희: "이맹희씨는 감히 나보고 건희, 건희 할 상대가 아니다. 내 얼굴을 똑바로 쳐다보지도 못하던 양반이다. 30년 전에 나를 군대에 고소하고 아버지를 형무소에 넣겠다고 했다. 청와대 그 시절에 박정희 대통령한테 고발했던 양반이다. 우리집에서는 이미 퇴출당한 양반이다."

이 과정에서 이건희는 형제들의 집에 감시용 CCTV를 설치하고 조카인 이맹희의 아들(이재현, CJ그룹 회장)을 사람을 붙여 미행하는 등 그야말로 불구대천의 사이가 되었다. 2014년 이맹희는 형제간의 우애가 유산보다 중요하다며 상고를 포기했다. 그러나 그 해 이건희가 심근경색으로 의식을 잃고 쓰러졌으며 이맹희마저 그 이듬해 폐암으로 세상을 떠나면서 이들은 끝내 화해하지 못했다. 현재는 이들의 후손들도 왕래가 거의 없이 남남으로 지내고 있다.

21

삼성그룹, 삼성자동차

삼성그룹의 자동차 산업 진출은 우여곡절로 점철된다. 그룹창업자 이병철 회장으로부터 2세 이건희 회장에 이르기까지 자동차 산업은 「금단의 사과」 같은 존재였다. 이병철 회장은 1980년대 초반 삼성그룹의 구조변화에 부심했다.

이병철 회장은 "삼성그룹은 변신(變身)해야 살아남습니다. 삼성이 소비재인 설탕이나 제일모직의 복지 가지고는 세계가 변화하는 것에 적응 못합니다. 삼성그룹이 한국 제 1의 재벌이라고 하지만 일본의 중소기업 수준에 불과합니다."라면서 그룹 구조를 중화학 쪽으로 바꾸는데 열심이었다. 자동차 산업도 그 중 하나였다. 그러나 국내자동차 산업판도는 레드오션이었다. 신진, 현대 등 강자들이 이미 시장을 장악하고 있었다.

이병철 회장은 신 수종산업으로 반도체를 선택했고 한국을 초일류 반도체 생산국가로 만드는 영원히 기록되는 신화를 창조했다. 여기서 이병철 회장이 반도체와 자동차 둘 중 하나를 두고 고심했다는 것을 밝히는 것은 이건희 2세 회장이 아버지의 뜻을 이어받아 자동차 산업에 결국 뛰어들고 말았다는 것을 말하기 위해서다.

삼성의 성장사(史), 이건희 회장의 40년 사업력에서 자동차 산업에의 진출은 「유일한 그러나 실패한 선택」으로 기록될 수 밖에 없다. 다음은 삼성의 자동차 산업 진출 허가를 둘러싸고 정부와의 다툼의 한 장면을 기록을 토대로 엮어본 것이다.

1994년 11월 초순 삼성그룹 이건희 회장 집무실, 청와대에 들어간지 한달쯤 지난 한이헌(韓利憲) 경제수석 비서관이 이 회장을 방문했다. 한 수석이 먼저 말문을 열었다.

"이 회장님, 승용차 사업을 하고 싶으면 승용차 사업을 해야 하는 논리를 개발하고 삼성이 뭔가 노력해 명분을 쌓아야지 왜 대통령을 괴롭힙니까?"

부산 시민들이 승용차 공장 유치를 요구하며 서명 운동을 벌이는 것은 김영삼(金泳三) 대통령에 대한 삼성의 「압박공작」때문이라는 항의였다. 당시 부산 시민들은 삼성의 자동차 산업의 부산유치가 부산의 경제 회생에 필수불가결의 요소라면서 하루 빨리 삼성의 자동차 산업진출 허가를 내주라고 주장하며 1백만 명 서명운동을 맹렬히 벌리고 있었다.

이건희 회장은 "무슨 노력 말입니까" 되물었다.

"1993년 삼성이 구조조정을 하겠다면서 계열 분리를 약속했지만 지지부진하지 않습니까. 문어발 경영이라는 비판이 수그러들어야 승용차 사업진출에 대한 여론도 좋아지지 않겠습니까."

이 말이 떨어지자 평소에 부사와 형용사를 생략한 채 명사와 동사만을 사용해 자신의 의사를 최대한 간략하게, 그리고 아주 천천히 전달하는 이 회장이 갑자기 목소리를 높이면서 속사포처럼 말을 쏟아냈다.

"뭐라고요. 재현(조카인 CJ그룹 회장을 지칭)이가 권력을 앞세워 김현철(金賢哲), 김기섭(金己燮)과 손잡고 삼성을 뜯어 먹으려고... 남의 집안일에 왜 그 사람들이 끼어들어..."

자신의 말이 이상하게 받아들여졌다고 생각한 한 수석은 당황했다.

"뭘 잘못 생각하고 있습니다. 아니 제가 계열사를 누구에게 주라느니 말라느니 그런 말을 하려 온 사람 같습니까. 먼저 국민을 설득하라는 말입니다. 저는 그 두 사람과 이번 건에 대해 한마디 얘기도 나눈 적이 없습니다."

한 수석의 단호한 태도에 이 회장이 한 발짝 물러섰다.

"음, 죄송합니다. 어쨌거나 현철이나 김기섭같은 사람은 이 정권이 끝난 뒤 반드시 청문회장에 설 것입니다." (이건희 회장이 조카인 이재현 CJ 회장을 들먹인 것은 삼성가족사에 얽힌 오랜 앙금에서 비롯된 것이다. 이 책 앞장에서 삼성가문 왕자의 난에서 언급되었듯이 이건희 회장과 이 회장의 맏형인 맹희씨(이재현 회장의 아버지)사이에 있었던 후계 구도에 대한 분쟁과 원한으로 이것이 2세인 이재현 회장에게까지 연장되어 있는 것이다)

면담은 장장 4시간이나 진행되었다. 당시 삼성의 계열사 분리작업이 진전되지 않은 것은 형제간 재산분배 문제 때문이었다. 이건희 회장은 이 자리에서 제일제당과 한솔그룹(이인희 회장, 이건희 회장의 맏누나)이 김영삼 대통령의 차남 현철씨와 그의 측근인 김기섭 안기부 기조실장이 결탁, 삼성의 승용차 사업 진출문제를 재산 분배 협상의 압박용 카드로 활용하고 있다는 시각을 분명히 했다. 김현철씨는 경복고 동문인 이재현씨와 친한 사이였다. 한솔 계열사인 신라호텔 총지배인 출신인 김기섭씨도 삼성에 대한 반감이 컸다.

이에 대해 삼성그룹의 한 관계자는 "김기섭씨는 신라호텔 총지배인 자리를 무척 좋아했지요. 이인회 한솔그룹 고문의 신임도 받았지만 호텔 출입이 잦았던 김 대통령 등 정계거물 등을 만날 기회가 많았지요. 정치에 관심이 많았던 그에게는 최고의 자리였죠. 그런데 갑자기 삼성그룹에서 그를 삼성 전관기획 담당 상무로 발령을 내는 바람에 기반이 송두리째 무너진 것입니다. 김기섭씨는 한 달 만에 퇴직하고 김 대통령의 상도동에 합류한 것입니다."

한 수석이 이 회장을 찾아간 것은 그날 오전 김 대통령이 부산 지역 분위기를 전해 듣고 격분해 한 수석을 호출했기 때문이다. 부산시민들은 김영삼 대통령이 삼성그룹의 승용차 사업진출을 고의적으로 허가해 주지 않고 있다고 판단, 김 대통령을 비난하고 1백만인 서명 운동을 벌였던 것이다.

"한 수석! 이건희 회장, 나쁜 사람 이야? 자기가 자동차를 하고 싶으면 하는 거지. 왜 부산 시민을 선동해서 김영삼이 나쁜 사람이라는 소리가 나오게 해. 이 회장이 그런 것 맞지?"

한 수석은 그러나 이건희 회장을 은근히 두둔했다. "이 회장이 부추겼는지는 알 수 없지만 공장을 짓고 싶은 사람이야 부산 시민들의 불만이 일어나면 좋아하지 그걸 막으려 하겠습니까. 부산 시민들도 대통령께서 공장을 끌어오지는 못할망정 오겠다는 공장을 막는 것을 좋아하지는 않을 것입니다."

신발과 합판 산업이 몰락한 뒤 지역 경제가 거덜난 부산의 사정을 누구보다 잘 알고 있던 김 대통령도 한숨을 내쉬었다. "허참 거, 그게 대선 공약이지 않아 삼성이 가만히 있어도 부산에서 불만이 터져나올 판에 부산 시민을 선동까지 하니 말이야. 내가 그걸 잘 아나(김대통령의 이 말은 삼성그룹의 자동차 진입 허가 불가론을 의미한다). 상공장관(김철수, 金喆壽)이 안된다고 해서 그런 줄 알았는데..."

한 수석은 그 자리에서 이건희 회장을 만나고 오겠다고 말했다. 앞에서 말한 한 수석이 이건희 회장 사무실을 방문한 것은 그런 배경을 가지고 있었다. 취임 초 한 푼도 받지 않겠다고 선언한 김 대통령은 한수석에게 전화로 다시 한번 당부했다. "구두표 한 장이라도 받으면 안된다. 내 말 알지."

삼성의 자동차 진출 문제는 정부 내에서도 찬반 의견이 엇갈리고 있었다. 원칙적인 측면을 다루는 경제 기획원과 한국개방연구원(KDI)은 찬성, 업계를 담당하는 김철수 상공장관과 한국산업연구원(KIET)은 반대 입장을 취했다. 박재윤(朴在潤) 재무장관도 정무 수석시절에는 반대했다.

박관용 전 청와대 비서실장은 다음과 같이 설명했다. "김 대통령은 김철수 장관이 삼성이 자동차 산업에 진출하면 기술자가 모자라게 되고 과열 스카우트가 벌어지며 시장(내수)이 없다는 등의 이유로 반대의견을 내는 바람에 그렇게 생각했던 것입니다. 또 김현철씨와 김기섭도 반대했을 것입니다. 그러나 나(박관용 비서실장)는 최형우(崔炯祐), 한이헌씨 등과 함께 대통령에게 허가해야 한다고 진언했습니다. 대통령은 이미 불가 입장을 표명한 터라 번복할 계기를 찾지 못해 고민하고 있었던 것입니다."

김 대통령이 번복의 계기를 삼은 것은 "세계화(Globalization)"였다. 94년 11월 19일, 호주 시드니에서 새로운 국정지표를 제시한 뒤 귀국하는 비행기 안에서 김 대통령은 한이헌 경제수석에게 말을 건냈다. "국경 없는 세계화 시대 아니요? 국가 경쟁력의 강화에 도움이 된다면 삼성의 승용차 사업을 허용하는 것도 괜찮을 것 같은데 한수석 생각은 어떻소?"

"그렇습니다. 각하, 세계화를 하려면 외국기업이 한국에서 공장을 짓겠다고 할 때 환영하고 도와줘야 합니다. 그런데 우리 기업이 공장을 짓겠다고 하는 것을 막아서야 되겠습니까"

취임이후 1년 8개월 동안이나 삼성의 집요한 공세를 버텨온 김 대통령이 무너지는 순간이었다. 한이헌씨가 경제수석이 된 지 45일 만의 일이다.

삼성의 승용차 사업 진출 과정은 험난한 가시밭길이었다. 1992년 상용차 사업진출을 계기로 자동차 사업에 뛰어든 삼성은 문민정부 출범 직후부터 승용차 사업을 위한 정지작업을 벌였다. 이건희 회장의 신경영 구상과 대대적인 홍보활동, 반도체 사업으로 벌어드린 엄청난 돈으로 벌인 사회문화 활동지원, 가전 및 의류제품의 가격인하, 사회 봉사단 발족 등 우호적인 여론 형성을 위해 공도 많이 들였다.

그러나 결정적인 표적은 역시 승용차 공장을 부산으로 결정한 것이었다. 당초 삼성 기술진은 평택, 당진 등 서해안 충청 전지역을 승용차 공장 입지로 선호했다. 물류 비용 절감과 인력 확보에 유리했기 때문이다. 1993년 말 부산시가 자동차 공장 부지로 신호공단을 제의했다. 낙동강 하류의 삼각주 지역인 이곳은 지반이 연약해 자동차 공장 부지로는 부적격 판정을 받은 곳이었다. 그러나 부산 시민의 지원이 필요했던 삼성은 덜컥 그 제안을 받아들였다. 결정적 패착이었다.

이 과정을 지켜보고 있던 현대자동차에게는 역설적이지만 미소를 지을 수 있는 일이었다. 삼성은 김철수 장관이 불가 입장을 확정한 직후부터 "부산시민 움직이기" 작전에 들어갔다. 작전팀은 이경우(李京雨) 비서실 전무 등 7명이었다. "여론 조성은 땅 짚고 헤엄치기였습니다. 부산경제가 좋지 않다 보니 부산 시민이라면 누구나 공장을 유치해야 한다고 생각했지요. 지역 언론사나 시민단체에서 먼저 연락이 올 정도였으니까요." 작전팀 관계자의 말이었다.

부산시민 1백만 명 서명운동과 함께 시위 등이 계속되면서 지역여론이 약화 쪽으로 기울자 삼성그룹 정보팀은 이런 보고서를 올렸다. "김현철씨가 부산의 분위기에 깜짝 놀라 반대 입장에서 관망세로 돌아섬, 김 대통령에게 반대 입장을 주입하는 주요 조언자가 사라졌다는 의미임."

허용 여론이 대세를 이루자 김철수 상공장관은 슬그머니 입을 다물고 말았다. 김 대통령의 세계화 구상(11월 17일)과 공정경쟁을 강조한 무역의 날 연설(11월 30일)이 있고 난 뒤엔 12월 2일 박운서(朴雲緒) 상공부차관이 삼성승용차 허용을 발표했다. 김 상공장관은 끝까지 반대했던 터라 차관에게 발표를 떠넘겼다. 사실은 김철수 상공부 장관이 1994년 4월 말 김 대통령에게서 삼성승용차 불가 방침을 재가 받고 이를 공표하려고 했었다. 그러나 박관용 비서실장이 "부산시민도 있으니 발표만을 하지 말아달라"며 극력 저지했다. 박 실장은 부산 출신이다. 김 대통령도 같은 의견이어서 발표를 미뤘다. 그러나 김 장관은 쐐기를 박아놓고 싶어서 주요 일간지 기자들을 저녁 식사에 초대해 놓고 집게 손가락으로 식탁위에 한자(漢字)로 불가(不可)라고 써 불허방침을 흘리기도 했다.

삼성은 부산시민 덕분에 사업권을 따냈지만 이 때문에 애도 많이 먹었다. 신호공단의 지반이 자꾸 가라 앉는것이 결정적인 약점이었다. 삼성이 공단 조성에 들인 돈은 평당 1백여 만원, 이는 현대자동차의 아산만 공장과 대우의 군산공장에 비해 3배가 넘는 수준이다. 삼성승용차의 원가를 끌어올리는 주요 요인으로 작용할 수 밖에 없다. 아무리 「관리의 삼성」이라 하지만 원가의 이런 핸디캡으로 시장에서 라이벌과 경쟁에서 이기기는 어려운 일이다.

삼성의 승용차 사업 진입이라는 드라마는 우리에게 여러 가지 의미 있는 교훈을 주고 있다. 경제는 철저히 경제 논리로 풀어야지 정치가 끼여들면 참담한 결과를 가져오고 만다는 것이다. 김영삼 대통령은 대선 승리를 위해 삼성그룹의 자동차 사업 진입을 허가하겠다고 공약했지만 다른 한편으로 대통령이 되고 난 후 삼성재벌과의 유착관계 비난을 우려해 말을 바꾼 것이다. 국민경제에 엄청난 영향을 미친 중대사안을 정치 논리로 접근한 것 자체가 문제였다. 정부 내에서도 부처 사이에 한 사안을 두고 정반대의 시각이 존재했다는 것도 문제였다. 김철수 상공장관의 일관된 반대의견 고수는 주목을 살만하다.

주무장관으로 사안의 문제점을 정확히 파악해 반대한 것은 아무런 하자가 없다. 그런데 비 주무부서에서 다른의견을 내고 이것이 정치적 논란을 야기시킨것도 문제였다. 이 드라마의 주역인 삼성그룹의 이건희 회장은 왜 그토록 승용차 사업에 집착했을까? 이 회장은 삼성이 하면 무엇이든지 다 성공할수 있다는 우월감에서 그랬을까. 삼성그룹은 그룹 발족 이후 실패한 사업은 없었다. 다만 한국비료건설에서 불거진 사카린 밀수사건으로 한국비료를 통째로 국가에 헌납하는 실패를 겪은 일은 있었다. 그것은 이건희 시대가 아니고 선대인 이병철 회장시대에 일어난 일일 뿐이다. 이건희 회장은 자택에서 자동차를 전면 분해해서 다시 맞춰보는 것을 취미로 했다는 이야기는 있다. 그렇다면 이 회장이 자동차에 집착한 것은 취미 때문에 그랬다는건가? 개인 취미를 살리기 위한 것이라면 사안은 너무 중대하고 무겁다. 이건희 회장이 신호공단의 조성비가 3배나 더 드는 것을 알면서도 왜 이곳을 택했냐는 것은 두고두고 풀리지 않는 의문이다.

22

대주주보다 소액주주가 더 사랑한 BMW

우리가 독일 명차를 꼽을 때 벤츠 말고도 BMW도 같은 반열에 올리기 마련이다. BMW는 독일 명차 중의 하나이다. BMW는 독일 바이에른주 뮌헨에 본사를 두고 있는 자동차, 모터사이클 및 엔진 제조 회사이다.

BMW는 1959년 경영실패의 결과로 도산을 몇 주 앞두고 있었다. 1959년 12월 9일에 열리는 주주총회에서 도산을 의결할 참이었다. 그러나 이 주총에서 BMW 소액주주, 사원, 대리점들이 BMW가 소멸되는 것을 성공적으로 저지했다. 독일 경제사학자들은 이날의 주총이 독일자동차 산업발전사에 의미깊은 뜻을 던져준 것으로 높이 평가하고 있다.

BMW는 이날 주총에서 다임러-벤츠에 흡수합병되는 안이 유일한 출구로 제시되어 이를 의결하기로 한 것이다. BMW의 최대주주는 도이치 은행이었는데 도이치 은행은 동시에 경쟁사 다임러-벤츠 최대주주이고 BMW 이사회의장이 다임러-벤츠의 이사도 겸하고 있었다. 즉 최대주주의 입장에서는 두 회사는 계열사였다. 도이치 은행은 BMW의 위기 타개책으로 두 회사의 합병안이 나온 것은 극히 자연스러운 일로 생각했다.

여기서 BMW의 창업자 둘째 아들인 대주주 헤르베르트크반트의 입장이 곤란해졌다. 물려받은 회사를 위해 회사를 포기해야하는 처지가 된 것이다. 그로서는 달리 할 수 있는 일이란 없었다. 그는 주총 당일 뒷자리에 앉아 합병안이 가결되는 것을 지켜볼 수밖에 없었다. 주총의장은 BMW가 7천만 마르크 가치의 신주를 다임러-벤츠에 발행하는 것을 골자로 하는 합병안을 제안했다. 당시 다임러-벤츠는 호황을 누리고 있었다. 고객들이 신차인수 대기시간이 너무 길다고 불평하는 상황이었다. BMW의 우수한 설비와 6천 명의 인력이 다임러-벤츠에 큰 도움이 될 것으로 계산되었다.

그런데 기적같은 이변이 일어났다. 주총장을 가득 메운 소액주주들과 우리사주 조합원들이 회사의 합병안에 격렬하게 반대하면서 경영진을 신랄하게 성토하기 시작했다. 주총장은 혼란스러워졌고 경영진과 크반트는 예치기 못했던 상황에 당황했다. 그때 마테른이라는 한 대리점 대표가 소액주주들의 입장을 정리했다. BMW는 주주와 사원들의 충성도가 높은 회사이니만큼 당시의 전반적인 자동차 경기의 활황을 등에 업고 새 출발점을 모색해 보자는 것이었다.

마테른이라는 대리점 대표는 BMW의 항공기엔진 제조계열사를 MAN에 매각한다는 대안을 내놓았다. 돈을 마련하고 동시에 주주배정 유상증자를 실시하자고 제안했다. 그러나 의장은 마테른의 대안이 현실성이 없을 뿐 아니라 최대주주의 이해관계에도 맞지 않아 채택되지 못할 것으로 보았다.

주총은 시작한 지 10시간을 넘기고 있었다. 이때 마테른이 주총 연기를 제안했다. 이 제안은 거의 70%의 의결권을 행사할 수 있는 도이치 은행이 반대하면 부결되는 의안이었지만 마테른은 독일 회사 법에서 회사의 사업보고서에 하자가 있는 경우 10%의 주주의 찬성만으로 주총을 연기할 수 있다는 규정을 찾아냈다. 그리고 1958년 손익계산서에서 신차개발비 관련 회계 오류가 있다는 것을 찾아냈다. 마크론이라는 일개 대리점주의 회계지표를 읽어내는 수준은 놀라움을 자아내고 있다. 표결이 진행되었고 소액'주주 측이 승리했다. 주총장은 박수 소리로 떠나갈 듯 했다. 극적인 이변이 연출된 것이다. 주총이 무산되었기 때문에 합병안도 폐기되었다.

이 모든 과정을 지켜본 창업자의 둘째 아들 크반트는 큰 충격과 어떤 가능성을 내다보게 되었다. 대주주인 자신은 회사를 포기했지만 소액주주와 사원들은 포기하지 않았던 것이다. 크반트는 기로에 섰다. 과연 회사가 위기를 벗어날 수 있을 것인가와 자신은 모든 위험을 무릅쓰고 합병 외의 대안을 찾아 동참 해야 하는가였다. 결국 크반트는 자신이 직접 나서 회사의 구조조정과 정상화를 진행하기로 결심했다. 크반트는 먼저 경영개선과 품질관리에 집중해 BMW의 자동차들의 품질을 환골탈퇴시키는 작업에 착수했다.

MAN에 자산을 매각해 3700만 마르크를 확보했다. 다음은 유상 증자였다. 도이치 은행은 동의할 의사가 없었다. 크반트는 다른 은행들을 찾아내 총액 인수가 아니라 시장에서 인수되지 않은 물량을 모두 자신이 떠 안는다는 당시까지는 전례가 없었던 조건으로 자금 조달을 진행했다. 4천만 마르크의 위험 부담을 껴안은 것이다.

그러자 주주들이 화답했다. 1960년 12월 1일의 주총에서 96%의 주주가 구조조정 계획에 찬성했고 유상증자에서 5250만 마르크가 조달되었다. 크반트가 떠안은 물량은 겨우 10만 마르크에 지나지 않았다. 1965년부터는 주문이 밀리기 시작했다.

전문가들은 크반트의 결심이 자동차에 대한 애정에서 비롯된 것으로 본다. 그 이전까지는 부친이 물려준 재산의 투자자로서 삶을 살았지만 주총을 계기로 기업가로 변신했다. 크반트는 공장과 제품에 창의적으로 기여 하는 사람으로 변했다. 소액주주들과 사원들의 회사에 대한 애정이 50세의 크반트를 그렇게 만들었다. 당시 BMW의 주식은 보수색이 짙은 바이에른 지역 주민들이 가지고 있으며 주식을 상속의 대상으로 여기고 절대 팔지 않을 정도였다.

현재도 이런 성향은 유지되고 있다. BMW는 한동안 선장 없는 배와 같았다. 오너가 없는 전문경영인 시스템을 유지했던 것이다. 경영진과 이사진은 무기력하고 지지부진했다. 앞서 말한 기아자동차와 데자뷔된다. 헌신적인 오너의 등장이 주주, 사원들의 신뢰를 이끌어내고 모든 것을 바꾸어 놓는다. BMW는 오늘도 세계 곳곳에서 명차로 군림하고 있다.

23

현대제철과 포항제철
(정주영)　　(박태준)

　　모든 기업은 운명을 타고 태어난다. 인류와 매일반이다. 그것이 어떤 분야, 어떤 시기에 창업했는지에 따라 성장과 쇠망이 결정되기도 한다. 포스코(포항제철)는 1968년 4월에 창립했다. 박정희 대통령의 결단에 의해서 탄생했다.

　　박정희 대통령은 일본이 35년간, 조선을 식민 지배하면서 수탈한 경제적 이득을 되돌려 줄 것을 일본에 요구했고 일본은 이에 응했다. 이른바 한일 청구권 협정에 의해서다. 협정의 철학은 대한민국과 일본 간의 재산 및 청구에 관한 문제의 해결과 경제협력에 관한 것이었다. 대한민국은 이 협정에 따라 무상 3억 달러, 유상 2억 달러 총 5억 달러의 재원을 마련했다. 이 돈을 어떻게 쓸 것인가, 대단히 중요한 문제였다. 국가 장래 운명을 결정짓는 문제였다. 일제 식민시대 조상들의 징병, 징용에 따른 피의 대가라는 중요성만큼 이 돈을 어떻게 써야 할 것인가도 중요하다. 박정희 대통령은 가

난의 굴레를 벗어나기 위해서는 경제개발이 필수인데 이를 뒷받침해줄 민족자본은 없고 외자(外資)를 끌어오기도 힘겨웠던 것이다.

수탈당했던 경제적 대가를 받아와 이를 경제개발자금으로 써야겠다는 발상은 당시로써는 대단한 발상이었다. 박정희 대통령은 이 돈으로 철강 회사를 만들고 고속도로를 닦는데 쓰는 것으로 정했다. 포항제철과 경부(京釜)고속도로가 그 결정의 산물이다. 철강은 만공(萬工)의 쌀이다. 철강 없이는 공업화 경제부국은 불가능하다. 철강을 갖는다는 것은 경제도약을 보장받는 최강의 무기를 갖는 것이다.

이런 관계는 포항제철과 현대조선(현 현대중공업)의 예에서 확실하게 증명되고 있다. 현대조선은 철강(후판)의 적기 공급이 없으면 성립할 수 없고 포항제철은 조선같은 대량소비처를 확보하지 못하면 도산한다. 앞에서 보았듯이 박정희 대통령은 정주영 회장에게 조선 사업을 어서 일으키라고 독촉했다. 김학렬 당시 경제부총리는 포항제철이 곧 생산에 들어가는데 어서 철강을 대량 소비할 수 있는 조선 사업을 일으키는 것은 국가적 사업이라고 독촉이 성화같았다.

정주영 회장은 조선산업을 일으키겠다는 의지도 있었고 국가의 요구도 있어 맨주먹으로 조선산업도 도전, 「현대조선」이라는 세계 최대의 조선소를 건설해냈다. 그것도 최단기간에 이루어냈다. 정주영 회장이 영국 바클레이즈 은행에서 2천만 달러의 차관과 그리스 선주 리바노스로부터 26만 톤급 유조선 두척을 주문 받는 드라마 같은 성공스토리는 이 책 전장에서 자세히 썼기 때문에 그

부분은 생략한다.

　우리의 이야기는 포항제철로 가야 한다. 박정희 대통령이 제철 산업을 일으키기로 정하고 귀중한 대일청구권 자금을 이 산업에 쏟아붓기로 했지만 한국이 제철 산업에 성공할 수 있느냐는 또 다른 문제다. 제철 산업은 고도의 기술이 필요하다. 한국에게는 기술도 없고 이를 이끌어갈 인적자산(Human Capital)도 없다.

　박정희 대통령은 마침내 박태준이라는 인물을 찾아냈다. 박태준은 1927년 경상남도 동래군 장안면(현 부산광역시)에서 태어났다. 1945년 일본 와세디 대학 재학 중 조선이 해방되자 귀국했다. 1947년 조선 국방 경비사관학교(현 육군사관학교) 6기로 입학했다. 육사생도 시절 탄도학교관이던 박정희 대위를 처음으로 만났다. 그리고 박정희 대통령이 국가 최고 회의 의장일 때 비서실장에 임명되었다. 이 시기에 박정희 의장은 박태준의 능력을 가깝게 보면서 알게 되었다.

　박태준은 1963년 육군 소장으로 예편하고 기업인으로 새로운 삶을 시작했다. 박태준은 검색해 보면 군인, 기업인, 정치인으로 나오는 것은 이때부터 기업인이 되었기 때문이다. 박태준은 추후 국무총리가 된다. 기업인 박태준이 기업인으로 그의 능력의 일부를 보여 준 것은 대한중석 사장을 맡으면서부터. 박정희 대통령은 국영기업인 대한중석이 만년 적자 기업으로 국가의 동력을 까먹는 것을 건질 수 있는 인물로 박태준이 적임자로 보아 발탁했다. 박태준은 1년 만에 대한중석(KOREA Tungsten co)을 흑자기업으로 전환시키는 놀라운 경영 성과를 이뤄냈다. 박정희 대통령은 박태준이야말로 새로 생기는 포항제철을 이끌 수 있는 최적의 인재로 보았고 그를 초대 포항제철의 사장으로 임명했다.

박 대통령은 박 사장에게 인사권, 경영권 전부를 부여했다. 박태준은 우수했다. 제철 산업의 황무지 한국에 세계적인 철강회사를 만들어냈다. 한국이 제철 회사를 시작할 때 IBRD(세계은행)에 차관제공을 신청했다. IBRD는 차관제공을 거절했다. 한국은 철강산업을 성공시키지 못한다고 비관적인 견해를 보였다. 그 배후에는 지폐 박사가 있었다. 지폐 박사는 IBRD 고문이다. 박태준이 포항제철을 성공적으로 키우자 지폐 박사는 "내가 몰랐던 것이 하나 있었다. 박태준이라는 사람이 기적을 일으킬 줄을 몰랐다."고 후에 말했다.

박태준은 포항제철을 10년 만에 조강 능력 1000만 톤에 이르게 했다. 미국의 철강왕 카네기는 창업 35년 만에야 1000만 톤 조강 능력을 기록했다. 포항제철의 박태준은 세계철강업계에서도 높은 수준의 명성을 가졌다. 1978년 8월 중국의 실권자 덩샤오핑이 일본을 방문했다. 덩샤오핑은 일본의 최대 제철소 기미쓰 제철소를 둘러보고 이와나미 요시히고 신일본제철 회장에게 "중국에도 이런 제철 회사를 세워줄 수 있겠는가"고 물었다. 이와나미 회장은 "중국에는 박태준이 없지 않느냐"고 대답했다. 박태준의 성공, 그 것은 한국이 철강산업이 성공했다는 것을 의미하는 것이고 공업화 기반구축에 성공한 것을 의미한다.

이야기를 다시 현대조선과 포항제철로 되돌려보자. 현대조선과 포항제철은 초기에는 동반성장하는 좋은 관계였다. 그러나 시간이 흐르면서 균열이 생겨나기 시작했다. 현대그룹은 선박용 후판과 자동차용 강판을 대량 공급받는 입장에서 제철 회사에 사사건건 을(乙)이 되는 것에 불만이 쌓여갔다. 대량 소비자인데도 을이 될 수밖에 없는 것은 참기 힘든 일인 것이다. 그래서 현대그룹은 자체 제철 회사를 만드는 구상을 하게 되었으나 포철의 박태준 사장, 그리고 정부도 호의적이지 않았다. 오히려 견제구를 날렸다.

1977년 현대중공업이 제2종합 제철소 설립계획을 정부에 제출했다. 현대는 정부의 자금지원 없이도 제철소를 키울 수 있으며 그룹 내의 연관기업들의 기술과 능력을 활용할 수 있다는 점을 강조했다. 현대그룹은 1978년 인철 제철을 인수함으로써 제철 산업에 대한 확실한 의지를 보여주기도 했다. 현대그룹은 공기업과 민간기업이 경쟁해야 국제경쟁력이 강화 될 수 있다고 강조했다. 포스코는 이에 대해 국가기간산업의 공익성을 내세우면서 민간제철소를 세우는 것은 부적절 하다고 맞섰다. 초기의 좋은 관계는 사라지고 적대적 관계로 변했다. 정부 내에서도 의견이 엇갈렸다.

결국 박정희 대통령이 결정을 내렸다. 포스코에게 제2제철소 사업권을 주도록 했다. 정주영 회장은 꽤 억울해 했다. 포스코는 그 사업권 획득에 따라 전남 광양만에 광양제철소를 지었다. 포스코는 1985년에 공사를 시작해 1992년 여의도 면적 7배의 부지에 세계 최대 규모의 제철소를 완공했다. 포스코의 조강 능력은 연 2천만 톤을 넘어서게 되었다. 포스코는 2000년에 민영화 되었고 2002년에 현재의 이름을 갖게 되었다.

현대는 1994년에도 제3제철소 설립을 위해 애썼지만 철강공급

과잉을 들어 정부는 허용하지 않았다. YS정권 때의 일이었다. 일부에서는 1992년 대통령 선거후유증이라고 말했다. 정주영 회장이 대통령에 출마, 김영삼 대통령과 맞선 것을 의식한 말이었다.

정몽구 회장은 그룹의 회장에 오르자마자 정부의 반대에도 불구하고 경남 하동에 제철소 건설을 추진했다. 1997년 10월 경상남도와 제철소 유치 및 건설을 위한 기본 합의서에 조인까지 했다. 환경과 교통 영향 평가를 마치고 1999년에 착공할 계획이었다. 그러나 1999년 IMF 사태를 맞으면서 무산되었다.

정몽구의 현대제철

정몽구 회장은 IMF 이후 부실화 되거나 경영난을 겪는 회사들을 공격적으로 인수하기 시작했다. M&A가 기업의 성장전략으로 떠오른 시대적 흐름을 정몽구 회장은 받아들인 것이다.

IMF 이전 정주영 창업 회장은 기업의 M&A를 부도덕한 일로 혐오하는 편이었다. 정주영 회장은 1978년 인천제철과 대한알미늄(현 노벨리스코리아)을 인수했던 일에 대해 그의 회고록에서 다음과 같이 적고 있다.

"기업이라면 덮어놓고 도매급으로 '정경유착', '문어발'로 매도하는 풍토속에서도 내가 항상 당당할 수 있었던 것은 그때까지 우리 '현대'는 남의 기업을 인수받은 적이 단 한번도 없었다는 사실 때문이었다. 그때까지 내 산하의 모든 기업은 우리 아버님께서 돌밭을 일궈 한뼘 한뼘 옥토를 만드셨 듯이 말뚝박기에서부터 굴뚝

올리기까지 전부 다 그렇게 만든 것이다. 우선 누군가가 죽을 힘을 다해서 만들어 키우다가 여의치 못해 넘어가게 생긴 기업을 인수받는 것은 내 성격상 별로 하고 싶지 않은 일이다. 자신의 회사를 설립하고 운영하는 과정에서 겪었을 그 기업주의 노심초사와 남모르게 흘렸을 그 사람의 눈물과 고생을 나는 안다. 그런 업체를 헐값으로 인수 받아서 내 업체로 만드는 것이 어쩐지 남의 불행을 발판삼아 내 이득을 취하는 것 같아 싫었고, 지금도 싫다. 잘라 말하면 어떤 업종을 해보고 싶으면 내가 창업을 하면 된다. 또 우리 현대의 비약적인 성장을 정치 권력과의 결탁에 의한 '공짜 성장'으로 생각하는 일부의 사시안도 남의 기업 인수를 망설이게 하는 이유 중 하나였다."

정주영 회장은 인천제철과 대한알미늄을 인수한 까닭이 사업적인 이유뿐만 아니라 두 회사가 개인기업이 아닌 국영기업이었기 때문이라고 했다. 정주영 회장은 M&A에 관해서는 보수적인 견해를 가지고 있었던 것이다.

정몽구 회장은 2000년 3월 아연 형강업체 강원산업, 12월에는 삼미특수강을 인수했다. 인천제철은 2001년 4월 현대차그룹에 편입된 뒤 INI스틸로 이름을 바꾸었다. INI스틸은 2004년에 한보철강의 당진제철소를 현대강관의 후신 현대하이스코와 공동으로 인수해서 포스코에 이은 제2인자 자리를 확보했다. 자동차의 경쟁력은 강판에 있다는 것이 정몽구 회장의 지론이다. 정몽구 회장은 그의 지론에 따라 집념과 결단으로 한보철강 당진제철소 인수전에서 포스코와 동국제강 컨소시움을 물리쳤다.

이 싸움이 얼마나 치열하고 특이했는가는 현대와 포스코가 동일한 입찰 가격을 써낸 것만 보아도 알 수 있다. 경쟁 입찰사(史)에서 찾아보기 힘든 일이 일어난 것이다. 가격은 같았지만 다른 면에서 현대가 높은 점수를 얻어서 승리한 것이다.

　한보철강은 흥미있는 역사를 가지고 있다. 한보철강의 창업자는 정태수 회장이다. 경남 진주 출신인 정회장은 세무공무원으로 사회 생활을 시작했지만 기업인으로 변신했다. 강남에 은마아파트를 건설, 이를 성공시켜 재벌 덤에 올라섰다. 정태수 회장은 건설업에서 벗어나 철강 산업에 진출하고 포스코에 이은 제2의 철강회사를 만들겠다는 구상으로 한보 철강을 창설했다. 정태수 회장은 차입경영방식으로 무리한 부채를 짊어졌다. 부채는 5조원대에 달했다. 결국 부도를 냈고 IMF 사태를 촉발시킨 기업이라는 불명예를 안았다. 한보철강은 부도 끝에 포스코의 위탁경영과 법정관리를 거쳐 2000년에는 네이버스컨소시엄이, 2003년에는 AK캐피탈컨소시엄이 인수를 시도했으나 무산되었고 2004년에 현대에 인수되었다. 정몽구 회장은 당진제철소로 사명을 바꾸고 공장 업그레이드에 심혈을 기울였다. INI스틸은 2006년 3월에 「현대제철」로 상호가 변경되었고 2008년 세계금융위기도 무난히 넘겨 2010년 4월에 일관제철소의 면모를 갖추게 되었다.

　정주영 창업회장, 정몽구 회장이 그토록 염원해 온 일관제철소를 갖게 된 것이다. 당진제철소는 철광석을 밀폐된 컨테이너로 이송하고 돔(Dom)형 저장고에 보관하는 세계 최초의 친환경 제철소이기도 하다.

24

현대조선, 세계의 조선(造船)산업

정주영 현대그룹 창업 회장은 1972년 3월 현대중공업(구 현대조선소)를 창립했고 이것이 본격적 의미의 한국의 조선산업 효시로 볼 수 있다. 따라서 정주영 회장은 현대조선을 통해 국토를 해양으로 넓혔고 자동차(현대차)를 통해 대륙으로 국토를 넓힌 셈이다. 현대중공업은 창업 10년 만인 1983년에 글로벌 1위가 되었다. 세계 조선사(史)에서 아직까지 찾아볼 수 없는 대기록이다.

인류는 언제부터 배(선박)를 만들었을까. 인류가 배를 만들려는 욕구를 갖게 된 것은 강이나 대양을 건너고 싶은 욕망에서였을 것이다. 배를 만드는 기술은 수 만년 동안 발전되어 왔다. 무수한 난파와 표류와 인명 손실을 거듭했다. 학자들은 인간이 대양 항해에 필요한 배를 건조한 역사는 12만 년 전으로 말하고 있다. 그러나 이것은 명확한 자료에 의해서가 아니다. 오늘날 인류가 만든 배 중 가장 큰 것은 유조선으로 길이가 458m나 된다. 컨테이너선은 컨테이너 2만 개를 싣는 규모이고 크루즈선은 톤수가 「타이타닉호」의 다섯배다. 현대적 조선기술에 기초를 둔 조선산업은 19세기 산업혁명 이후에 개화되었다. 물론 대영제국이 선두주자였다.

영국은 1588년 스페인의 무적함대를 격파한 이후에 세계의 바다를 지배해왔다. 그 여세로 1890년대에는 세계 조선시장의 80% 이상을 차지한 절대강자였다. 그러나 영국의 점유율은 1980년대 말엔 0%로 떨어졌고 호화요트 부분에서만 경쟁력을 유지하고 있다. 무적의 영국해군이 쓰는 오늘날의 유조선은 한국이 만든 것을 쓰고 있다.

미국도 20세기 초에는 조선 강국이었지만 경쟁력을 상실해서 군함과 잠수함 건조기술만 보전해 오늘에 이르고 있다. 현재 시장 점유율은 1% 정도다. 미국이 조선 분야에서 점유율이 떨어진 것은 레이건 정부의 신자유주의에 따른 정부 지원 중단이 가장 큰 요인으로 꼽히고 있다. 미국의 해운업도 1950년대 50%를 차지하던 시장점유율이 레이건 말기에는 5%로 내려앉았다. 정부 산업정책 여하에 따라 일국의 특정 산업분야가 쇠락할 수 있다는 것을 잘 보여 주는 예라 할 수 있다.

영국의 조선산업 사양화에 따른 가장 큰 이익을 본 나라는 일본이었다. 일본은 조선산업 세계 1위 국가 지위를 30여 년간 누렸다. 2차대전 전후복구에 조선산업이 큰 역할을 했다.

한국이 일본의 1위 자리를 이어받았다. 현대중공업이 나타나면서부터다. 일본 1위인 이마바리 조선의 수주잔량은 현대중공업의 절반에도 못 미친다. 한국은 중국의 도전을 받고 있다. 중국은 일부 선박 분야에서는 한국을 뛰어넘고 있다.

조선 선발 국가들의 쇠락의 가장 큰 요인은 조선산업의 정치적 성격이다. 조선산업은 고용 창출 효과가 매우 크다. 그렇기 때문에 정치권에서 신경을 쓰지 않을 수 없고 노조의 요구가 다른 산업에 비해 잘 관철된다. 이는 자연스럽게 고비용으로 연결되고 국제경쟁력을 저하시킨다. 조선산업 패권이 영국→일본→한국→중국으로 진행되어 온 것은 이를 잘 반영해 주고 있는 것이다. 그러나 선박 역사 연구가들은 조선산업의 정치적 성격과 더불어 기술력의 저하를 쇠락의 중요한 요인으로 지적하고 있다.

2차 대전 이후에 건조되는 선박의 규모가 달라졌다. 조선소에 대한 대규모 시설 투자가 뒤따라야 한다. 정부의 정책금융도 필수다. 영국의 조선 업계나 금융계는 이를 따라잡지 못했다. 일본은 2차 대전 이후에 모든 것이 파괴되었기 때문에 새로운 조선산업을 발전시킬 수 있었다. 그리고 영국을 앞질렀다. 한국은 영국과 일본이라는 좋은 반면교사를 가지고 있다. 조선산업이 철저한 시장 원리에 따라 고비용 구조로 가는 것을 막아야 한다. 조선산업은 부가가치의 30%가 선박 건조 사업장에서 발생하고 나머지 70%는 협력업체들에서 발생한다고 한다. 경제 전체에 활력을 불어넣을 수 있는 사업이다. 한국은 조선업의 글로벌 1위 자리를 오랫동안 지켜야 한다.

그린(Green)조선

자동차에서 전기차나 수소차가 새로운 트렌드로 주목을 받는 것과 같이 선박도 친환경으로 이동하고 있다. 아날로그 시대 조선의 강자였던 노르웨이는 액화천연가스를 동력원으로 하는 페리선 건조에서 글로벌 강자다. 수소선박 분야에서도 앞서가고 있다. 그린 선박은 자율운항 제어시스템, 선박 자동식별장치, 선박 원격제어기술 같은 최첨단 기술을 사용해서 건조되는 선박이다. 이런 기술들은 안정성을 높이고 선박이 스스로 최적 항로를 찾아갈 수 있게도 한다. 자율운항 선박은 기존 선박에 정보통신기술(ICT)과 스마트 기술 들을 융합해 선원의 역할을 시스템이 대체함으로써 최소인원만으로 운항이 가능한 배를 말한다.

기존의 조선 분야에서 한국과 중국에 뒤진 일본은 스마트 조선에 올인하고 있다. 일본 정부도 적극적으로 지원하고 있다. 일본에게는 스마트 기술만이 한국과 중국에 뒤진 것을 만회할 수 있는 길인 것이다.

현대중공업은 이 분야에서 선두주자다. 2013년에 이미 해상도가 뛰어난 선박용 디지털 레이더를 국산화했고 2014년에는 충돌회피 지원 시스템(HICASS)을 개발했다. 50킬로미터 거리에서 작동한다. 2017년에는 통합 스마트 솔루션 선박을 선보였다. 정보통신기술을 적용해서 안정적인 선박 운항과 관리를 지원하는 시스템을 장착한 것이다. 2019년 말 현재 약 200척의 스마트 선박을 수주해서 80여 척을 인도했다. 세계 선박 건조업계에 새바람을 일으킨 것이다.

2019년에 현대중공업 그룹은 KT와 5G 스마트 조선소 구축을 위한 협력에 합의했다. 울산현대중공업 야드에서는 산업 안전, 비용 절감 생산성 증대를 목적으로 하는 다양한 디지털 트랜스포메이션 솔루션이 구축되고 있다. 현대중공업과 KT는 디지털로 최적화 운영되는 초일류 조선소라는 슬로건 아래 육상에서는 5G, IoT 확대적용을 통한 제조업의 혁신, 해상에서는 5G 기반 조성 해양 스마트 통신 플랫폼 개발과 자율운행이 가능한 스마트 선박을 위해 협력한다. 한국인에게는 첨단기술을 적용해 배를 만드는 DNA가 있다. 거북선이 그것이다. 500년 전 이순신 장군이 거북선이라는 철갑선을 만들었다. 영국은 19세기 중반에야 철을 사용한 선박을 만들었다.

정주영 회장이 영국 바클레이즈 은행으로부터 차관을 획득하기 위해 그 첫 관문인 A&P 애플도어 회장에게 거북선이 그려져 있는 500원권 지폐를 내보이면서 한국이 영국보다 300년이나 앞서 철선을 건조했다는 사실을 말해 차관 획득에 성공했다. 현대중공업의 글로벌 1위 조선사 군림은 우연이 아니다.

LNG선(船) 시대

현대중공업은 LNG 운반선과 LNG 추진선 두 분야에서 글로벌 1위다. 가스를 배로 운송하는데는 고도의 기술이 요구된다. 가스를 영하 162도로 냉각시켜 1/600 부피의 액화 천연으로 만든다. 에너지 회사들은 LNG선 확보에 언제나 어려움을 겪고 있다. 2018년 말에 약 50척의 LNG 선박이 건조되어 전 세계 약 550척 이상의 LNG 선박이 운항중이지만 턱없이 부족하다고 한다.

1959년 1월 미국이 걸프만에서 영국으로 세계 최초의 LNG선을 운행했다. 한국은 1986년 한국가스공사가 인도네시아로부터 LNG 수입을 시작했을 때 인도네시아 정부에 우리 조선사가 건조한 배를 사용하도록 강력히 요청했고 이것이 받아들여져 LNG 운반선을 만들게 됐다. 대단한 선견지명이 있는 요구였고 이를 뒷받침할만한 현대중공업을 가지고 있었던 게 행운이었다.

현대중공업은 그때 「유토피아」 1호 LNG 운반선을 탄생시켰다. 현대상선 선박으로 1994년에 취역했다. 현재 유토피아호는 현대 LNG 해운 소속이다. 2014년 경영 위기의 현대상선이 자구계획 이행으로 LNG 운송산업 부분을 IMM 인베스트먼트에 매각해 탄생한 회사다. 그 이후 한국의 조선사들은 LNG선과 LNG 추진선 건조기술을 꾸준히 쌓았다. 친환경 선박의 수요증가로 원유 운반선도 LNG 추진선 형태가 늘어나고 있다. 2019년 4월 현대삼호중공업은 세계 최초의 LNG 추진 유조선 6척의 인도를 완료했다. 현대중공업도 2019년 8월에 첫 LNG 추진 유조선을 인도했는데 현대중공업 그룹은 세계에서 가장 많은 50여 척의 LNG 추진선 수주량을 보유하고 있다.

국제해사기구(IMO)의 규제강화로 벙커C유나 디젤유를 사용하는 선박들은 2020년부터 황산화물(SOx) 배출을 현행 3.5%에서 0.5% 이하로 줄이는 탈황장치인 스크러버를 달거나 아니면 아예 LNG를 동력으로 사용해야 한다. 영국 클락슨 리서치사(社)는 2025년까지 약 2천척의 LNG 추진선이 건조될 것으로 전망하고 있다. 환경규제로 선박 건조시장에 새로운 수요가 생겨나게 되어 이 부분에서 선박 건조 호황을 기대할 수 있게 됐다.

이제 우리나라 조선사들은 2위 일본을 여유 있게 따돌리고 LNG선 건조에서 글로벌 1위에 있다. 2021년 대형 LNG 운반선 발주에서 89.3%의 시장점유율을 보이고 있다. 고부가가치 선박 세계 발주량 수주 302척 중 65%에 해당하는 191척을 수주해 시장점유율 1위를 달렸다. 친환경 선박의 경우도 전 세계 발주량 1709만CGT 중 64%에 해당하는 1088CGT를 수주하여 전 세계 수주량 1위를 달성했다.

LNG선은 아직 원유 운반선에 비해 차지하는 비중이 작다. 그러나 세일가스 덕분에 세계 제4위 가스 수출국이 된 미국이 중동 석유 의존도를 낮추고 있어 국제정치와 안보 환경까지 변화하게 된다는 전망이 있는 만큼 천연가스는 미래 세계 경제와 국제 정치에 큰 변수가 될 것이고 LNG와 LNG선의 중요성도 높아질 것이다. 한국 조선 업계의 LNG선과 LNG추진선의 중요성도 높아질 것이다.

한국 조선 업계가 천연가스가 세계 경제와 국제정치의 큰 변수로 떠오른 시점에 LNG선과 LNG추진선 건조의 심장부 역할을 하게 된다는 것은 의미심장한 일이다.

대우조선의 부침

한국의 조선 사업은 1972년 3월에 현대중공업(현대조선)이 탄생했고 삼성그룹의 삼성중공업은 1977년에, 대우조선(대우조선해양)은 1981년에 출범했다.

삼성그룹 이병철 회장이 조선 사업에 뛰어든 것은 그의 사업력에 하나의 예외를 이루는 케이스다. 이 회장은 남의 뒤를 따라 사업을 시작하는 것을 금기로 삼아왔기 때문이다.

대우조선은 대한조선공사가 1973년 10월경 남거제시에 옥포조선 건설을 시작했지만 1차 오일쇼크로 중단되고 1978년 김우중 대우그룹 창업자가 인수해서 대우조선으로 사명을 바꾸었다. 옥포조선소는 1981년에 준공된다. 1994년에 대우중공업에 합병되었는데 2000년 대우그룹이 해체될 때 워크아웃 상태에서 대우조선으로 분리되어 독립했다. 2002년 대우조선해양으로 상호를 변경했다. 2016년 외부감사인 딜로이트 안진이 대규모 회계 분식을 자백했다. 감사원이 감사에 들어갔는데 2년간 1조 5천억 원의 분식회계를 한 것으로 드러났다. 더구나 2천억원에 달하는 성과급 잔치를 벌인 사실도 드러났다. 감사원 감사에 이어 검찰 조사에서는 2006년부터 2년간 총 5조원의 분식회계를 한 것으로 드러났다. 2016년 말 10:1의 감자처분 되었다. 분식회계 내용에서 드러난 부실경영 실상은 일반의 상상을 뛰어넘는 것이었다. 임원들이 언론인을 "모시고" 전세기로 호화 유럽 유람 여행을 했는가 하면 사외 이사는 정관계 인맥구축을 위해 전문성도 없는 인사들로 채워졌다. 여기에다 60여 명의 외부인사들이 역할도 불분명한 "자문역"같은 직함으로 보수를 챙겨갔다는 것도 밝혀졌다. 이런 비용은 추후 국민들의 세금으로 충당되었다.

관리 주체인 한국산업은행은 여러 차례 대우조선해양의 민간 매각을 시도했다. 2008년이 되어서야 포스코, GS, 한화그룹이 인수전에 뛰어들었다. 포스코와 GS는 컨소시엄을 구성해 인수전에 참여했지만 결렬되는 바람에 한화가 우선협상 대상자가 되었다. 여기서 누구도 예상하지 못했던 일이 발생했다. 한화는 M&A 이행보증금으로 3150억 원을 산업은행에 예치했는데 2008년에 국제금융 위기가 발생했고 한화는 자금 조달에 실패해 결국 인수계획은 무산되었다. 한화와 산업은행 사이에 이행금 몰취사건의 소송이 진행되었고 대법원의 판단까지 받게 되었다. 대법원은 산업은행이 M&A이행보증금 3150억원 전액을 몰취한 것은 「과도한 액수」라고 보았고 하급심은 이 금액이 「위약벌」이라고 보았다. 대법원이 서울고등법원에 사건을 돌려 보냈는데 대법원 판결에 따르면 금액이 과도하면 「감액」이 될 수 있다는 것이다.

대우조선해양 사건을 보면서 우리는 앞에서 본 기아자동차의 경우를 떠올리지 않을 수 없다. 오너가 없는 회사, 경제적 이해관계가 없는 주체들이 회사를 사적 이익 추구에 이용하면 회사는 파산에 이르고 만다는 사실이다. 대우조선해양은 결국 국책은행의 자본 확충 펀드까지 조성되는 일까지 벌어졌다. 펀드 규모는 무려 6조 7천억원이었다. 전액 국민 세금으로 채워졌다.

한국조선해양 탄생

한화그룹의 대우조선해양 인수 시도가 불발된지 약 10년이 지난 2019년 1월말 산업은행은 빅뉴스를 발표했다. 현대중공업 그룹(정몽준)이 대우조선해양을 인수하기로 했다는 것이다. 위기에 처한 한국 조선산업의 재도약을 위한 결단이라고 했다.

그런데 현대중공업이 대우조선해양을 직접 인수하는 것이 아니라 한국조선해양이라는 회사를 새로 만들어 대우조선을 그 자회사로 편입하는 방식으로 한다는 것을 공개했다. 이를 위해 현대중공업은 물적 분할을 실시해 기존의 현대중공업은 비상장 회사로 남고 새로운 회사인 한국조선해양이 탄생했다.

한국조선해양은 현대중공업의 모회사인 동시에 현대중공업과 대우조선해양, 그리고 현대미포조선과 현대삼호중공업 모두를 아우르는 조선업 모회사가 된다. 조선업에서 세계적 거인이 탄생하는 것이다. 한국조선해양은 현대중공업의 주가 약 34% 지분으로 최대주주이고 국민연금이 11.2%, KCC가 6.6% 지분을 보유한다. KCC는 R&D와 엔지니어링을 전문으로 하는 회사다. 현대중공업 그룹은 경기도 파주에 GRC(Global R&D Center)를 건립을 진행하고 있다. 5천명의 연구개발인력이 상주하는 것이 목표다. 스마트 조선과 친환경 조선은 원가경쟁력이 아니라 기술경쟁력이 관건이기 때문이다.

현대중공업 그룹의 대우조선해양 인수는 EU와 세계 각국 관련 당사국의 기업결합 승인을 기다리고 있다. 현대중공업 그룹이 대우조선해양을 인수하는 것은 세계 조선업계 경쟁관계에 큰 파장을 일으킬 수 밖에 없고 업계 판도를 바꾸기 때문에 세계 관련 당사국들의 기업결합 승인이 필요한 것이다. 이 계획은 결국 EU측의 반대로 무산되었다.

현대삼호중공업

현대삼호중공업은 지금은 현대중공업 그룹의 계열 회사지만 원래는 한라그룹의 인천조선이었다. 인천조선은 1976년에 정주영 회장의 첫째 동생 정인영 한라그룹의 현대양행 인천조선소를 기반으로 출발했는데 1977년 독립 법인이 되었다. 1990년에는 한라중공업으로 사명을 바꿨다. 1992년 전남 영암에 새 조선소를 짓고 1996년 1호 선박을 건조했다. 1999년 IMF위기때 한라그룹이 부도처리 되자 5년간 위탁경영하고 회생 후 매각시 우선 협상 대상자로 지정해 준다는 조건으로 현대중공업이 떠맡았다. 가교 회사 RH중공업을 거쳐 1999년 소재지 이름을 딴 삼호중공업으로 변경했고 2002년 위탁 경영 종료 후 현대중공업이 정식으로 인수해서 현대중공업 그룹에 편입되었다. 2003년에 현대삼호중공업으로 이름을 다시 정했다. 세간에서는 현대삼호중공업을 현대중공업과 혼동한다. 특히 같은 서해안에 위치한 군산에 현대중공업 도크가 운영되고 있을 때는 더 그랬다. 현대삼호중공업은 사업 내용도 현대중공업과 동일하다. 즉 LNG선, VLCC, 컨테이너선 등 같은 선종들을 같은 규모로 건조한다.

현대삼호중공업은 2013년 10월 세계 최초로 LNG선을 육상 건조하는데 성공한 회사이기도 하다. 육상건조 공법은 땅위에서 배를 건조한 다음, 배를 해상 플로팅 도크로 이동시킨 후 진수하는 방식이다. 2020년 1월에는 세계최대 중량물 이동 기록을 경신하면서 100번째 선박 육상 건조에 성공했다. 일본 미쓰비시 그룹의 해운사인 NYK(니폰유센)가 발주한 297미터, 3만9천톤에 이르는 LNG운반선을 분당 평균 1.8 미터씩, 3시간 반 동안 350미터 이동시켰다. 기네스북에는 1만 5천톤이 기록으로 적혀 있는데 두배 이상 초과한 기록이다.

　지금까지 현대삼호중공업의 육상건조장에서 건조된 선박은 유조선이 47척으로 가장 많고 가스선 19척, 살물선 18척, 컨테이너선 16척 등이다. 유조선 중에는 최근 각광받고 있는 LNGDF(Dual Fuel) 시스템을 장착한 선박 6척도 포함된다. 현대삼호중공업은 LNG선 건조 능력을 두배로 확대해서 연간 8척을 연속 건조할 수 있는 전문 작업장으로 육상 건조장을 육성하고 있고 2020년에는 육상건조장에서만 1조 8천억원의 매출을 달성할 것으로 기대되고 있다. 현대 삼호 중공업의 연 매출의 40%이다. 현대삼호중공업은 호남 지역에 본사를 둔 몇 안되는 대기업 중 대표기업이다. 약 1만 3천명을 고용해 목포 경제를 떠받치다시피 하고 있다. 목포에는 대불 공단이라고 하는 대불 국가산업 단지가 있다. 1996에 조성이 완료 되었다. 현대삼호중공업의 협력사들이 이 공단을 가득 메우고 있다. 목포 경제에 활력을 더해주고 있다.

현대미포조선

울산 현대중공업의 서쪽에서 현대자동차 공장과 나란히 울산 항을 마주 보고 있는 현대미포조선은 중형 선박 제조사다. 중형 선박 글로벌 시장 점유율 1위다. 현대삼호중공업과 더불어 현대중 공업 그룹 계열 회사다. 원래 미포만에 있었기 때문에 미포조선이 라 했는데 지금은 방어동으로 이전했지만 이름은 그대로 쓴다.

미포만! 현대그룹에게는 감회가 남다른 곳이다. 정주영 창업 회 장이 영국 런던에서 현대 조선을 세우기 위해 차관 교섭과 선주를 찾고 있을 때 미포만의 소나무 몇 그루 백사장 사진을 가지고 이곳 에 조선소를 지으려고 하니 나를 믿고 차관도 주고 유조선 건조도 맡겨 달라고 했던 곳이다.

현대미포조선은 1975년 일본 가와사키 중공업과 합작으로 설 립되었다. 선박수리 사업 위주로 출발해서 신조선회사가 되었다. 1995년에 총 수리 6천척, 2018년에 총건조 1천척 기록을 세웠 다. 1988년 구소련제 선박을 미 수교국 중 최초로 수리했다. 정주 영 창업 회장이 고르바쵸프 소련 대통령과 회동한 결과물이었다. 1991년에는 국내 최초로 중국 선박을 받아들였다. 현 총 3800명 의 인원이 연간 80척을 건조한다. 주력 선종은 석유화학운반선, 컨테이너운반선, 로로(RoLL-on/RoLL oFF) 선의 일종인 컨로선 (Con-Ro), 아스팔트 운반선이다. 세계 최고의 에코십 기술을 가지 고 친환경 선박시장을 석권하고 있다. LPG운반선과 해양작업 지 원선(PSV), 콤보선박(Combo), 오픈해치 일반 화물선, 주스운반선, 냉동 컨테이너 운반선, 에틸렌가스운반선등 고부가 특수선에 진출해서 경쟁력을 높이고 있다.

현대미포조선은 사업다각화와 기술 수출 일환으로 베트남에 진출해 현대-비나신조선(HVS)을 설립했다. 이 회사도 선박 수리제조업으로 출발했다가 2009년 신조사업으로 전환 후 꾸준히 성장해오고 있다. 2019년 2월, 10년만에 100척 건조 기록을 세웠다.

HGS(현대글로벌서비스)

덩치가 큰 중후장대형의 조선산업계에 디지털플랫폼 사업 모델이 진입하는 것은 놀라운 발상이다. 넷플릭스는 콘텐츠 생산 기업들과 소비자들을 연결하는 디지털 플랫폼이다.

국내에서 해양산업에 플랫폼 사업 모델을 도입한 회사가 현대글로벌서비스(HGS)이다. HGS는 현대중공업 그룹의 지주회사인 현대중공업 지주가 100% 주주다. 계열회사들의 선박용 부품과 기자재 그리고 수리 협력사들과 사업 협력 관계를 구축하고 고객사들에게 부품과 엔지니어링 패키지 솔루션을 제공한다. 수입원은 물론 서비스료. 넷플릭스 경우와 마찬가지로 이 과정에서 락인(Lock- In) 효과가 발생한다. 고객사는 개별 니즈에 맞는 서비스를 "구독"할 수 있게 되고 높은 로열티가 형성된다. HGS는 2016년 11월에 출범했다. 현대중공업 자체가 수행할 수도 있지만 한단계 높은 구상을 통해 독립으로 탄생했다. 현대중공업 그룹내 복수의 조선사들이 수행하는 서비스 기능을 통합하면 당연히 시너지가 발생한다. 조선사들은 통상 제품(배) 인수도 후 1~3년의 무상 보증기간을 거쳐 유상 A/S로 전환하는데, 현대중공업 그룹에서 건조된 선박에 대해서는 독립된 전문회사가 단독으로 유무상 A/S를 제공한다면 고객 관계가 더 공고해 질 수 있다. 조선 사업은 스마트 조선이 성장하고 있지만 최종 제품인 선박 자체의 대규모성 때문에 디지털화에는 한계가 있다.

HGS는 선박 제조가 아닌 해양산업 생태계 전체에 착안한 혁신적인 비즈니스 모델이다. 사업의 핵심 가치를 오프라인이 아닌 온라인 중심으로 확대해 나갈 수 있는 무한한 잠재력을 가지고 있다. HGS의 매력은 연관 산업의 상황이 어떻게 변하더라도 고유 역량만 지키고 있으면 얼마든지 성장이 지속된다는 것이다.

HGS가 2017년 2403억 매출이었지만 2019년 8090억으로 늘어난 것이 모델의 잠재력을 보여준다. 2026년에는 선박 유지보수 시장 규모가 46조원대로 커질 전망인 만큼 경쟁력을 높여 가면서 사업의 포트폴리오와 고객 기반을 높여 갈 수 있을 것이다. HGS는 실제로 로테르담, 아테네, 싱가포르, 휴스턴, 콜롬비아 등지에 거점을 구축해 높고 있다.

HGS는 기업 지배 구조 차원에서 새로운 시도를 하고 있다. HGS는 현대중공업 그룹의 3대 주주인 정기선 부사장(정몽준 회장 장남) 주도로 출범했고, 정 부사장은 회사의 공동대표를 맡고 있는데 HGS는 정 부사장의 개인 지분 없이 지주회사의 100% 자회사로 설정되어 있다. 이것은 일부 대기업에서 나타나고 있는 일감 몰아주기 논란으로부터 자유로운 상태에서 경영 역량을 발휘하기 위한 것이다.

HGS는 2022년 매출 2조원, 영업이익 4천억원을 목표로 하고 있다. 이 목표를 달성하면 5년만에 10배의 외형성장이 된다. 정주영 창업회장이 아날로그 시대에 국가 발전 전략에 부응하면서 창업한 유서 깊은 "현대중공업"이라는 기업이 이른바 3세 경영시대에 디지털 스마트 기업으로 변신에 성공했다는 기록이 작성될 것이다.

정의선 회장과 로보틱스

정의선 현대자동차 회장은 2022년 5월 22일 대한민국 서울 하얏트 호텔 후원에서 바이든 미 대통령과의 미팅에서 로보틱스, 도심항공교통(UAM), 자율주행 소프트웨어(SW)등 미래 신산업분야에 50억 달러를 미국에 투자하겠다고 공식화했다. 로봇산업이 새삼 자동차와 결합해 새로운 미래산업으로 떠오르게 됐다.

자동차 공장에서는 인간의 팔을 닮은 로봇들이 부지런히 움직이면서 조립 작업을 하는 것을 볼 수 있다. 이 6측 다관절 로봇이 1969년에 처음 나왔을 때 스탠퍼드 팔(Stanford Arm)이라고 불렀다. MIT를 졸업하고 스탠퍼드대 기계공학과 대학원생으로 있던 사이먼(Victor Scheinman)이 학교 랩에서 개발한 것이다. 그 후 1970년대부터 산업용 로봇은 미국의 GM, GZ, 유럽의 ABB등 대기업들과 여러 창업 기업들의 참여로 급속히 발전하기 시작했다. 국제로봇연맹(IFR)에 따르면 2017년 말 현재 지구상에 약 200만대가 넘는 로봇이 있는데 2021년에는 380만대까지 증가할 것이라고 한다.

가장 로봇을 많이 사용하는 산업은 자동차로 33%의 비중이다. 로봇을 활용한 생산작업은 1913년 포드자동차가 도입한 컨베이어시스템으로 그 기원이 올라간다. 100년이 흐른 지금, 포드자동차의 조립 라인에서는 약 2만대의 로봇이 움직이고 있다.

현대의 로봇사업은 현대중공업의 일부로 있다가 현대중공업지주 사업부문으로 분리된 후 2020년 초에 현대중공업지주의 자회사로 물적 분할된 현대로보틱스가 맡고 있다. 1985년에 발족했던 현대중공업 내의 로봇사업부가 스포트로봇 1대를 만들어 현대차에 판매한 것이 계기가 되어 법인화했다. 현대로보틱스는 독립 이후 산업용 로봇의 해외 진출을 가속화하고 스마트 팩토리, 스마트 물류, 모바일 서비스로봇 등 신산업을 확대해서 2024년에는 매출 1조원을 달성한다는 계획을 내놓고 있다. 현대로보틱스의 신산업 확대는 현대중공업 조선소와 스마트화에도 영향을 미치게 된다. 현대로보틱스는 향후 5년간 국내 스마트 물류 자동화 시장이 급격히 성장해 1조원 규모에 달할 것으로 전망하고 있는데, 시장 선점을 위해 "현대 L&A"라는 합작 법인을 설립했다. 스마트 물류 자동화 사업은 현대중공업의 선박 자재 운영 효율성 향상에도 도움이 될 것이다.

산업용 로봇 해외 진출도 활발하다. 2018년말 중국에 진출해서 2019년에 전년의 네배가 넘는 3천만 달러를 수주했다. 2020년 초에는 유럽지사 설립을 완료했고 이를 기반으로 해외 진출을 확대해 나갈 전망이다.

로봇 작업은 인체에 유해한 물질을 다루는데 요긴하다. 위험한 작업 환경에서 효율을 발휘한다. 유사시 기계 고장이 인간의 부상을 대신한다. 로봇은 피로를 느끼지 않기 때문에 24시간 일할 수 있고 과로로 인한 실수도 없다. 일단 설치되면 전기료 정도의 비용만 소요된다.

2012년 아마존은 약 8억 달러에 키바(Kiva)시스템을 매입해서 아마존로보틱스로 이름을 바꾸었다. 자동화된 보관과 배송시스템을 제공하는 회사다. 아마존으로서는 두 번째로 큰 M&A였다. 4차 산업혁명 시대의 디지털 공장은 로봇이 구축하고 운용할 것임을 아마존은 파악하고 있는 것이다. 보스턴 컨설팅 보고서는 아마존의 키바 인수가 비용 절감과 배송 속도의 상승 효과를 가져왔다고 분석했다. 축구장 22개 넓이의 아마존 물류창고에서는 수천 개의 로봇들이 군대의 병사처럼 움직인다. 물건들을 찾고, 포장하고, 운반하는 로봇들의 움직임이 너무나 복잡하기 때문에 항공관제시스템을 사용한다. 로봇이 아니었다면 물류창고는 컨베이어시스템으로 꽉 차있을 것이고 오늘날과 같이 효율적인 아마존은 탄생하지 못했을 것이다.

로봇산업은 현재 일본과 유럽이 주도하고 있다. 스위스의 ABB가 약 280억 달러 매출로 글로벌 1위다. 2~3위는 일본의 화낙과 독일의 쿠키다. 국내 기업으로는 현대로보틱스가 글로벌 6위이고 해외 메이저들과 경쟁하고 있다. 세계 최대 로봇 수요처는 중국이다. 글로벌 수요의 36%를 차지한다. 중국 업체는 아직 자국 내의 시장 25%만을 커버할 뿐이다. 한국 업체들에게는 기회가 열려있다고 할 수 있다. 일본과의 경쟁이 가장 큰 변수다. 해외 진출의 기반인 내수시장은 좋은 편이다. 한 보고서에 따르면 한국 제조업은 세계에서 가장 로봇 밀집도가 높은 것으로 나와있다. 글로벌 평균의 8배다.

현대자동차그룹 정의선 회장의 로보틱스 미국 진출 선언은 의미심장하다. 전기차, 자율주행 소프트웨어등 4차 산업 혁명의 핵심 산업에 로보틱스를 접목하는 것은 이상적이다. 완성차 시장의 최대 격전지 미국에서 최강자로 군림하는 일은 어렵기 한이 없다. 정의선 회장이 한국자동차 3세(世)로서 미국 시장에서 펼칠 카드가 무엇인지 기대되는 것이다.

25

정몽근 회장과 현대백화점

　정몽근 회장은 정주영 회장의 세째 아들이다. 몽(夢)자 돌림에서 순위가 꽤 상위에 속한다. 왕자의 난(정주영 회장의 아들들의 재산 싸움)에서 휘말리지 않고 멀찌감치 떨어져 있었다. 그리고 조용히 나름의 사업 구상을 했고 오늘의 현대백화점 그룹을 만들었다. 현대백화점 그룹은 2020년 기준 재계순위 22위다. 현대가의 유통업 진출은 모두가 고개를 저었던 분야다.

　현대그룹은 중후장대형 사업이기 때문에 유통업과는 이미지가 연결되지 않는 것이다. 그러나 정몽근 회장은 이 분야에 대해 깊은 관심을 갖고 신념을 가졌다. 정몽근 회장은 부친인 정주영 회장에게 유통 분야 사업에 대한 포부를 설명하고 이 분야에 진출할 수 있게 해달라고 간곡히 청했다. 정주영 회장은 마침내 이를 받아들였고, 1985년 현대백화점 압구정 본점이 탄생했다. 당시 압구정동에다 백화점을 만든다는 것은 모험에 가까웠다. 1980년대는 서울의 상권은 강북지역에 집중되어 있었고 압구정동은 배나무밭에 아파트만 덩그러니 들어서 있었을 뿐 사업성이 높은 곳은 아니었다. 강북의 롯데백화점, 신세계, 미도파 백화점 상권에 도전한다는 것은 무모한 짓이라고 부정적이었다.

현대백화점 뿌리는 꽤 깊다. 현대건설이 압구정동 일대에 아파트 건축을 시작하고 입주자들이 증가하면서 자체 단지내 식자재를 포함한 생필품 공급이 필요해졌고 이를 위해 1971년 「금강산업개발」이 설립되었다. 금강산업은 현대그룹 계열사에 식자재 납품도 했다. 경부고속도로 금강휴게소를 30년 넘게 운영했다. 금강휴게소는 경부고속도로 건설과 깊은 인연을 가지고 있다. 현대건설이 경부고속도로에서 가장 애먹은 구간이 당재터널이었고, 이 구간 공사를 할 때 금강휴게소 근처에 임시 교량을 건설하기도 했다. 금강개발산업은 1971년에 오늘날의 강릉의 씨마크 호텔인 동해관광호텔도 오픈했다. 정주영 회장이 하계휴가 때마다 강릉에서 사원들과 씨름 대회를 가졌던 곳이기도 하다. 1977년 현대 쇼핑센터를 오픈했다. 현대백화점 그룹으로 독립한 것은 1999년 4월이다. 「현대백화점」이란 상호를 쓰기 시작한 것은 2000년 4월부터다. 현대백화점은 강남 개발이 완성되면서 강남의 핵심 상권을 형성했고 부유층이 이용을 많이 해 화려함과 우아함의 대명사처럼되었다. 2020년 4월 대치동으로 본사사무실이 이전하기 전까지는 압구정동 현대아파트 단지 내에 사무실이 있었고 초기 회사 이름이 남아있는 「금강」 근린센터가 그곳이다. 금강근린센터 본점이 꽤 오랫동안 아파트 단지 내에 있었던 것은 그곳이 명당자리이기 때문이라는 말이 있다. 현재의 현대백화점 압구정 본점 입구 좌측을 유심히 보면 "한국 최고의 명당 압구정"이라는 현판이 있다.

　현대백화점 그룹은 정몽근 회장이 키웠고 지금은 정지선, 정교선 두 2세 경영인이 경영을 맡고 있다. 정지선 회장은 현대백화점 17% 대주주이고 35세에 경영을 승계받았다. 정주영 회장의 3세들 중 가장 이른 승계였다. 정지선 회장은 외부에 크게 눈에 띄지 않는 조용한 리더십을 보이다가 2010년 회사 창립 39주년을 맞아 "비전 2020년"을 공표하면서 공격적인 경영으로 전환했다. 사업 다각화가 포함되어 있음은 물론이다. 10년 후인 2030년에는 그룹 매출 20조원, 영업이익 2조원 목표를 제시했다. M&A도 활발했다. 리바트, 의류회사 한섬, 2016년 SK네트웍스 패션 부분을 인수했다. 2018년에는 면세점 사업에도 진출했는데 무역센터점 개점에 이어 강북의 두산그룹 면세점도 인수했다. 한섬에 이은 국내 2위 가구 제조 회사 현대리바트는 원래 현대종합목재로 1977년 설립되었다. 1979년 "리바트" 브랜드가 히트하자 현대리바트로 사명을 바꾸었다.

　"형제의 난" 이후에 현대그룹에서 분리되어 10여년간 독자생존했다. 업계 3위 퍼시스가 적대적 M&A를 시도하자 현대백화점 그룹에 SOS 신호를 보냈고 현대백화점 그룹이 백기사로 나타나 회사 지분을 인수했다. 이로써 2012년 범현대가로 되돌아왔다.

　백화점 경영은 예민하다. 진상고객(VVIP)들이 많이 드나들기 때문에, 이들에 대한 특벽한 관심과 긴장이 생기게 된다. 고객은 왕이다(The consumer is always right)란 말은 존워너 메이커를 포함한 미국 백화점 창업자들이 즐겨쓴 말인데 사업자가 고객을 대하는 자세를 가리키는 말이지 고객이 왕처럼 행세해도 된다는 말은 아니다. 백화점은 항상 갑질 고객들의 갑질 행세에 시달린다. 현대백화점은 2017년부터 감정노동자 보호와 문제 행동 소비자 대처 방안을 가이드북으로 만들어 시행하고 있다.

정지선 회장은 2020년 코로나 사태가 심각하자 중소기업 매장 매니저 3천명에게 각 100만원씩 총 30억원을 지원했다. 동시에 중소협력사들에게는 5개월 동안 납품 대금을 앞당겨 지급했고 상생협력기금 500억원을 조성해 무이자로 지원해 주고 있다. 정주영 회장은 기업 유산뿐 아니라 아산재단을 통해 나눔의 철학이라는 사회적 유산을 남겼고 후손들은 그 유지를 잘 받들고 있다.

26

서산(瑞山)의 천지개벽

　정주영 회장은 1978년 7월 어느날 청와대로 가 박정희 대통령과 면담했다. 정주영 회장의 이 날 청와대 방문은 정회장이 꽤 오랫동안 고심 끝에 어떤 결론에 도달한 데서 온 것이다. 정회장은 중동 건설 붐이 퇴조하면서 중동에 진출한 수많은 인력과 장비를 어떻게 무리없이 국내로 들여와 활용할 것인가에 대해 부심해 왔다.

　정회장은 충남 서산 천수만 일대 방대한 규모의 간척 사업이 오래전부터 국책 사업으로 진행되어 오다가 중단되어 있다는 사실에 주목했다. 정회장은 흥분했다. 이거 돌(石) 하나를 던져 새(鳥) 세 마리를 잡을 수 있지 않은가! 정회장이 서산 간척지에 관심을 갖게 된 것은 한국의 행운이었다. 정주영 회장은 박대통령에게 "각하, 중동 건설 사업도 이제 정점을 지나고 있습니다. 건설 공사 수주가 급격하게 줄고 있습니다. 이렇게 되면 중동에 나가 있는 우리 근로자들의 일자리, 그리고 우리 건설 장비들이 문제겠습니다. 이 장비와 근로자들을 국토 확장 사업에 투입하면 국가에 크게 도움이 될 것입니다."라고 말했다.

박대통령은 즉각 관심을 보였다. "그래요. 그럴 수 있다면 좋겠는데 정회장이 보는 국토확장 사업 적지라도 있습니까?"

"예. 충남 서산의 천수만 일대가 적지로 보입니다"

1978년 여름, 국가의 대단위 간척 사업에 민간 기업도 참여 한다는 대통령 특별법령이 만들어졌다. 물론 이 법령은 박대통령과 정회장의 면담 결과에서 나온 것이었다. 그때까지만 해도 대단위 간척 사업은 민간 기업이 참여하는 것이 금지되어 있었다. 해방 이후 무분별한 간척 사업으로 지방 토호 세력들이 간척사업을 치부 수단으로 악용해 민원이 자자했기 때문이었다.

서산 간척지 프로젝트는 정부에서 노동자 숙소까지 만들어 놓고도 몇 해를 끌다가 진척이 되지 않아 농림부에서 현대그룹이 맡아 달라는 요청이 계속 오기도 했다. 현대는 그해 8월 24일 서산 공유수면 매립 허가를 따냈다. 험난한 매립공사 프로젝트는 그렇게 해서 시작되었다.

여기서 "험난한"이란 표현이 등장하는 것은 이 공사 수행이 어려움이 많았다는 것을 의미하는 것이다. 삼면이 바다인 우리나라는 옛날부터 황해도 장연의 장산곶, 강화의 손돌품, 태안의 안흥만은 간만의 차가 심하고 물살이 거세어 배들의 침몰과 좌초가 많았던 곳이다. 태안반도의 안흥만 권에 있는 천수만은 굴곡이 많고 수심이 얕아 간척 사업의 최적지의 조건을 갖춘 곳이다.

서산 일대의 해안지역 간척사(史)는 꽤 오래전부터 시도되었다. 고려때 이미 운하 건설이 시도되었다. 고려 인종(1109~1146)이 천수만과 가로림만을 연결하는 굴포 운하를 건설하고자 했다. 인종은 재위 12년 7월 "이 달에... 홍주 태안(소대현)에 운하를 굴착하게 하였다"라는 기록이 나온다. "안흥정 부근의 바닷길이 사방에 모여든 물살로 거셀 뿐만 아니라 위험한 암석이 있어 종종 배가 뒤집히는 사고가 있었기 때문이다."로 적혀있다. 조선시대에서는 서산과 태안 사이의 좁은 목에 수로를 내어 천수만과 가로림만을 맞닿게 만들어 수로를 단축하려다 너무 거센 물살 때문에 실패하고 말았던 곳이기도 했다.

현대의 사업승인서를 제출받은 농수산부에서도, 현대그룹 내의 중역들도 회의적이었다. 개략적으로 공사비를 산출해보아도 막대한 금액이 소요되는데 채산성이 전혀 없기 때문이었다. 그러나 정주영 회장에게는 처음부터 채산성은 접어치운 일이었다.

정회장은 일생동안 어린 시절 아버님(정봉식 옹)이 보여주셨던 농사일과 돌밭을 한뼘 한뼘 농지를 확장해 가시던 그 강인한 정신과 토지에 대한 애정을 숙연할 정도로 존경해오고 있다. 정회장은 천수만 일대를 농토로 만들 수 있다면 존경하는 아버님에게 바치는 헌납품일거라고 생각했다. 그렇기 때문에 정회장에게 채산성이란 문제될 게 없는 것이다.

서산 방조제 공사의 관건은 밀물, 썰물 때 이미 만들어 놓은 부분의 유실(流失)을 최소화하는 것이었다. 서산군 부석면 창리와 태안군 남면 당암리를 잇는 1200미터의 B지구 최종물막이에는 조수속(潮水速)을 늦추기 위해 개당 4.5톤의 바위에 구멍을 내 철사로 2~3개씩 묶어 바지선으로 운반해 투하했다. 인근 산에 바위가 부족했다. 현장에서 30km나 떨어진 곳의 석산을 개발해서 실어 날랐다. 15톤짜리 덤프트럭 140대가 동원되었다. 총 연장 6004미터의 방조제 공사에서 최후로 남았던 270m 길이의 물막이가 난제 중 난제였다.

한강의 위험수위 때의 유속이 6m인데 이곳의 유속은 8m로 쳐다만 보고 있어도 빨려 들어갈 것 같은 무서운 속도의 급류였다. 자동차만한 바위도 들어기는 순간 쓸려 내려갔고, 철사로 엮은 돌 삼태기들은 아무리 쏟아부어도 속수무책이었다. 누구도 이렇다 할 아이디어를 내지 못하고 있었다. 급류를 물끄러미 쳐다보던 정주영 회장은 특유의 전광석화의 순간에 아이디어를 찾아냈다. 울산조선소에 해체해서 고철로 쓰려고 30억원을 주고 정박시켜 놓은 스웨덴 고철선 워터베이호를 생각해 낸 것이다. 그걸 끌어다가 가라앉혀 물줄기를 막아놓고 바위 덩어리들을 투하시키면 될 것 같았다. 정회장은 현대정공, 현대상선, 현대중공업 기술진에게 고철 유조선을 안전하게 최종 물막이로 공사 중간에 가라앉힐 수 있는 방법을 연구하도록 했다. 워터베이호는 안성맞춤이었다. 폭 45미터, 높이 27미터, 길이 322미터, 23만톤의 유조선이다. 최종 물막이 난공사로 남아있는 270미터를 완전히 커버할 수 있는 것이다. 이 아이디어로 물막이는 완벽하게 성공했다.

이것은 「정주영 공법」으로 불리었고 미국의 시사주간지 타임지 등이 대서 특필했다. 물론 국내 매스컴들도 톱뉴스로 다루었고

TV로 공사현장이 생중계 되기도 했다. 이 공사의 성공으로 3300만 평의 농토와 1400만 평의 담수호가 생겨 총 4700만 평의 국토가 생겨났다. 이 4700만 평의 면적은 우리나라 최대 곡창인 김제평야보다 넓고 여의도 면적의 33배나 된다. 영국 런던 템스강 하류 방조제 공사를 맡았던 세계적인 철물 구조회사에서는 "유조선공법"에 대한 자문을 구하기도 했다. 천수만 간척사업은 국토확장이라는 직접적인 효과외에 1996년 한해 35만 섬의 식량을 얻고 있다. 정주영 회장은 1년만에 50만섬의 식량을 얻을 수 있도록 계획했으며 50만섬의 쌀은 우리 국민 50만명의 1년치 양식이다. 현재는 주곡의 자립이 이루어져 있지만 당시로서는 굶주림에서 해방시키는 큰 역할을 해낸 것이다. 정주영 회장이 서산간척사업에 착안한 것은 한국의 행운이라고 말한 것은 이 역할을 두고 한 것이다.

서산B지구

서산간척지는 A, B두 구역으로 나뉘어져 있다. A지구는 오늘날도 전부가 농지로 사용되고 있다. B지구는 우리의 산업구조 변화에 따라 간척지의 가치도 변했다.

2017년 6월 현대모비스가 B지구에 여의도 절반 면적인 34만평 규모의 자율주행 연구개발이 가능한 첨단주행 시험장을 마련했다. 세계가 자율주행 자동차 개발에 집중하고 있는 상황을 고려할 때 현대모비스가 이곳에 광대한 첨단주행 시험장을 마련했다는 것은 의미 심장하다. 4차 산업혁명, 디지털 시대에 이곳은 가장 뜨

거운 곳이 될 가능성을 가지고 있다. 현대 모비스는 이곳에 3000억원을 투자했다. 현대모비스는 2019년 10월에 여기에서 KT와 함께 5G 커넥티드카 기술 교류 시연회를 열기도 했다. 5G네트워크는 자율주행차와 도로 환경을 이어주는 핵심 매개체이다. 전기차와 자율주행차 시대에는 자동차 제작에 소요되는 부품의 수가 줄어들어 맞춤형 조립생산차의 시대가 될 것으로 보인다. 현재의 내연기관 자동차는 약 2만 5천개의 부품이 필요하지만 신개념의 자동차는 필요 부품의 수가 대폭 감소된다는 것이다.

삼성전자가 2017년에 전장(電裝)과 커넥티드카 시스템의 강자인 미국이 하만을 80억달러에 인수했고 현대자동차 그룹은 현대모비스에 연구개발 역량을 집중하고 있다. 이 부분의 경쟁이 얼마나 뜨거운가를 보여주는 것이다. 앞으로는 완성차보다 고부가가치 부품이 더 중요해진다는 이유다.

현대모비스는 정주영 회장이 현대정공이라는 이름으로 설립했고 정몽구 회장이 성장시켰다. 2000년 10월 현재의 이름이 되었다. 현대모비스는 현대자동차그룹의 중추 회사 중 하나다. 현대자동차 그룹의 차량에 들어가는 핵심부품들을 생산하며 주 생산품은 자동차의 모듈로 샤시모듈, 칵핏모듈, 프런트엔드모듈이다. 간단하게 말하면 동력계통을 제외한 거의 모든 고부가가치 부품을 도맡고 있다. 현대자동차 그룹의 사실상 지주회사다. 2011년 이른바 차·화·정(자동차, 화학, 정유)의 주가 폭등으로 코스피 시가 총액 4위로 진입했다. 2018년 현재는 중국에서 실적 악화로 시가 총액이 2/3로 줄어든 상태다. 2021년 기준으로 자동차 부품사 중

세계 7위의 매출을 올렸다. 정주영 회장이 서산방조제 공사 때 공사현장에서 사용했던 갤로퍼 한 대가 아산기념관에 보존되어 있는데 현대정공이 만들었던 차다.

서산농장

서산방조제가 완성된 후 7년간의 제염작업 끝에 여의도 면적 33배의 농지가 탄생했다. 당시만 해도 식량 자급이 최대의 국가적 아젠더였다. 정주영 회장은 국내에서는 최초로 서구식의 대단위 영농기법을 사용하는 곳으로 만들어 식량 문제 해결에 보탬이 되게 하고자 노력했다. 덕분에 서산과 태안 지역에 활기를 띠게 되었다. 이른바 "서해안시대" 개막되는 촉매제가 되기도 했다. 노태우 정부는 평택, 아산, 서산, 당진 지역에 자동차와 석유화학단지를 대대적으로 조성했고, 1990년 당진을 거쳐가는 서해안 고속도로도 착공했다. 현재 현대오일뱅크와 현대제철도 이지역에 자리잡고 있다.

B방조제 동쪽 끝 부분에 현대서산 농장이 있다. 2011년 현대건설과 함께 현대자동차 그룹에 편입되었다. 현대건설이라고 큰 글씨로 표시된 사일로가 있는 미곡종합처리장과 2500마리의 한우가 사육되고 있는 한우목장이 있다. 이 한우목장은 역사적으로 유명하다. 정주영 회장이 1998년 6월과 10월 역사적인 방북(訪北)때 1001마리 한우를 북한에 선물했는데 이 소들이 이 농장에서 기른 것이었다.

농장 한쪽에는 정주영 기념관이 있다. 정주영 회장이 방조제 공사 때 현지 체류시에 쓰던 건물이다. 정 회장은 비즈니스 측면에서 글로벌 한국인이었지만 농부의 아들이라는 정체성을 평소 소중하게 여겼던 정회장은 회고록 서문에 이렇게 적고 있다.

"서산 농장은 내게 농장 이상의 의미가 있다. 그곳은 내가 마음으로, 혼으로 아버님을 만나는 나 혼자만의 성지 같은 곳이다"

정주영 회장은 1992년 대선에서 패배한 후 착잡한 심경을 정리하기 위해 제일 먼저 찾아간 곳이 서산 농장이었다. 디지털 시대에 미래의 현대를 책임질 신세대들에게도 성지가 될 수 있을 것이다.

27

정주영(峨山)과 사회복지사업재단
(사익(私益)에서 공익(公益)으로)

　정주영 회장은 1975년 하반기부터 고뇌의 시간을 가졌다. 정부는 1975년 10월 기업공개 대상업체 105개사를 선정 발표했다. 이들 대상 업체는 기업을 의무적으로 공개하도록 했다. 현대건설도 이 공개대상 업체의 하나였다. 기업공개(IPO, Initial Public Offering)는 넓은 의미로는 기업의 전반적 경영 내용의 공개, 즉 디스클로저(Disclosure)까지도 포함하지만 좁은 의미로는 주식 공개를 의미한다. 주식회사가 이미 발행했거나 새로 발행주식의 전부 또는 대부분을 정규증권 시장에 내놓고 불특정 다수 투자자에게 공개적으로 주식을 파는 일이다.

　정주영 회장은 현대건설을 공개할 것인가 말 것인가를 놓고 고민했다. 1977년 당시 현대건설은 매출액 기준으로 석유공사에 이어 2위였다. 법인세자납 1위 기업이기도 했다. 매출 4위 기업이었던 현대중공업이 법인세자납 2위 기업이었다. 매출 3위는 한국 전력이었고 포항제철이 6위, 삼성물산이 7위였다. 상위 3위 기업 중 석유공사와 한국전력은 국영기업이었으므로 사기업으로는 현대건 설이 1위였다. 정부가 대기업들의 기업공개를 압박하는 철학은 기 업의 사회적 책임, 부의 사회 환원이었다.

정주영 회장은 오랜 고민 끝에 내린 결론은 현대건설을 공개하 지 않는 것이었다. 정부가 유도하는 부의 사회 환원에 반대하는 것 이 아니었다. 부의 사회 환원을 다른 방법으로 하고 싶었기 때문이 다. 주식을 공개하면 누가 이익을 보겠는가? 주식을 살 수 있는 사 람들은 주식을 살만큼 여유가 있는 사람들이다. 주식을 살 수 없 는 어려운 형편의 사람이 더 많은 사회에서 여유 있는 사람한테 더 많은 이익을 주게 하는 방식의 기업공개는 진정한 사회 환원도, 기업의 사회적 책임을 다하는 것도 아니다. 정주영 회장은 학자금 이 없어 학업을 중단해야 하는 청소년을 돕고 몸이 아프지만 돈이 없어 병원에 못가는 어려운 사람들을 지원하는 것에 현대건설의 이익금을 투입하는 것이 기업공개보다 더 나은 방법이라고 생각했 다. 당시 정주영 회장이 현대건설 소유주식 반만 공개해도 세금 한 푼 내지 않으면서 400~500억 원의 거액을 손에 넣을 수 있었다. 정회장의 첫 번째 회고록에 의하면 당시 그의 주식 가치는 500억 원 이었는데 정부의 1년 사회복지 예산 195억 3400만원 보다 두 배나 큰 것이었다.

정주영 회장은 1977년 7월31일 아산사회복지사업재단을 설립 했다. 정회장은 초우량기업 현대건설의 개인주식 50%를 출연해 복지 재단을 만든 것이다. 정회장은 현대건설의 성장 과정에 기여한 근로자들의 노고를 항상 잊지 않고 있다. 엄동설한, 열사의 중동(中東) 건설 현장에서 힘든 공사를 했던 근로자들의 땀과 헌신이 없었다면 현대건설의 눈부신 성장은 없었을 것이다. 정회장은 현대건설의 이익 환원은 가난하고 소외된 이들에게 돌아가게 하고 싶었다.

서울아산병원

아산재단의 최고 주력 사업은 아산병원이 상징하는 것처럼 의료사업이다. 서울 아산병원을 포함한 8곳에서 병원을 운영한다. 재단의 1호 의료기관으로 1977년 9월 10일 전북 정읍 종합병원이 기공됐다. 1979년 2월 4일 영덕 종합병원 준공까지 총 8개 병원이 준공됐다.

서울 아산병원은 처음에는 서울 중앙병원이었지만 현재의 이름으로 바뀌었다. 서울 아산병원은 1989년 6월 23일 개원해서 총 2,705병상을 운영하는 국내 최대규모 병원이다. 1일 평균 외래환자 11,885명, 재원환자 2,540명, 응급환자 328명을 진료하며 연간 67,228건의 고난도 수술을 시행하고 있다. 특히 장기 이식 분야에서는 발군의 실적을 보이고 있다. 미국 하버드 대학 의대와 항구적 협력병원 관계를 맺고 있다.

2019년과 2020년 "뉴스위크"지 (誌)는 서울 아산병원을 한국 1위의 의료기관으로 선정했으며 아산병원은 글로벌 10대 병원 진입을 목표로 하고 있다. 아산재단은 "아산의학상"을 제정해서 2008

년부터 매년 시상하고 있다. 뛰어난 의과학자를 발굴하기 위함이다.

2019년까지 사회복지사업으로 총 4905단체에 571억원을 지원했고 장학사업으로 총 33,472명에게 690억원의 장학금을 지급했다. 학술연구로 총 2,343건의 연구 과제에 215억 원의 연구비를 지급했다. 아산재단이 "1백년, 2백년 발전하기를 바라는 몇 안되는 소망중의 하나로" 희망했으며 "한 인간으로서 최선을 다해 일해서 크게 발전한 한 개인의 생(生)이 거두는 최선의 보람"이라고 생각했다.

정주영과 존스홉킨스

미국 볼티모어에 위치한 존스홉킨스 대학(大學)과 존스홉킨스 병원은 존스 홉킨스(Johns Hopkins, 1795~1873)의 유언에 따라 설립되었다. 홉킨스는 철로와 금융을 포함한 여러 사업에서 성공해서 거부가 되었다. 1996년까지 미국에서 가장 부자였던 100인 중 69위에 랭크 됐다. 52세에 은퇴해서 자선과 사회사업에 주력하면서 78세까지 살았다. 홉킨스는 독신이어서 자녀가 없었다. 따라서 전 재산을 사회에 환원했다.

유산 중 700만(현재가치 1억5천만 달러) 달러를 대학과 병원 설립에 반반씩 쓰게 했고 1876년, 1889년에 대학과 병원이 각각 출범했다. 이 기부금 액수는 당시까지 미국의 최대였다. 홉킨스는 타계 수개월 전에 병원의 비전과 이사회를 자신이 직접 구성했다. 홉킨스는 설립될 병원이 "①최선의 환자치료, ②의료진 훈련, ③의학의 발전에 필요한 새로운 지식의 추구"에 매진하기를 희망했다. 이를 실현할 이사회는 볼티모어 지역의 지식인들로 구성했다. 이들은 최고의 의료진과 교수들이 모여들 수 있는 환경을 조성했다. 존스홉킨스대는 지금까지 29인의 노벨상 수상자를 배출했는데 그중 16명이 의학상 수상자다. 하버드대의 15명보다 많다. 존스홉킨스대에서는 의대와 함께 국제대학원(SAIS)이 특히 유명하다. 세계 각국의 외교 수장과 대사급 외교관들을 다수 배출했다.

정주영 회장은 1995년 존스홉킨스대에서 명예박사 학위를 받았고 1996년 SAIS에 국제경제 및 경영부분 "정주영 석좌교수직"이 설치되었다. 정주영 석좌교수직 홈페이지에는 정주영 회장의 남북한 경제교류 기여, 아산재단을 설립한 취지, 아산재단의 활동이 소개되어 있다.

정주영 회장과 존스홉킨스 두 인물 사이에는 공통점이 많다. 존스홉킨스 병원 홈페이지는 설립자 존스 홉킨스를 "정직하며 관대하며 비전이 있었고 다소 완고하며 협상에서 강경했다"고 소개하고 있는데 이는 마치 정주영 회장을 소개하는 것과 같다. 홉킨스가 영세한 농장(담배)을 운영한 집안의 11남매 중 차남으로 태어났다는 점도 가난한 농가의 7남매 중 장남이었던 정주영 회장을 연상시키고 3년 동안 초등학교에서 공부하고 12세부터는 농장일을 했다는 것도 그렇다. 가장 큰 공통점은 종합대학과 대학병원을 설립했다는 점이다. 미국의 4대 종합병원으로 메이오클리닉, 클리브랜드 클리닉, 매사추세츠 종합병원, 존스홉킨스대를 두는데 이 중 유일하게 의사가 아닌 기업인이 설립한 병원이 존스홉킨스다.

기업인 정주영도 1969년에 울산대학을 설립했고 병원 시스템을 구축하기 위해 1977년 아산재단을 설립했다. (정주영 회장의 울산 대학 설립에 대해서는 다음 장에서 다룬다) 정주영 회장의 사재 출연 금 500억원도 한국 역사상 최대 금액이다. 아산병원은 소외계층과 지역사회를 위한 병원이기도 하다. 위안부 할머니, 6.25참전 군인 등에 의료 봉사를 제공한다. 서울 아산병원은 2022년 33세가 되었다. 이제 2705병상으로 국내 최대 병원이다. 한국 능률협회 컨설팅 주관 조사에서 24년간 "가장 존경받는 병원"이다. 2018년 한해 해외환자(외국환자) 17,999명으로 글로벌 한국의료를 선도한다. 아산병원은 간이식 수술, 심혈관 치료 분야에서는 세계 최고 수준의 연구 중심 병원이다.

아산나눔재단

2011년 10월에는 정주영 회장을 기리기 위해 후손들이 총 4900억원을 출연해 "아산나눔재단"을 설립했다. 이 재단의 목적은 "할 수 있다고 생각하는 사람은 무슨 일이든 이룰 수 있다"는 정주영 회장의 도전정신과 혁신 비전을 전승하기 위해 설립됐다. 재단은 기업가정신 확산과 사회양극화 해소에도 기여한다. 특히 청년 사업가와 사회개혁가를 위한 여러 가지 사업을 펼치고 창업 생태 구축에도 노력한다. 아산나눔재단의 상징인 "마루 (MARU)180"은 2014년 문을 열고 청년들에게 창업인프라, 네트워크, 교육을 제공했는데 국내 대표 창업지원 센터로 자리매김했고, 서울 역삼동 일대를 스타트업 중심지로 만드는데 큰 역할을 했다. 설립 10주년이 되는 2021년에는 제2 마루180 (마루360)이 출범해서 제조, 뷰티, 브랜드 등 분야의 창업가와 크리에이터가 교류할 수 있는 허브 역할을 시작한다.

아산나눔재단은 "정주영 엔젤투자기금"을 통해 스타트업에 대한 투자도 집행한다. 기금은 VC와 LP등에 간접투자하는데 현재 기금 1천억원 중 300억원 이상이 투자되었다. 이 재단은 전국 각지의 중고등학교 교사들을 모집해서 창업 교육을 제공하는 색다른 프로그램(아산 티처 프러너(Asan Teacher Preneur)도 운영하고 있다. 세계 각지의 관심 기관을 방문하는 기회도 주어지는데 모든 조사와 연락, 스케줄 짜기는 본인이 직접 해야 한다. 물론 비용은 재단에서 제공한다. 2020년 현재 재단의 총 출연액은 5,870억원이다. 현대중공업 그룹 3,170억원, 정몽준 아산재단 이사장 2,000억원, KCC 정상영 명예회장 가족 250억원, 현대백화점과 정몽근 명예회장 가족 170억원, HDC현대산업개발과 정몽규 회장 100억원이 포함된다. 아산나눔재단은 MZ세대 등 신세대를 위한 정주영 회장의 유산이 지금 시점에서 가장 필요한 미래지향적 방식으로 발현되는 곳이다. 역삼동에서 한국판 아마존과 구글이 자라고 있다고 할 수 있겠다.

정주영과 울산대학교

정주영 회장은 1969년 4월 8일 지금의 울산대학교 전신인 울산 공대를 설립했다. 대학을 설립할 정도였으면 대단한 재벌이었을 것 같은데 그렇지는 않았다. 한창 경부고속도로를 건설하는 시기다. 당시 현대그룹의 재계 랭킹이 높지 않았다. 1972년 12월에는 울산 대학교 병설로 공업전문학교를 세웠다. 현재의 울산과학대학교다. 두 학교는 울산공업학원에 속한다. 울산대학교와 울산과학대학교 홈페이지에는 창학정신으로 정주영 회장의 설립사가 새겨져 있다.

"무슨 일이든 할 수 있다고 생각하는 사람이 해내는 법이다. 젊은 시절 어느 학교 공사장에서 돌을 지고 나르면서 바라본 대학생들은 학교 교육을 제대로 받지 못한 나에게는 한없는 부러움과 동경의 대상이었다. 그때 이루지 못했던 배움에 대한 갈망이 여기에 배움의 주춧돌을 놓게 하였으니, 젊은이들이여! 이 배움의 터전에서 열심히 학문을 익혀 드높은 이상으로 꾸준히 정진하기 바랍니다"

청년 정주영이 돌을 지고 나르던 곳은 지금의 고려대학교인 보성전문학교 교사 신축공사장이었다. 1933년의 일이었다. 그로부터 62년 후인 1995년 3월 18일 고려대는 정주영 회장에게 명예 철학박사 학위를 수여했다. 학위 추천 이유서에는 이런 구절이 있다.

"정주영 선생께서는 60여년 전 저희 고려대학교의 중심 건물인 본관을 지을 때 몸소 주춧돌을 놓아 주신 분입니다. 그 후 고려대학교는 그 건물을 기점으로 거대한 명문대학으로 발전하였고 선생께서는 많은 기업을 창건하고 국가의 기간 산업을 일으켜 세계 유수의 기업인으로 대성하셨습니다"

정주영 회장은 울산대를 설립한 외에도 국내의 여러 대학에 장학금을 포함한 재정적 지원을 아끼지 않았다. 특히 이화여자대학교에는 거액을 기부했다. 김옥길 총장과 친교가 두터웠다. 울산대는 "공업입국(工業入国)실현을 위한 인재양성을 목표로 개교한 학교다. 공업입국은 박정희 대통령의 통치 이념 중 하나다. 박정희 대통령은 울산대 개교 후에 두 차례나 학교를 방문했고 다각도로 지원했다.

울산대는 1972년 국내 최초로 영국의 산학협동 교육제도인 샌드위치 교육시스템을 도입해서 장·단기 산업체 현장학습과 인턴십을 정착시켰다. 이 산학협동교육은 조선·화학·자동차 산업이 밀집한 지역에 위치한 이점과 현대중공업 그룹의 지원으로 국내 타 대학의 전범이 되었다. 울산대는 1974년 2월 18일에 제1회 졸업식을 가졌는데 모두 103명의 공학사를 배출했다. 1985년 3월 31일 종합대학이 되었다. 대학 평가에서는 비수도권 사립대학 1위 자리를 지키고 있다. 사학이기는 하지만 재단이 학교 운영에 일체 관여하지 않는 모범적인 구조를 가지고 있다. 총장이 전권을 부여받은 전문경영인처럼 모든 권한을 가지고 책임을 진다. 울산대는 2020년 3월 16일 개교 50주년을 맞았다. 요즈음의 국내 대학들은 글로벌 경쟁에 내몰려 기금마련, 랭킹올리기, 국제화 등등 여념이 없다.

미국의 대학이 21세기 세계 최강이라고 한다. 미국의 MIT는 자타가 공인하는 세계 초일류 공과대학이다. MIT는 2021년 미국 증시의 활약에 힘입어 학교 기금으로 증시에서 1조 3천억원의 수익을 올렸다. MIT는 놀랍게도 수익 전체를 장학금으로 썼다. 최고의 인재들을 확보하기 위해서다. 1조 3천억원은 서울대학교 한 해 예산과 맞먹는다.

울산대학재단이 한 해 울산대학에 전입해 주는 예산이 얼마인지는 알 수 없다. 울산대학의 최근년의 경쟁력은 기대에 못 미치고 있다. 가정이지만, 정주영 회장이 생존해 계신다면 울산대학의 위상은 현재와는 다른 모습일 것이다. 정주영 회장의 창학 이념을 이어받은 재단의 힘에 비례해서 보면 아쉬움을 남긴다.

28

정몽구 회장의 미국 자동차 명예의 전당 헌액

2020년 9월 한국의 정몽구 현대차 명예회장은 미국의 자동차 명예의 전당 (Automotive Hall of Fame)에 헌액되었다. 대단한 뉴스였다. 정몽구 회장의 개인적인 영예 차원을 넘어 한국의 국격을 높여준 일이었다. 한국의 자동차 산업사는 일천하다. 현대자동차가 한국의 자동차 역사를 본격적으로 쓰기 시작했다는 자동차 사가들의 견해를 따른다면 현대차는 1967년에 출발했기 때문에 불과 56년 만에 명예의 전당에 헌액되는 영광을 기록한 것이다. 미국의 자동차 명예의 전당에 헌액된 면면을 보면 헨리포드, 엘프리트 솔론, 고틀리프 다임러, 엔초 페라리 등 세계 자동차사에 길이 남는 역사적 인물들이다.

헌액(獻額)이란 공(功)을 인정받아 명예로운 자리에 올려지는 것을 말한다. 정몽구 회장이 이 자리에 오르기까지는 시간이 오래 걸렸고 남모르는 눈물과 땀을 많이 흘렸다. 정몽구 회장의 자동차 생애는 1970년 현대자동차 서비스 서울사업소 부품 과장으로 시작되었다. 그의 나이 32세 때다. 정몽구 회장은 그 이전 20대 후반에 정주영 창업 회장의 지시로 디트로이트 자동차 프레스샵에서 아르바이트를 하면서 자동차 공부를 시작했다. 현대그룹 창업 회장 정주영 회장의 장남(첫째인 정몽필씨가 교통사고로 사망했기에 실질적으로 장남이다)이라는 출신 성분으로 보면 현대자동차 서비스 서울사무소 과장 직책은 한직이라고 볼 수밖에 없다. 정몽구 회장은 이때부터 눈물 젖은 빵을 먹기 시작한 것이다.

현대자동차 서비스 서울사무소는 용산구 원효로 전자 종점 부근에 있었다. 당시 이곳은 서울 교외와 다름없는 대단히 한적한 곳이었다. 정주영 회장이 이곳에 사무실을 잡은 것은 그 일대 지리를 잘 알고 익숙했기 때문이었을 것이다. 정주영 회장은 그가 19세 때 무작정 서울에 올라와 인천 부두 하역작업장 막노동을 하다 서울로 올라와 첫 취직을 해서 자리 잡은 곳이 원효로 인근에 있는 풍년 엿 공장이었다. 이 엿공장은 후에 오리온 제과로 변했다. 정주영 회장은 이곳에서 2년 남짓 일했다.

정몽구 회장은 1972년 현대자동차 서울사업소 부장, 현대건설 자재부장, 현대자동차 서울사업소 이사를 거쳐 1987년 현대자동차 서비스 대표이사 사장이 되었다. 재벌 2세로는 보기드물게 제대로 경영수업을 했다. 정몽구 회장의 경복고 동기생인 유라테크 엄병윤 회장은 원효로 시대 자주 사무실에 놀러갔다고 한다. 엄회장은 그때마다 놀랐다고 한다. 정몽구 회장은 책상 위에 자동차 구조 도면을 여러 장 펴놓고 자동차의 내부 구조를 열심히 공부하고 있더라는 것이다. 그의 태도가 너무 진지해 함부로 말을 붙이기조차 어려웠다고 했다.

정몽구 회장의 당시 심정은 어떠했을까? 정몽구 회장은 이 시기에 대하여 어떤 기록도 남겨 놓지 않았지만 우리는 몇 가지를 추론해 볼 수는 있다. 아버지이자 창업 회장인 정주영 회장이 현대자동차 서울사무소에 자신을 배치한 인사 의도를 파악하는 일이다. 현대자동차 울산공장 전체는 숙부인 정세영 회장에 의해서 완벽하게 경영되고 있었다. 정몽구 회장이 끼어들 자리는 마땅치 않다. 그렇다면 울산공장 밖에서 자동차 공부를 해보라는 뜻으로 해석할 수 있다.

정몽구 회장이 초급 간부로 맡은 직책도 깊은 뜻이 있어 보인다. 「부품 과장」 자리인 것이다. 자동차는 2만여 개가 넘는 부품을 조립해 완성하는 상품이다. 자동차 완성에 소요되는 부품을 알지 않고서는 자동차 전문가라고 말할 수는 없다. 이 추론이 과히 틀리지 않다면 정주영 회장의 정몽구 회장에 대한 인사 의도는 심오한 고려 끝에 이루어진 것이라고 말할 수 있다. 뿐만 아니라 정몽구 회장이 자동차 내부 구조 도면을 펴놓고 자동차를 열심히 공부한 것은 인사권자인 아버지인 정주영 회장의 인사 의도를 아주 좋게 받아들였다고 할 수 있다.

정몽구 회장은 오너가 기술에 약하면 문제가 생긴다는 것을 역사에서 배웠다. 정몽구 회장은 적어도 헨리포드나 포르쉐와 필적하는 엔지니어가 되어야 된다고 마음속으로 다짐했을 것이다.

29

정몽구와 포르쉐 박사

정몽구 회장과 페르디난트 포르쉐 박사 두 사람은 진심으로 자동차를 사랑했고 뛰어난 엔지니어였던 점에서 공통점이 많다.

세계인들은 세계 제 1의 자동차 회사로 주저 없이 독일의 폭스바겐(Volkswagen)을 꼽는다. 폭스바겐은 2020년 기준으로 연간 매출 4,082억 달러(약 440조원)다. 세계 1위이다. 1937년에 설립된 폭스바겐은 독일 니더 작센주 볼프스부르크에 본사가 있다. 폭스바겐은 독일어로 국민(Volks) + 자동차(wagen)라는 뜻으로 모든 국민이 사용할 수 있는 자동차라는 의미를 가지고 있다.

폭스바겐의 탄생 비화는 드라마틱하다. 1933년 아돌프 히틀러(Adolf Hitler)가 독일 수상으로 집권에 성공했을 때의 독일 경제는 붕괴 조짐을 보이는 경제 위기가 조성되어 있었다. 당시 자가용은 사치품이었고, 일반인이 구입하기는 어려웠다. 히틀러는 국민 모두가 탈 수 있는 보급용 차량을 내놓기를 희망했다. 히틀러는 자동차 산업을 일으키기보다는 일반 국민의 환심을 사려는 정치적 목적이 더 컸다. 그러던 중 히틀러는 뛰어난 자동차 엔지니어였던 페르디난트 포르쉐(Ferdinand Porsche) 박사를 알게 되었다. 히틀러는 여러 차례 시도 끝에 페르디난트 포르쉐 박사를 만찬에 초대하는 데 성공했다.

페르디난트 포르쉐 박사는 오스트리아 출신의 자동차 공학자였다. 그는 1931년 독일 바덴뷔르템 베르크주(州) 슈투트가르트에 자신의 이름을 따서 스포츠카와 경주용 자동차를 제작하는 회사인 포르쉐 엔지니어링 오피스를 설립했으며 자신은 레이싱 마니아였다. 포르쉐 박사는 경주에서 우승해 우승컵을 거머쥔 순간 아들이 태어났다는 집으로부터 전보를 받고 열광했다는 에피소드도 갖고 있다. 페르디난트 포르쉐 박사 아들 페리 포르쉐(Ferry Porsche) 역시 뛰어난 자동차 설계자가 되었고 천부적인 재능을 지녔지만 고집불통이었던 아버지와는 다르게 사업적인 수완이 뛰어났다.

히틀러는 식사를 하는 도중 일반인들이 쉽게 접근할 수 있는 자동차 이야기를 꺼냈고 종이가 없어서 테이블 위 냅킨 한 장을 뽑아 비틀의 시조가 된 딱정벌레 모양의 자동차 시안을 그려 건네주었다. 미술을 전공했던 히틀러는 제법 수준있는 솜씨로 자동차 시안을 그렸으며 "자연에서 배워야 한다"며 딱정벌레 모양의 자동차를 제작할 것을 포르쉐 박사에게 요청했다. 히틀러는 아울러 국민차가 갖추어야 할 여러 가지 어려운 조건을 포르쉐 박사에게 요구했다. 그 내용은 어른 두 명과 아이들 세 명이 충분히 탈 수 있고 7리터의 연료로 100km를 갈 수 있어야 하며 값은 1,000마르크

이하여야 한다는 것이었다.

히틀러가 찻값을 1,000마르크 이하로 저렴하게 해달라고 주문한 것은 이유가 있었다. 히틀러는 자신의 주요 지지기반인 노동자 계층의 환심을 사기 위해 노동계층이 저렴한 비용에 레저를 즐길 수 있는 환경을 만들어 주려는 것이었다.

페르디난트 포르쉐 박사는 공학박사답게 이 프로젝트에 접근했다. 포르쉐 박사가 가장 역점을 둔 것은 연료 효율성, 안정성, 간편한 사용방법, 경제적으로 효율적인 수리 과정과 쉬운 부품 조달 방식 등이었다. 포르쉐 박사는 약 3년간의 노력 끝에 1937년 마침내 비틀(딱정벌레)이라고 하는 국민차를 개발했다. 훗날 비틀은 전 세계에서 2,000만대 이상의 판매량을 기록하여 역사상 가장 많이 팔린 자동차가 되었다.

히틀러와 포르쉐 박사의 꿈은 그러나 세계 2차 대전 발발로 산산조각이 나고 말았다. 히틀러는 1939년 제2차 세계대전을 일으켰고 페르디난트 포르쉐 박사와 그의 아들 페리 포르쉐에게 독일 국적을 강요했고 군용차 개발을 명령했다. 국민차로 개발되었던 카데프(KdF)는 각종 화기와 캐터필러를 장착한 군용차로 개조되어 쏟아져 나왔다. 이때 타입82 퀴벨바겐과 수륙양용 쉬빔바겐이 생산되었다. 히틀러는 더 많은 군수물자를 생산하기 위해 포로들을 공장에 투입했고 영국인들을 공포에 질리게 한 복수의 무기 V2 로켓도 개발했다. 당시 만들어진 퀴벨바겐은 전설적인 군용차로 지금까지도 회자 되고 있다. 세계 2차 대전에서 패배한 히틀러는 자살했고 슈투트가르트 자동차 공장은 잿더미가 되고 말았다.

폭스바겐이 영국 군인들의 손에 들어간 것은 행운이었다. 소련은 독일의 산업시설들을 모두 해체해 소련으로 가져갔지만 영국 군인들은 폭스바겐에 특별한 관심을 보이지 않았고 시설 그대로를 유지시켰다. 1946년 폭스바겐의 비틀 모델은 매달 1000대씩 생산되었다.

포르쉐 박사와 프랑스 국민차

폭스바겐이 미국 군인에서 영국 군인에게 넘어가는 과정에서 아주 흥미 있는 일이 벌어졌다. 프랑스 정부는 포르쉐 부자를 프랑스 국민차 개발에 이용하려 했다. 프랑스 정부는 자동차 개발에 천부적인 재능을 가지고 있는 포르쉐 부자를 탐냈다. 하지만 이 계획은 수포로 돌아갔다. 푸조의 창업자 장피에르 푸조(Jean Pierre Peugeot)의 반대로 이루어지지 못했다.

포르쉐 박사는 히틀러에게 협조했다는 죄목으로 연합군에게 잡혀 디종 감옥에 수감되었다. 포르쉐 박사는 20개월 넘게 갖은 고초를 겪었다. 아들인 페리 포르쉐는 아버지보다 먼저 석방되어 오스트리아의 산골마을 그뮌트의 작은 오두막집에 포르쉐 설계 사무실을 차렸다. 그 사이 페르디난트 포르쉐 박사는 프랑스의 강요로 르노 4CV 자동차를 설계했다. 1945년 8월 1일 아들인 페리 포르세는 이탈리아 치시탈리어에 경주차를 설계해 주고 받은 돈으로 아버지의 보석금을 마련했고, 2년 뒤에 스포츠카 356의 설계도 마쳤다. 356번의 설계 끝에 탄생한 이 자동차는 오늘날 많은 사람들이 열광하는 포르쉐 스포츠카의 원형이 되었다. 페리 포르쉐의 356은 발전을 거듭한 끝에 1951년 르망 24시 내구레이스에 출전 우승하면서 본격적인 양산에 들어갔다.

폭스바겐 그룹의 오너는?

페르디난트 포르쉐 박사는 1951년 7월 뇌졸중으로 사망했다. 포르쉐 박사는 슬하에 남매를 두었다. 딸은 루이제 포르쉐다. 아들인 페리 포르쉐는 이미 언급되었다. 딸 루이제 포르쉐는 안톤 피에히(Anton Piech)와 결혼했다. 페르디난트 포르쉐 박사가 세상을 떠남으로써 폭스바겐 그룹은 딸인 루이제 포르쉐와 사위인 안톤 피에히가 폭스바겐 회사를 이끌고 아들 페리 포르쉐는 포르쉐 회사를 맡게 되었다.

그런데 이 남매가 벌인 대립과 경쟁은 흥미진진하고 폭스바겐 그룹의 인수합병 역사상 가장 큰 것이었다. 일반적으로 자동차 산업계에서는 포르쉐 가문(아들)과 피에히 가문의 대결이라고 한다. 우선 포르쉐 가문 이야기부터 해보자. 페르디난트 포르쉐 박사가 사망하면서 아들인 페리 포르쉐가 포르쉐 회사의 실질적인 경영주로 활약했다. 그는 63세가 되던 1972년에 주식을 공개하고 경영 일선에서 물러난다. 그리고 가족들 역시 가족 회사 경영 세습에서 오는 폐단을 우려해 회사를 떠났다. 페르디난트 박사의 친손자이자 페리 포르쉐의 장남 페르디난트 알렉산더 포르쉐는 독일 슈투트가르트에 포르쉐 디자인을 설립해 독립했다. 그는 포르쉐 가문에 디자인 문화를 가져온 사람으로 오늘날 스포츠카의 형태를 만들어 낸 사람으로 평가받고 있다. 그의 동생인 볼프강 포르쉐(Wolfgang Porsche)는 처음에는 경영 일선에서 물러난 상태였으나 2007년 전문경영인이었던 벤델린 비데킹의 후임으로 포르쉐사의 회장을 맡았다.

한편 페리 포르쉐의 누나인 루이제 포르쉐는 안톤 피에히와 결혼해 루이제 피에히로 개명했다. 그녀는 포르쉐 가문의 고향인 오스트리아에 살면서 포르쉐의 유럽 내 포르쉐 판매망을 구축했고 남동생 페리 포르쉐보다 더 결단력 있는 사업가였다. 아버지 페르디난트 포르쉐 박사 보석금을 마련한 여장부이기도 했다. 사위인 안톤 피에히는 포르쉐 가문의 동업자이자 변호사였고, 장인어른인 페르디난트 포르쉐와 함께 수감생활도 했다. 페르디난트 포르쉐 박사의 직계와 외손주 페르디난트 피에히는 포르쉐 경영권을 지키기 위해 협력을 하면서도 한편으로는 주도권을 위한 갈등과 경쟁을 이어갔다.

2005년 벤델린 비데킹이 이끌던 포르쉐가 거대한 폭스바겐 그룹을 인수하겠다고 나서면서 포르쉐 가(家)와 피에히 가(家)의 갈등이 표면화되었다. 당시 폭스바겐 그룹은 피에히 가의 페르디난트 피에히가 회장으로 있었고 비데킹 포르쉐 회장의 뒤에는 포르쉐 집안의 막내 볼프강 포르쉐(Wolfgang Porsche) 대주주가 버티고 있었다. 양가의 다툼은 포르쉐의 승리로 돌아가는 듯했으나 2008년 금융위기로 자금 조달이 어려워지자 역으로 2009년 폭스바겐이 포르쉐를 인수하며 7년간의 오랜 다툼은 끝을 맺었다.

자동차 산업계의 M&A 역사상 가장 큰 M&A가 이루어진 것이다. 그러나 두 집안은 폭스바겐 그룹의 경영권을 함께 지키기로 하고 지주회사 「포르쉐 SE」를 만들어 의결권을 갖도록 했다. 양가가 보유한 주식은 50% 이상으로 폭스바겐 그룹에서 절대적 영향력을 가지고 있다. 이후 페르디난트 피에히(Ferdinand Piech)는 세계 자동차 시장에서 폭스바겐의 최고 권력자로 군림하며 스포트라이트를 받게 되었다. 결국 페르디난트 포르쉐 박사의 외손자가 대를 이은 것이다. 그는 공격적인 인수합병을 통해 회사를 거대한 제국(帝国)으로 키웠으며 카리스마를 앞세워 자신이 주도하는 방향으로 이끌어 가고 있다.

30

정몽구와 헨리포드

헨리 포드(Henry Ford)는 세계자동차 역사상 가장 뛰어난 자동차 엔지니어다. 정몽구 회장과 헨리 포드는 공통점이 많다. 두 사람 모두 최고 수준의 자동차 엔지니어이고, 자동차 품질 향상, 생산성을 높인 점도 공통이고 자동차에 대한 철학도 동일하다. 헨리 포드는 1863년 7월 30일 디트로이트 서쪽의 농촌에서 농부의 아들로 태어났다.

그가 왜 자동차 즉 물체를 빠르게 이동시키는 기계에 관심을 두게 되었는가에 대한 흥미 있는 에피소드가 있다. 그가 12세 되던 해이다. 평소에 지병을 앓고 있는 어머니 상태가 위급하다는 소식을 듣고 말(馬)을 타고 달려 갔지만 거리는 줄지 않고 시간만 가는 것에 애를 태웠다. 그가 어머니 곁에 갔을 때는 어머니는 숨을 거둔 뒤였다는 것이다. 어린 헨리 포드는 그때 사람, 물체가 빠르게 이동할 수 있는 기계를 만들 수는 없을까 생각했다는 것이다.

헨리 포드는 15세 때 학교 공부를 접고 기계공이 되었다. 그는 당시 최고의 발명가 에디슨이 세운 에디슨 조명회사로 초청되어 근무하던 중 내연기관을 완성하여 1892년에 자동차를 만들었다. 헨리 포드는 에디슨 회사 기술자로 근무하면서 자동차 제작에 몰두했다. 포드가 에디슨 앞에서 가솔린 자동차 개발 계획을 발표하자 에디슨은 테이블을 쾅 치면서 "자네 듣던 대로 현명하군. 생각대로 가솔린 자동차를 만들어보게"라고 격려했다. 헨리 포드는 존경하는 에디슨의 격려에 크게 감명받았다. 하지만 전기 연구에 몰두하던 에디슨은 자동차 개발에 별다른 도움을 주지 못했다. 결국 헨리 포드는 1894년 경주용 자동차를 제작하기 위해 에디슨 회사를 그만두었다.

1903년 그는 석탄 딜러였던 알렉산더 멜컴슨(Alexander Malcomson)과 함께 포드자동차를 설립했다. 이것이 바로 오늘날의 미국의 대표적인 자동차 회사 "포드"의 시작이다. 헨리 포드는 이곳에서 세계 최초의 대중차인 모델T를 생산했다. 1903년 8월 포드의 첫차인 모델 "A"가 출시되었다. 850달러의 소형차로 출시된 지 1년 만에 2천대 가량의 판매량을 기록했다. 당시로서는 대단한 팬매 기록을 달성한 것이다.

포드 모델 A는 한국과도 역사상 기억할 만한 인연이 있다. 대한제국 고종황제는 탁지부에서 사두마차(四頭馬車) 대신 자동차를 사용할 것을 주청하자 주한 미국 공사 앨런에게 차량을 의뢰했다. 1903년 고종이 즉위한 지 40주년을 맞아 포드 모델 A 자동차가 칭경식의 전용어차로 들어온 것이 그것인 것이다. 하지만 포드 모델A 리무진은 칭경식이 끝난 뒤 몇 달이 지나 인천항에 들어오게 되었고 황제가 타기에는 그 크기가 작아 품위에 어울리지 않는다는 이유로 실제로 운행되지 못했다.

한국 최초의 수입차인 포드 모델 A의 실물은 1904년 발발한 러·일 전쟁으로 자취를 감추게 되었다. 아쉬움이 남는 국면이다. 일부 자동차사학자들은 최초의 수입차가 포드 모델 A가 아니라 미국 캐딜락(Czdillac)이라는 설도 있다. 실물이 사라진 지금으로서는 이도 확인할 길이 없다. 다만 캐딜락 회사도 헨리 포드가 설립한 디트로이트 자동차 회사로 1902년 헨리 릴런드(Henry Leland)가 인수한 회사이기 때문에 결국 한국의 수입차 역사에서 헨리 포드와 맺은 인연은 뗄 수 없다고 하겠다.

1908년 헨리 포드는 모델 T를 생산하기 시작했다. 당시 미국에서도 자동차란 사치품이자 소수의 부유층만이 소유할 수 있을 정도로 비쌌기 때문에 아무나 가질 수 없는 물건이었다. 헨리 포드는 T모델을 생산하면서 "우리는 대중을 위한 차를 만들겠습니다. 가족 또는 개인이 운전이든 정비든 손쉽게 할 수 있는 자동차입니다. 기술을 총동원하여 가장 단순하면서도 최고의 성능과 재질을 가진 차를 만들겠습니다. 그 가격은 어지간한 봉급생활자라면 누구나 구입할 수 있을 만큼 쌉니다"라고 선전했다.

모델 T가격은 당시 냉장고 가격보다 저렴했다. 포드사에서는 앞으로 오직 모델 T 하나만을 생산할 것이라고 선언했다. 이런 대담한 결정에 경쟁업체 관계자들은 "포드가 망하려고 작정을 했군!"이라고 비웃었다.

부유층은 단조로움보다는 개인적인 취향에 따라 이것저것 선택해 자신의 부를 과시하기 바라는데 포드의 선언은 그것과 정반대였다. 포드와 함께 회사를 세웠던 멜컴슨도 포드와 의견을 좁히지 못하고 자신의 주식을 팔고 포드사를 떠나고 말았다. 포드사는 망했을까? 몇달 뒤 포드 T 모델은 사상 최초로 연간 판매량 1만 대를 돌파했다. 놀라운 판매 기록이다. 이 기세는 꺾일 줄 몰랐다. 1911년에 3만 대를, 1913년에는 10만대를 기록했으며 유럽과 호주에서도 생산되기 시작했다. 이 수치는 당시 전 세계의 자동차 100대 중 68대가 포드의 T모델이었다. 말 그대로 대성공을 거둔 것이다.

한편, 포드는 공장의 경영합리화를 위해 제품의 표준화, 부품의 단순화, 작업의 전문화라는 3S 운동을 전개하면서 이 원칙을 달성하기 위해 누드젠콘이 창안한 컨베이어 시스템을 채택해 「흐름작업 조직」으로 노동 생산성 향상에 이바지했다. 이것을 「포드시스템」이라고 한다. 포드는 경영 지도 원칙으로 ①미래에 대한 공포와 과거에 대한 존경을 버릴 것 ② 경쟁을 위주로 일하지 말 것 ③ 봉사가 이윤에 선행할 것 ④ 값싸게 제조해 값싸게 팔 것 등 4가지 경영 철학을 내걸었는데 이를 포디즘이라고 한다. 특히 경영을 봉사 기관으로 보는 포드의 사상은 경영학의 대가 P.H.드라 카의 경영 이론에 계승되었다.

포드의 명차들

포드사의 명차로 링컨, 재규어, 랜드로버, 에스틴마틴, 볼보 등 6개의 브랜드로 구성되어 있다.

(1) 링컨

링컨(Lincoln)은 미국의 자동차 제조사 포드의 럭셔리 브랜드이자 캐딜락과 함께 미국 프리미엄 브랜드의 양대산맥 중 하나다. 또 20세기부터 성공한 사람이 타는 고급자동차의 아이콘이며 우아함과 품격을 갖춘 대표적인 아메리칸 클래식으로 미국에서 사랑과 지지를 받는 브랜드이다.

링컨은 헨리 리랜드(Henry Leland)가 자신이 가장 존경하는 미국의 링컨 대통령의 이름을 따서 1917년에 설립했다. 하지만 계속된 경영 악화와 막대한 부채가 발생하여 어려움을 겪었다. 결국 1922년 포드에 의해 인수되었고 헨리 리랜드는 링컨 브랜드가 포드에 편입된 이후에도 줄곧 포드의 럭셔리 카 개발을 담당했다. 1920년대 링컨은 프리미엄 아메리칸 럭셔리로 독자적인 입지를 확보했다.

(2) 링컨타운카(Lincon Town Car)

포드의 주문 제작 차량 중에서도 가장 유명한 모델이다. 포드의 대표인 에드셀 포드가 자신의 아버지인 헨리 포드를 위해서 1922년 제작한 것이다. 타운카의 이름은 운전석이 외부로 노출되어 있고 승객석이 따로 분리되어 있는 차체 디자인에서 유래됐다. 링컨 타운 카는 자동차를 교통수단이 아니라 고귀한 지위의 상징으로 끌어올리는 모델이었다. 당시 유명한 발명가 에디슨(Thomas Edison), W.C.필즈(W.C.Fields), 허버트 후버(Herbert Hoover) 대통령 같은 저명 인사들이 애용했다.

링컨의 대표브랜드 중 링컨 컨티넨탈은 포르쉐의 대표 에드셀 포드가 1938년 파리 여행 중 유럽의 자동차를 보며 받았던 느낌을 반영하여 자신이 타고다닐 자동차로 제작한 것이다. 이를 본 주위의 반응이 너무 좋아서 양산한 자동차다. 에드셀 포드는 신차인 링컨 컨티넨탈 개발을 진두지휘 했다. 하지만 1990년대 들어서는 독일과 일본의 고급차들에 밀려 입지를 잃었고 포드의 혁신을 이끌어가던 럭셔리 브랜드였던 링컨은 독자 브랜드 자리도 내주었다. 그러던 중 2002년 침체기에 있던 캐딜락의 부활 조짐이 보이자 포드는 링컨 브랜드를 다시 내놓았다.

(3) 머큐리

머큐리(Mercury)는 1938년 에드셀 포드가 설립한 포드의 준고급 브랜드다. 링컨과 포드의 격차를 줄이기 위해 그사이 중간 단계 역할을 하는 브랜드다. 초기에는 포드 머큐리라는 정상급 모델로 제작되었지만, 포드와의 차별성도 없고 고급 브랜드로서의 존재감도 생겨나지 않았다.

1960년대 "남자들의 차"라는 슬로건을 내걸어 인기를 끌었다. 이 브랜드는 한국과도 인연이 있다. 1980년대 한국 기아차와 포드가 협업해서 머큐리세이블(Mercury Sable)을 미국과 한국에서 판매했다. 머큐리 세이블은 머큐리의 마퀴스(Marquis)를 대체하기 위한 중형급의 세단 및 에스테이트로 설계된 자동차이다. 미국에서 판매된 머큐리 세이블은 총 3종의 가솔린 엔진과 2종 자동변속기를 탑재했다. 1990년대에는 대성공을 거두었지만 2000년대 들어 가장 안 팔리는 자동차가 됐고 2011년 1월 4일 머큐리는 역사속으로 사라졌다.

(4) 재규어와 랜드로버

포드는 1990년대 재규어(Jaguar Car)를 인수하고 2000년에 랜드로버(Land Rover)를 인수하여 두 회사를 2008년까지 보유했다. 재규어는 1922년에 영국 블랙폴에서 창립되었다. 고급 살룬과 스포츠카로 유명했다. 설립 당시엔 스왈로우 사이드카(Swallow Sidecar Company)라는 이름이었고 오토바이 옆에 붙이는 사이드카를 제작했다. 1922년 사이드카가 아닌 자동차를 내놓으면서 이름을 재규어로 바꾸었다. 재규어는 포드 산하의 오토모티브에 편입된 이후 S타입을 출시하면서 재기에 성공하는 듯 보였지만 유럽의 전략형 승용차 포드몬데오(Ford Mondeo)와 플랫폼을 공유했던 X타입의 상업적 실패로 부진의 늪에 빠졌다. 재규어에게는 참신함과 혁신성으로 시선을 사로잡을 것이 필요했다. 재규어는 디트로이트 모터쇼에서 쿠페라는 새로운 스타일링의 컨셉트카로 다시 태어났다.

(5) 랜드로버

랜드로버 레이랜드는 1994년 사륜구동 자동차 전문회사인 랜드로버를 비엠더블유(BMW)에 매각했다. 랜드로버의 디자인은 지프를 벤치마킹한 것이었고 영국의 문화 아이콘 중의 하나다. 1970년대에는 세계 최고급 SUV라는 명성을 누리게 했던 대표적인 레인지로버(Range Rover)를 출시하기도 했다. 레인지로버 클래식으로 이 1세대 자동차는 사륜 구동 모델 최초로 ABS브레이크와 에어서스펜션 및 전자식 트랜서컨드롤 시스템을 탑재했다. 25년간 지속적인 기술 개발과 진화를 거듭하고 있다.

BMW는 2000년 포드에 매각했고 포드는 2008년에 글로벌 금융위기를 만나 재규어와 랜드로버를 인도의 타타그룹(TaTa Group)에 매각했다. 이렇게 해서 2013년에 타타그룹은 재규어랜드로버(JaguarLandRover)로 새 브랜드를 만들었다. 그러나 그것도 잠시, 2019년 중국 시장에서 판매 부진으로 대규모 적자를 기록하면서 구조조정에 들어가고 말았다. 세계 자동차 시장에서 생존 경쟁이 얼마나 살벌한가를 보여주는 대목이다.

31

현대모비스의 갤로퍼(GALLOPER) 신화

우리의 이야기를 정몽구의 갤로퍼로 되돌려 보자. 갤로퍼를 잘 이해하는 것은 정몽구의 자동차 인생 전부를 알 수 있고 창업 회장인 정주영 회장이 자동차 부분을 2세에게 물려줄 포석을 어떻게 깔았나를 알 수 있는 것이다. 우선 현대모비스(Hyundai Mobis) 탄생부터 보자.

현대모비스는 현대 정공을 이어받았다. 현대 정공은 1977년 고려 정공을 이어받았다. 현대 정공은 컨테이너와 H빔을 제조하는 회사였다. 2002년 현대 정공은 현대모비스로 사명을 바꾸었다. 단순한 사명 개명이 아니었다. 세계적 자동차 부품회사로 도약하기 위해서였다. 정주영 창업 회장은 그의 회고록에서 자동차 부품 분야야말로 또 다른 황금 시장이고 현대 그룹은 그 분야에서도 세계 1위를 달성할 수 있다고 자신했다. 현대 모비스는 그런 철학이 깔려있는 회사였다. 현대 모비스는 모바일(Mobile)과 시스템(Syst em)이 결합된 합성어이다. 자동차를 뜻하는 모바일과 기계장치의 통일성의 의미가 있는 시스템을 말하는 것이다. 갤로퍼는 1991년부터 2003년 12월까지 생산했던 프레임 타입 4WD SUV 구형 코란도와 함께 자타가 공인하는 국내 오프로드의 명장이다.

경주마 '갤로퍼'의 탄생

대한민국 제5공화국 시절에 내려졌던 자동차 공업합리화 조치가 1987년에 해제되면서 당시 항공기, 철도 차량, 공작 기계 등 기계산업 분야에 주력하던 현대정공(後에 현대모비스)은 기계산업의 꽃이라 불리던 자동차 제작 사업에도 진출하게 되었다. 합리화 조치가 해제되기 전까지는 자동차를 제작할 수 있는 사업자가 제한되어 있었다.

당시 1988년 서울 올림픽의 영향과 3저(3低) 호황으로 국민의 삶의 질도 향상되어 레저붐이 일어났다. 이에 따라 4WD SUV차량 수요가 폭발할 것으로 예측되었다. 마침 그룹의 계열사인 현대자동차(정세영)가 4WD 모델 제작 사업에 뛰어들 계획이 없어 계열사 간의 사업 영역 충돌이 일어날 일은 없었다.

현대 모비스는 조바심이 일었다. 쌓아온 노하우로는 4WD SUV 제작에 자신이 있었지만 창업 회장인 정주영 회장의 허락이 있어야만 했다. 정몽구 회장은 "아버님, 모비스에서도 4WD를 제작할 수 있는 기술 축적이 있습니다. 제작을 허락해 주십시오."

정주영 회장은 모비스에게 4WD SUV제작을 허용해 주었다. 정주영 회장의 이 때의 선택은 의미심장하다.

자동차사학자들은 정주영 회장이 이때 이미 정몽구 회장으로 하여금 자동차 사업 승계를 염두에 두었던 것으로 해석한다. 이론적으로는 현대자동차 한 곳에 자동차 제작 사업을 집중하는 게 훨씬 효율적인데 정주영 회장이 현대 정공에 자동차 제작 사업 일부를 허용하고 각별한 지원을 하는 것을 보고 이런 해석이 가능한 것이다. 이때부터 정몽구와 정세영 일가와의 현대자동차 후계 구도에 대한 경쟁이 본격적으로 시작되던 시기이기도 했다.

정몽구 현대정공 사장(당시 직책)은 이런 분위기에서 1989년 7월 4WD 고유모델 개발 추진을 결정한다. 4WD란 4Wheel Drive를 줄인 말로 네바퀴를 구동시킨다는 뜻이다. 프로젝트명은 "마 CAR"로, 마북리연구소를 건립하고 현대자동차의 엔진과 국산화 부품을 활용해 고유모델 개발에 힘을 쏟았다. 4WD 모델 시제품을 개발했고 미국 업체의 도움으로 미국 시장에서 성능 테스트를 했다. 결과는 대실패였다. 일반 승용차에 비해 차체 구조가 복잡하고 높은 강성과 품질이 요구되는 특성을 지녀 설계가 까다로웠고 미국 시장의 소비자 취향과는 거리가 있었다. 이미 지프등의 기라성같은 메이커들이 선점하고 있는 상황이라 비집고 들어갈 틈도 없는 상황이었다.

정몽구 회장은 고유모델 개발을 포기하고 대신에 신뢰성 있는 메이커 업체의 4WD모델을 "라이센스 생산"하는 전략으로 급선회했다. 고유모델 개발만 고집해 시장에 제대로 진출하지 못할 바엔 차라리 라이센스 생산으로 신기술을 빨리 습득하는 것이 최선이라고 정몽구 사장은 판단했다. 발빠른 아주 적절한 변신이었다.

정몽구 회장은 여러 차종의 장단점을 검토한 끝에 최종적으로 미쓰비시자동차의 유명 4WD 모델인 1세대 파제로를 라이센스 생산하는 것으로 결정했다. 파제로가 4WD모델로는 상당한 수준의 명성도 있지만 제작사인 미쓰비시는 이미 현대자동차와 다양한 분야에서 제휴를 맺어온 파트너였기 때문에 협업도 어렵지 않았다.

미쓰비시는 현대자동차가 국산 모델인 포니를 제작할 때 엔진 부분을 제휴한 바 있다. 게다가 미쓰비시는 1세대인 파제로는 SUV붐을 타고 정점을 지나고 2세대 모델개발에 주력하고 있었기 때문에 1세대 파제로의 기술을 현대 정공에 넘기는 것은 크게 문제 될 것이 없었다.

양사는 1989년 10월에 사업 추진 의향서를 교환하고 1990년 3월에 기술도입 계약을 체결했다. 정몽구 회장은 1991년 9월 16일 갤로퍼 1호 차량을 생산하고 그 다음 주인 25일에 외부에 최초로 공개하고 10월부터 출고가 시작되었다. 디젤 롱바디를 먼저 선보이고 11월에는 자동변속기 모델, 12월에는 V6 3.0 가솔린 엔진 롱바디와 터보 디젤 엔진 롱바디의 모델이 출시되었다. 출시 당해인 1991년 약 3개월 동안에 무려 3,000여대 가까이 판매를 기록하며 쌍용자동차와 아시아 자동차 두 회사가 생산하던 4WD시장에 큰 돌풍을 일으켰다. 그 이듬해인 1992년에는 총 2만 4천 여대가 판매되면서 국내 4WD시장의 52%의 점유율을 보였다.

현대 정공은 순식간에 이 분야에서 최강자가 되었다. 1995년에는 미니밴 싼타페도 냈다. 차명(車名)인 갤로퍼는 "경주마가 전속력으로 질주한다"는 영어 gallop의 명사형이다.

　정몽구 회장은 차명 그대로 전속력으로 질주했다. 그리고 그가 어떤 무서운 저력을 가지고 있다는 것을 확실하게 보여주었다. 그 후 현대모비스는 동력 계통을 제외한 모든 고부가가치 모듈 생산 업체로 성장했다. 글로벌 7위다.

32

정몽구와 현대자동차 그룹

정몽구 회장을 검색해 보면 대한민국의 기업인으로 나온다. 이건희 삼성그룹 2세 회장과 함께 대표적인 국내 재벌총수 2세로 꼽힌다. 현대자동차와 기아(차)를 유례없는 단기간에 세계 빅5(5위) 자동차 업체로 성장시켰다. 정 명예회장은 창의와 혁신의 기업가 정신을 가지고 있다. 그의 혁신의 리더십과 경영 철학은 명문 미국 스탠퍼드 경영대학원에서 MBA 필수강의 주제로 채택할 만큼 모범으로 인정받고 있다. 2012년 하버드 비즈니스리뷰는 정몽구 회장을 세계 100대 최고경영자에 선정하기도 했다. 2000년 3월 현대그룹의 경영권을 놓고 "왕자의 난"이라고 불리는 경영권 승계를 둘러싼 다툼에 휩싸이기도 했다.

이를 계기로 정몽구는 같은 해 9월 공정거래위원회 승인을 받아 현대자동차 등 10개사를 이끌고 현대그룹으로부터 독립했다. 2020년 10월 현대자동차 그룹 회장직을 아들 정의선 회장에게 물려주고 명예 회장으로 은퇴했다. 1959년 경복 고등학교 졸업

(34회)하고 1967년 한양대학교 공과대학 공업경영학(현 산업공학과) 학사로 졸업했다. 1989년 센트럴 코네티컷 대학교 인문학 명예박사 학위를 받았다. 그는 변방에 머물렀던 「현대차」를 글로벌 빅5로 끌어올린 주역이다. 재벌 2세지만 창업자라 해도 모자람이 없을 정도라는 평가를 받고 있다. 그가 대학 졸업 후 현대자동차 서울 사무소 과장으로 시작해 쌓아온 그의 사업인 경력이 이를 설명하고 있다.

현대자동차 그룹은 계열 분리 당시만 해도 계열사 10개, 자산 34조원을 보유하고 있었지만 2020년에는 계열사 54개, 자산 248조원을 보유한 그룹으로 성장했다. 생산 혁신,R&D혁신, 서플라이체인(Supply chain)혁신 등 공학과 경영을 결합한 과감한 시도와 성취는 전 세계 자동차 업계의 새로운 모델이 되고 있다. 또한 자동차 산업과 소재, 전기, 전자, IT분야의 창조적 융복합을 선도하고 있으며 R&D를 중심으로 미래 인재 육성에 심혈을 기울이고 있다. "품질 경영", "현장 경영"으로 대표되는 경영 철학이 대변하듯, 품질을 중시하고 현장에서 답을 찾고 있다. 정몽구 회장은 자동차 생산 공정 과정에서 최적화된 부품 공급 모듈화 시스템을 도입, 효율성을 최대화했다. 이 점에서 헨리 포드와 많이 닮았다. 또한 전세계에 균일한 고품질의 표준 공장 건설 시스템을 확립했다. 남양에 세계 최대 규모의 R&D센터를 설립, 연구 개발 역량을 집중해서 미래 성장 기반을 확보했다.

정몽구 회장은 1988년 금탑산업 훈장, 2012년 국민 훈장 무궁화장을 수훈했다. 해외에서도 2001년 자동차 업계의 노벨상인 "미국 자동차 명예의 전당" 선정 자동차 산업 공헌상을, 2004년 미국 비즈니스위크 "2004년 최고경영자상", 2005년 미국 오토모티브 뉴스 "2005 자동차 부문 아시아 최고 CEO", 2009년 대한민국과 미국의 관계에 크게 기여한 인물에게 주는 미국 벤플리트상을 헨리 키진저와 함께 수상했고, 2012년 하버드 비즈니스리뷰 세계 100대 최고 경영자, 미국 모터트랜드 자동차 산업 영향력있는 인물 2위에 선정되었다.

정몽구의 에피소드

대학(한양대학)을 졸업하고 현대자동차 과장으로 입사했다. 재벌 2세로서는 드물게 밑바닥부터 기업인 생애를 시작했다. 현대정공(현 현대모비스) 시절에 컨테이너 사업을 성공시켜 아버지인 정주영 현대 창업 회장으로부터 경영 능력을 인정받게 되었다. 양궁에도 조예가 있고 관심이 커 대한 양궁협회 2대~5대 회장을 지냈다. 오늘날 「K양궁」으로 세계를 재패하고 있는 코리아 양궁 기반을 마련했다. 현재는 대한양궁협회 명예회장으로 있다. 재미있게도 현 대한양궁협회 회장은 그의 아들 정의선이 맡고 있다. 1986년부터 1997년까지 아시아 양궁협회장을 맡았고 1993년부터 1997년까지 국제양궁협회 부회장을 맡았으며 현재는 국제양궁협회 명예 부회장으로 있다. 이런 영향으로 현대차그룹에서 남녀 양궁단을 운영하고 있다.

경복고 재학시절 별명은 "시베리아 바람"이었다. 럭비시합을 할 때 달리는 속도가 바람처럼 빨랐기 때문에 붙은 닉네임이다. 그는 경복고 럭비부 주장이었다. 또래 중에 가장 힘이 셌다. 손병두 삼성그룹 호암재단 이사장과 동기로, 공부에만 열중한 약한 체구의 손병두를 불량 서클 학생들로부터 지켜준 일화가 있다. 럭비부 출신이다 보니 젊었을 적부터 거구에 강골을 자랑하며 팔순 고령인 지금도 어깨가 떡 벌어져 덩치가 있는 편이다. 신장은 177cm로 정주영 회장(175cm), 정몽헌(174cm), 정몽준(182cm)과 함께 거구에 큰 신장은 집안 내력이다. 육군 병장으로 만기 제대해 군 복무를 성실히 수행했다. 병력 문제에서는 떳떳하다. 아들 정의선 회장은 담낭염 수술로 병역을 면제받았는데, 이는 당남암으로 타계한 정몽구 회장의 부인이자 정의선 회장의 어머니 이정화 여사의 영향 때문으로 풀이된다.

모교인 한양대학교에 그의 이름을 딴 정몽구 미래자동차 연구센터 건물이 2015년 들어섰다. 이름 그대로 정몽구 회장이 건설을 후원했으며 미래 자동차공학과 등이 입주했다. 현대차에 대한 여러 비판과는 별개로 정몽구 회장의 「경영능력」은 긍정적 평가가 부정적 평가보다 훨씬 높다. 현대 정공을 성공적으로 키워 아버지 정주영 회장으로부터 인정받기도 했고 갈기갈기 찢어진 현대그룹을 다시금 재계서열 2위로 끌어올린 공적만 봐도 그의 능력이 뛰어난 것을 알 수 있다.

대한민국에 미투(MeToo)운동이 2018년 들어 수면 위로 떠오르면서 정몽구 회장에 대한 2010년도 기사가 주목을 받고 있다. 부인과 사별한 이후 자택 가사도우미까지 모두 남자로 교체했다는 내용이다. 부인과 사별한 상태에서 주변에 여자를 두면 혹시 의혹이나 구설수가 날 수 있어 이를 방지하기 위해 아예 차단시켜 버렸다고 한다. MBC 드라마 「영웅시대」에서는 탤런트 정한용이 정몽구 회장역을 맡았는데 정한용의 외모가 정몽구 회장과 정말 많이 닮았다.

범현대가에서 정몽헌, 정몽윤과 함께 몇 안되는 야구광이다. 왕자의 난 과정에서 현대 유니콘스 인수를 시도해 범현대가 야구단 적통을 이으려고 시도한 적도 있었고, 해태 타이거즈를 인수해 직접 야구단을 경영하게 되었다. 해태 인수 직후 일본 주니치에서 방출된 이종범에게 최고 대우를 약속해 즉시 재영입을 검토, 타이거즈에 재영입 시키기도 했다. 정몽구 회장은 2006년 WBC 4강 신화 당시 KIA소속으로 대표팀 엔트리에 있던 이종범, 김종국, 전병두에게 특별 격려금을 주기도 했다.

정몽구 회장은 4대 숙원사업으로 ① 세계자동차 업계 5위 진입 ② 현대가 적통 계승 ③ 고로 제철소 준공 ④ 통합사옥 건립이었는데 ①, ②, ③ 목표는 달성했고 통합 사옥건립은 구 한전 본사(강남구) 사옥 부지에 건립이 진행중이다.

경복고의 2021년 개교 100주년 기념행사 비용으로 5억원을 기부했는데 이는 행사비용의 절반에 해당한다. 정회장은 모교 행사 때마다 기부를 아끼지 않는다. 야구구단 인수에 따른 비하인드 스토리가 하나 있다. 정몽구 회장의 현대자동차 그룹에서 유니콘스 구단을 인수하려고 했으나 당시 구단주였던 하이닉스 반도체가 인수 대금으로 무려 900억을 부르는 바람에 협상이 결렬되고 대신 싸게 매물로 나온 해태 타이거즈를 인수하게 되었다는 것이다.

33

현대차 정몽구 재단

정몽구 현대차그룹 명예회장은 2007년 말 「정몽구 재단」을 설립했다. 재단 기금은 8500억원, 정몽구 회장의 사재로 출연했다. 설립 당시의 명칭은 "해비치 사회공헌문화재단"이었지만 정회장의 확고한 사회 공헌 의지를 실현하고 적극적인 활동을 펼친다는 차원에서 「현대차 정몽구 재단」으로 변경했다.

우리는 앞서 현대그룹 창업 회장 정주영 회장이 1977년 현대건설 기업공개를 앞두고 재벌의 부(富)의 환원에 대해 깊은 고민을 했던 것을 알고 있다. 정몽구 회장도 선대 회장에 이은 부의 사회 환원에 대해 여러 각도에서 고민했다. 정주영 회장이 세운 아산 복지 재단의 사업 목표는 의료와 장학에 초점이 맞춰져 있지만, 정몽구 재단은 포커스가 그보다 훨씬 넓다.

정몽구 재단의 사업 초점은 ① 미래 인재 양성 ② 소외계층 지원 ③ 문화예술 진흥 등이다. 문화체육관광부 소관 재단인 것이

특이하다.

정몽구 회장은 2007년 11월 600억원의 글로비스 주식을 기탁으로 2008년 300억원, 2011년에는 개인 사재 출연금으로는 역대 최대 규모인 5000억원을 기탁했다. 정몽구 회장은 재단 운영에는 일체 관여하지 않는다. 명예 이사장직도 사양했다.

이들 사업 중 인재육성 브랜드인 "온드림 스쿨"은 정몽구 재단의 대표적 사업이다. 온드림 스쿨은 농산어촌 아동과 청소년들에게 도시 아이들에 비해 상대적으로 부족할 수 있는 교육을 제공한다. 특히 명사 강의, 전문가 멘토링, 서머스쿨 등 다양한 형태의 학습 지원 프로그램을 통해 아이들이 적성에 맞는 진로를 탐색하고 창의와 인성을 함양할 수 있도록 돕는다. 매년 200여 개 교실을 열어 창의, 인성 교육을 제공하고 있으며 중고등학생을 대상으로 200여 개 동아리 활동도 지원하고 있다.

2012년부터 운영하고 있는 "H-온드림 사회적 기업 창업 오디션" 또한 정몽구 재단의 자랑거리다. H-온드림 오디션을 통해 청년 사업가를 육성하는 사업으로 2012년부터 2017년 말까지 6년간 총 120억원을 들여 180여 기업을 지원했고 누적 고용 인원은 1500여 명이다. 신생 기업의 생존율도 95%다. 이와 더불어 문화예술 분야 꿈나무 육성에도 힘을 쏟고 있다. 정몽구 재단은 2009년 예술 분야 장학 사업을 처음 시작해 올해로 12년째를 맞이하고 있다. 미술, 무용, 음악 등 각 예술 분야 전공자 중 우수한 중, 고, 대학생을 연간 200여 명을 지원한다. 이들이 돈 걱정 없이 재능을 키울 수 있도록 장학금, 국제 콩쿠르 참가 비용을 지원한다. 또 장학생 연주 단체 "온드림 앙상블"을 창단해 대형무대 연주 경험 제공, 정상급 음악가 연주 교육 등을 지원한다. 지금까지 이 분야에서 직접적인 지원을 받은 인원만 700여 명이 넘는다. 이 사업의 지원을 받은 이유림 씨(한국예술종합학교)가 2016년 시칠리아 국제무용 코쿠르에서 입상한 데 이어 헝가리 국립발레단 정단원으로 입단했다. 재단 장학생인 윤서후 씨도 파리오페라 발레 입단 오디션에서 1위로 정단원이 되었다. 이는 한국인으로는 김용걸 교수, 박세인 씨에 이어 세 번째로 이룬 쾌거다.

정몽구 재단은 미래를 위해 새로운 변화를 모색하고 있다. 바로 인성(人性)이다. 인공지능, 4차산업혁명, 빅데이터, 사물 인터넷 등으로 대표되는 미래사회에선 모든 분야의 경계가 허물어지고 인류가 경험하지 못한 변화에 직면하게 된다. 미래사회에서는 현재와는 새로운 능력들이 요구된다는 것이 지배적인 전망이다. 정몽구 재단은 인간이 미래사회에서 살아남기 위해 필요한 역량은 무엇일까? 우리 청소년들에게 어떤 소양을 함양할지에 대해 지속적으로 고민해 오고 있다.

정몽구 재단은 2021년 정치, 경제, 문화를 다양한 직업군 전문가 100인을 대상으로 미래 인재가 갖춰야 할 역량을 묻는 설문 조사를 했다. 조사 결과 전문가가 꼽은 필수 역량은 5가지로 압축됐다. 창의력(25명)과 인성(28명), 융·복합 능력(26명), 협업 역량(26명), 커뮤니케이션 능력(18명)이었다.

정몽구 재단은 이 중 "인성"에 주목했다. 기술이 인간 사회에 막대한 영향을 미치게 되는 만큼 기술자들이 바른 가치관을 가져야 하고 이를 담는 그릇이 바로 인성이기 때문이다. 정몽구 재단은 인성을 강화하는 사업을 다각적으로 펼치게 된다. 우선 인성 교육 중점 초등학교를 선정해 학생과 교사 모두를 위한 교육 프로그램을 연중 집중적으로 제공한다. 인성 교육의 특성상 단기적, 일회성으로 끝날 경우 교육 효과가 한정적일 수 있다는 판단 때문이다. 정몽구 재단은 초등학생들의 인성과 창의성을 발달시키기 위해 미래 역량 교실 프로그램도 마련한다. 이 프로그램은 학생 스스로가 생각하고 행동하는 장을 만들어 의사소통 능력, 문제해결 능력, 자신감, 공감 능력 등 미래사회에서 필요한 역량을 키울 수 있도록 설계되어 있다. 정몽구 재단은 이 교육 프로그램 수행에 필요한 교재, 교구, 인성 교육 전문 강사 등 모든 인적, 물적 지원을 전국 농산어촌 초등학교에 지원한다.

정몽구 재단은 "어려운 소외계층의 미래 희망 실현의 기회를 제공하는 사회를 만들어 달라"는 설립자의 뜻에 따라 매년 30명의 청년을 선발해 3년간 주거비 및 자기개발비 지원, 실비 보험 가입 및 의료 지원뿐만 아니라 자립 역량 강화, 진로 탐색, 정서 함양 등에 도움이 되는 멘토링 프로그램을 지원하고 있다.

이 외에도 정몽구 재단은 마을 공동체와 문화예술을 융합해 지역문화 활성화에 기여하는 "예술세상 마을 프로젝트"를 2014년 이후 계속해오고 있다. 클래식 마을로는 "평창 계촌마을"을, 국악 마을로 "남원 동편재마을"을 선정해 클래식 마을에는 정명화 첼리스트를, 국악 마을에는 안숙선 명창을 선정했다. 이 프로그램은 "문화강국 코리아"의 밑거름이 될 것이다.

현대차의 정몽구 스칼라십

현대차 정몽구 재단은 2021년 8월 기존의 장학 사업을 정몽구 스칼라십(Scholarship)으로 새롭게 개편했다. 재단이 장학 사업 부분을 개편한 것은 재단 설립자인 정몽구 현대차그룹 명예 회장의 "인재 발굴이 국가의 경쟁력이다"라는 철학을 보다 구체화하기 위한 것이다. 개편의 뼈대는 사회 변화와 혁신을 주도하며 지속 가능한 미래를 이끌 차세대 리더를 육성하는 것이다. 정몽구 재단은 우선 향후 5년간 5개 분야에 1,100명에 달하는 인재육성 계획을 수립했다. 현대차 정몽구 스칼라십은 글로벌, 미래산업, 국제협력, 사회혁신, 문화예술 5개 분야다.

글로벌 부분은 인도네시아, 베트남 등 아세안 8개국 석박사 중 선발을 통해 국내 소재 주요 대학원 유학을 지원하며 아세안 글로벌 오피니언 리더 양성을 도모한다.

미래산업 부문에서는 4차 산업 혁명 시대를 이끌어갈 미래 과학기술 리더 양성에 힘쓴다. 지능정보기술, 바이오 헬스, 에너지 신산업 등 미래 산업 분야 국내 대학(원)생에게 장학금 등을 지원하며 성장 후원에 힘을 기울인다.

국제협력 부문에서는 국제 기구에 진출을 희망하는 대학(원)생들이 국제 리더로 성장할 수 있도록 관련 교육 기회 제공 및 해외 진출 장학금을 지원한다.

사회혁신 부문에서는 현대차그룹 주요 계열사와 협력을 통해 사회적 기업 가 및 소셜 벤처 육성에 나선다.

문화예술 분야에서는 세계 무대에서 활약할 차세대 미래 문화 리더 양성을 추진한다. 클래식, 국악, 무용을 전공하는 중고생 및 대학생을 선발해 장학금과 더불어 체계적인 교육을 지원한다.

또한 현대차 정몽구 재단은 글로벌 무대에서 우수한 성과를 거둔 장학생에게 추가적인 장학금을 지원하는 "정몽구 장학생 성장 지원 패키지"를 새롭게 마련했다. 이는 미래 세대 리더로서 꾸준히 발돋움할 수 있도록 후원을 강화하는 것이다. 뿐만아니라 글로벌 100위권 이내 우수대학(원)에 진학한 장학생을 대상으로 장학금을 최장 5년간 지원하며 국제 저명 학술지 논문 게재, 국제 콩쿠르 입상 등 국제 활동 성과가 뛰어난 장학생에게 장학금을 추가로 제공한다.

현대차 정몽구 재단은 "현대차 정몽구 스칼라십" 지원 종료 이후에도 국가별 글로벌 장학생 동문회를 운영하는 등 펠로우십(Fellowship)프로그램을 통해 지속적인 교류와 지원을 이어가도록 설계도를 만들었다. 현대차 정몽구 재단은 서둘지 않지만 지속적으로 인재를 발굴하고 육성하는 100년 앞을 보는 사업에 집중하고 있다.

34

K양궁(洋弓)의 아버지 정몽구

　대한민국은 양궁의 나라다. 2020년 일본에서 열린 올림픽에서 안산 선수가 러시아의 오시포바를 누르고 금메달 획득으로 여자 단체전에서 9연패의 올림픽 사상 전무한 불후의 기록을 세웠다. "양궁"은 대한민국을 대표하는 반도체, 자동차, BTS와 더불어 세계 제1위의 상품이다.

　대한민국 양궁의 경쟁력은 어디서 나온 걸까(?) 우수한 선수들이 탄생하는 것과 더불어 정몽구 현대자동차 그룹 명예회장과 현대자동차 그룹 정의선 부자의 양궁에 대한 헌신과 지원을 빼놓고는 이야기할 수 없다. 양궁은 활(弓)의 다른 말이다. 우리 민족은 활의 민족이랄 수 있다. 우리의 활을 국궁(国弓)이라고 한다. 우리나라의 활쏘기인 국궁과 구별하기 위해 서양 양(洋)을 붙여 양궁이라고 이름을 지었다.

　양궁은 신체 단련과 정신 수양에 좋은 운동이다. 활의 종류에는 몽고형(Mongolian), 지중해형(Mediterranean), 해양형(Pinchy)이 있다. 현재 우리의 국궁은 몽고형에서 전해졌다. 양궁은 지중해형에서 발전되었고 해양형은 아메리카 인디언들이 쓰는 활이다. 활의 강도는 남자용이 35~42파운드, 여자용이 31~37파운드이다. 화살 길이는 50~75cm로 목제, 알루미늄, 글라스제 등이 있으나 시합에서는 목제를 사용하지 않는다. 과녁은 원거리용이 지름 122cm, 근거리용이 지름 80cm이며 5가지 색의 동심원으로 이루어져 있다. 표적 양궁의 경우 남자는 90cm, 70cm, 50cm, 30cm, 여자는 70cm, 50cm, 30cm에서 각 거리별로 36발씩 쏘아 그 점수의 합계로서 순위가 결정된다. 각 거리에서 36발씩 1회 경기하는 것을 싱글 라운드라 하고 2회 반복하는 것을 더블 라운드라 한다.

활쏘기는 동서양을 막론하고 옛날부터 있어왔다. 인류는 전쟁 시에는 공격용 무기로 사용했다. 현재와 같은 형태의 양궁 시합은 1538년 영국 헨리 8세에 의한 경기대회가 최초인 것으로 기록되어 있다. 그 뒤 1908년 제 4회 올림픽 대회때부터 올림픽 정식 종목으로 채택되었다. 1931년 영국을 중심으로 국제 양궁 연맹이 창설되었고 같은 해 런던에서 제1회 세계 선수권 대회를 개최했다. 1939년부터 1945년까지는 세계 선수권 대회가 일시 중단되었으나 1946년 부활되어 매년 한번씩 개최되었다. 1959년부터는 2년마다 한번씩 개최되고 있다.

우리나라는 오랜 전통을 가진 고유의 궁술(弓術)이 있어 광복 후 현대 궁도로 활기를 띠기 시작했고 동시에 양궁도 도입되었다.

1962년 미8군에 근무하던 에로트 중령이 남산 석호정(국궁 활터)에서 처음으로 양궁의 시범을 보였다. 이듬해 9월에는 워커힐에서 한국일보가 주최한 전국 남녀 활쏘기 대회에서 30개 양궁 시범경기를 해 최초의 양궁 경기를 실시했다. 역사적인 일이었다.

1971년 제53회 전국 체육대회 때 여자 고등부 양궁 경기를 실시한 뒤부터 고등부, 중등부등이 정식종목으로 채택되었다. 1978년 12월 아시아 궁도연맹이 창립되어 2년마다 아시아 선수권 대회를 개최하게 되었다. 또한 1971년 7월에는 서베를린(독일 통일전)에서 개최된 제30회 세계 양궁 선수권 대회에서 당시 여고생이었던 김진호(金珍浩)가 6종목 중 5종목에서 우승했으며, 더블라운드 643점으로 세계 최고 기록을 수립했다. 뿐만 아니라 단체전에서도 우승해 대한민국 양궁 저력이 평범하지 않다는 것을 세계에 부각시켰다. 이는 당시까지 한번도 세계의 벽을 넘어본 적이 없던 기록경기 가운데서 최초로 세계 기록을 세운 것이다. 1984년 로스앤젤레스 올림픽에서는 서향순(徐香順)이 금메달, 김진호가 동메달을 획득했으며, 1985년 서울에 세계 양궁 선수권 대회를 유치하고 양궁 강국인 소련, 중국, 동독등의 선수들과 기량을 겨루며 남자 단체전에서 금메달, 여자 단체전에서 은메달을 획득했다.

정몽구 회장이 양궁협회장으로 재임하면서 한국 양궁을 세계 무대에 올려놓은 것을 알려면 시간을 조금 거슬러 올라가야 한다. 1980년대 전두환 대통령 시절 1988년 서울 올림픽에서 좋은 성적을 내기 위해 유력한 기업체들에게 각 종목 단체장을 맡아 달라고 요청했다.

이때 정주영 회장이 선택한 종목이 "활쏘기"였다. 활쏘기로 표현하는 것은 국궁과 양궁이 대한궁도협회 안에 공존하고 있었기 때문이다. 1983년 국궁과 양궁이 따로 나뉘면서 양궁협회가 독립했다. 이때부터 양궁은 현대 가문과 깊은 인연을 맺게 되었고 현대자동차 그룹의 지원을 받은 것이다. 1984년 현대정공(현 현대모비스) 사장이었던 정몽구 회장은 LA 올림픽 양궁 여자 개인전에서 양궁 선수들의 금빛 드라마를 지켜본 뒤 양궁 육성을 결심했다. 양궁이야말로 세계를 재패할 수 있는 스포츠 종목이고 그 가능성이 충분히 있다고 판단했다. 대한민국 양궁계에 행운이 깃드는 순간이었다.

정몽구 회장은 1985년 대한 양궁협회장에 취임했다. 이후 현대정공에 여자 양궁단을 창단하고, 이어 현대제철에 남자 양궁단을 창단했다. 정몽구 회장은 양궁 부문에 스포츠 과학화를 도입했다. 스포츠 과학기자재 도입 및 연구 개발을 통해 선수들의 경기력 향상을 높이는 등 세계화를 향한 체계적이고 과학적인 기틀을 마련했다. 정회장은 양궁의 질적 수준 향상을 위해 장비에 대해 직접 점검하고 세계 최고 수준의 장비를 갖추도록 했다. 이로 인해 전 세계인들이 한국산 장비를 가장 선호하는 계기가 됐다.

정몽구 회장은 1986년 서울 아시안 게임을 앞두고 미국 출장 중 심장 박동수 측정기, 시력 테스트기 등을 직접 구입해 양궁협회에 보내기도 했다. 선수들의 기량을 과학적으로 검증할 수 있는 첨단 장비들이었다. 또한 현대정공에서 레이저를 활용한 연습용 활을 제작, 선수단에 제공했다. 정몽구 회장은 선수들의 연습량,

성적 등을 전산화해 분석하는 컴퓨터 프로그램도 개발토록 했다.

정회장은 활(弓)의 국산화에 주력했다. 1990년대 말 양궁 활 시장을 장악하고 있던 외국메이커가 자국 선수에게만 활을 제공한 일이 있었다. 이러한 차별을 막고 우리 선수들이 더 좋은 성적을 내기 위해서는 한국 선수들의 체형에 맞는 국산 활을 개발해야 한다는 것이 정몽구 회장의 지론이었다. 정회장은 집무실에 별도의 공간을 마련, 시간이 날 때마다 양궁 관계자들과 함께 해외제품 및 국산제품의 품평회를 갖는 등 활 국산화에 힘을 쏟았다. 초등학생부터 국산 장비를 쓰도록 했고 국산 활의 저변 확대를 꾀했다. 그 결과 국제대회에서 타국 선수들이 한국산 활을 사용하게 되었고 한국산 활이 국제적으로 인정받고 있다. 정회장은 해외 전지 훈련 때에도 "한식"을 항상 준비할 것을 당부하고 맛있다고 생각되는 음식은 따로 포장해 선수들에게 보내주었다. 1991년 폴란드 세계 선수권 대회에서는 선수들이 마시는 물 때문에 고생한다는 소식을 듣고는 스위스에서 물을 공수해 주기도 했다.

정몽구 회장은 1985년에 취임하고 1997년까지 연속 회장직에 선출됐다. 그리고 유홍종 현대할부금융 사장, 이종우 다이모스 사장을 거쳐 정의선 현대자동차 그룹 회장이 9대부터 취임하여 현재까지 5연임 중이다. 대한양궁협회는 정몽구, 정의선 부자가 한국 양궁의 전성기를 이끌고 있는 것이다.

정몽구 회장은 양궁이 멘탈 게임으로 선수들이 약간의 소음에도 흔들리는 약점이 있다는 것을 알고 오히려 이를 역발상으로 극복하는 훈련 방법을 개발한 것으로 유명하다. 이른바 "소음 속" 훈련이다. 정몽구 회장은 야구장 등 많은 관객이 모여 소음이 가득한 속에서 선수들이 훈련하도록 했다. 의외로 효과적인 결과를 냈다.

양궁협회 선수 선발전의 공정성도 세계적이다. 양궁 국가대표 선발권 대원칙은 모두가 동등한 조건에서 다시 시작하며 과거 경력이나 성적을 전혀 반영하지 않는 것이다. 이런 이유 때문에 한국의 양궁 선수들은 국가 대표가 되면 올림픽에서 메달권 진출이 반쯤 확정된 거나 마찬가지라는 것이 정설처럼 되어있다. 한국의 국가대표가 되는 길이 세계 대회에서 우승하는 것보다 더욱 어려운 것이다.

올림픽 라운드

양궁은 처음에는 사격 훈련 마냥 수십 개의 과녁을 세워두고 역시 수십명의 궁사들이 자신의 과녁에 쏘아서 가장 좋은 성적을 낸 사람에게 시상을 하는 단순한 구조였다. 이 방식은 비교적 공정하다는 장점을 가지고 있다.

그러나 이 방식은 치명적인 단점도 있다. 가장 큰 문제는 "재미가 없다"는 것이다. 사격과 달리 실시간 점수 집계도 용이하지 않아서 실시간 랭킹을 보여주기도 어렵다. 관람객의 안전을 보장하기 위해 선수 뒤쪽에 관람석이 설치되어 있어 과녁을 보는 것도 어렵다. 그리고 TV방송에도 적합하지 않다. 모든 선수가 다 쏘고 나서 심판이 점수 집계를 하고 나서 순위가 나온다는 점 때문에 긴장감도 떨어진다는 것도 단점이다.

　IOC가 이런 방식을 일종의 예선전인 랭킹 라운드에만 남겨 두고, 여기서 성적순으로 64명을 1:1토너먼트 방식으로 바꾼 것이 올림픽 라운드이다. 이 방식은 여러 장점이 있는데 1:1이다 보니 TV 방송에도 적합하고 승패 여부가 경기 즉시 판정된다는 점도 유리하게 작용했다. 관중석 역시 선수와 과녁에 가깝게 설치가 가능하면서 관람 편의성도 증가했다. 일선에 의하면 IOC가 세계 최강인 「대한민국」을 견제하기 위해서 채택했다는 주장이 있는데 사실 여부는 확인되지 않고 있다.

　올림픽 라운드 초기에는 1인당 12발을 쏘아서 합산 점수로 승패를 가르는 방식을 택했다. IOC는 규칙을 다시 변경해서 세트 제도를 도입했다. 각 세트별로 3발을 쏘아서 이 점수가 높은 사람이 세트를 따내는 방식이며 세트 승은 2점, 무승부는 1점씩, 세트 패는 0점이다. 총 4세트 또는 5세트를 경기하며, 세트 점수 5점 또는 6점에 먼저 도달하는 경우 해당 경기를 승리하는 방식이다. 만약 세트 점수가 동점이 된다면 1발의 "슛오프"를 해서 더 좋은 점수를 기록하거나 동점일 경우 중심에서 더 가깝게 쏜 사람이 승리한다. 이 방식의 장점은 실수를 하더라도 해당 세트에만 영향을 주고 다른 세트에는 영향을 주지 않기 때문에 경기가 더 긴장되게 유지되는 장점이 있다. 실제로 2020 도쿄 올림픽 양궁 혼성 단체전의 (멕시코, 터키) 동메달 결정전에서 멕시코 선수가 2점을 쏘는 치명적인 실수를 범했지만 해당 세트만 내주었을 뿐 다른 세트를 모두 따내서 세트 점수 6:2로 승리, 동메달을 획득했다.

35

에필로그(Epilogue)

우리는 정몽구 현대차 명예회장의 자동차 인생 이야기 맨 끝장에 와 있다. 고대 그리스의 영웅 오디세우스는 승전 후 귀향하는 데만 20년이 걸렸다. 그 20년은 우여곡절, 온갖 어려움을 겪었다. 정몽구 명예 회장은 창업자 정주영 회장의 맏아들이면서도 황태자 대우를 받은 적이 없다. 오히려 밑바닥부터 시작했으며 눈물 젖은 빵을 많이 먹었다. 그리고 현장에서 손에 기름을 묻혀 가며 자동차를 이해했으며 전문가가 되었다. 세계 자동차사(史)에 남는 카를 벤츠, 페르디난트 포르쉐, 헨리 포드 등과 동등한 자동차 엔지니어가 되었다. 그러면서도 정몽구 회장은 그만의 뚜렷한 인간애, 신념, 경영철학, 국가관이 있었다. 지금부터는 정몽구 회장의 어록을 통해서 그를 더 많이 이해해보자.

어록 부분에 들어가기 전에 "정몽구 회장은 어떤 아버지인가?"라는 질문을 정의선 회장에게 던졌다.

정의선 현대차 회장은 이 질문에 "사업으로 바쁜 중에도 자주 자녀들에게 시간을 내주려고 노력하셨다. 특히 자녀들에게 '항상 다른 사람을 배려하라', '항상 옳은 일을 하라', '최고를 향한 실패를 두려워하지 마라'고 가르쳤다"고 답한다.

정몽구 회장의 이 가르침은 경영인으로서의 기본자세를 갖추기 이전에 올바른 소양을 갖춘 한 사람이 되어 달라는 심오한 철학이 보이고 있다.

정몽구 회장의 인생의 좌우명은 어떤 것이었나.

"일근천하무난사(一勤天下無難事), 즉 부지런하면 세상에 어려울 것이 없다" 였다. 이것은 현대그룹 창업자이자 아버지이신 정주영 회장의 좌우명이기도 하다.

정주영 회장은 나태를 증오했고 근면을 권장했다. 정몽구 회장도 새벽 6시 30분 이전에 출근해 자동차부터 철강, 건설까지 세계 각지에서 올라온 보고를 처리했고 글로벌 사업장을 수시로 방문해 발로 뛰며 현장을 직접 챙겼다.

"현장에서 보고 배우고 현장에서 느끼고, 현장에서 해결한 뒤 확인까지 한다"

이른바 정몽구식 "현장경영"이다.

정몽구 회장의 사업에 대한 신념, 철학은 어떤 것이었나?

정의선 회장은 다음과 같이 답한다.

명예회장님은 "고장이 나지 않는 성능 좋은 차, 많은 사람들이 즐길 수 있는 차를 만들겠다는 목표를 가지셨다." 무엇보다도 명예 회장님의 경영 활동의 근간에는 항상 고객과 국가가 있었습니다. 정몽구 회장도 정주영 창업 회장과 마찬가지로 자동차는 달리는 국기(国旗)라고 인식하고 있으며 국위를 선양하는 상품으로 이해하고 있었다.

정몽구 회장 이념 중 대표적인 "품질경영"은 고객에게 더 좋은 제품을 제공하기 위한 것이었으며, 한국 자동차 산업의 글로벌화, 독자 기술 개발, 일관제철소 건설 등 굵직한 경영 결정들도 국가 경제 발전과 일자리 창출을 통한 국민 모두가 행복해 질 수 있도록 노력해야 한다는 것이다. 정몽구 회장의 국가관이 엿보인다.

정의선 회장은 아버지는 특히 "품질"에 대해서는 무엇과도 타협하지 않았다고 말하고 있다. 정몽구 회장은 대학을 졸업하고 현대자동차 A/S를 담당하는 부서에서 사회 생활을 시작했다. 그때부터 정비나 자동차 구조에 큰 관심을 두었다. 현대자동차의 A/S를 전담하는 회사를 설립하기도 한 정 회장은 직접 직원들과 정비 차량을 타고 순회(巡回) 정비도 다녔다. 그 과정에서 자연히 차량의 문제점을 파악하게 되고 해결책을 찾아내는 경험을 축적했다. 그때 품질과 고객 신뢰의 중요성을 철저히 파악하게 됐고 현대차, 기아의 회장이 되자마자 품질경영과 고객중심 경영을 강력하게 펼칠 수 있는 힘을 얻었으며 현대차를 글로벌 빅5로 올려놓게 되는 것이다.

품질 총괄 본부

정몽구 회장은 회사 조직표에는 없는 품질 총괄 본부를 신설했다. "품질을 잃으면 모든 것을 잃는다"는 평소 지론을 실천하기 위한 것이다. 정회장이 직접 이 조직을 진두지휘했다. 품질은 결국 자재에서 결정된다. 자재를 구매하는 것이 가장 중요하다. 정회장이 현대차·기아 초기에 자재 구매 책임자를 수시로 교체해 재계로부터 미쳤다는 이야기를 듣기도 했다.

품질 관리 본부는 생산, 영업, A/S등 부문별로 나누어져 있던 기능을 한데 묶은 것이다. 정회장은 매달 품질 및 연구 개발, 생산 담당 임원들을 모아놓고 관련 회의를 주재하며 모든차, 모든 부품들의 품질을 세세히 점검했다. 이와 더불어 「글로벌 24시간 품질 상황실」도 운영했다. 품질경영의 전초기지다. 품질 상황실에서는 전세계에서 발생하는 고객 불만 사항을 딜러, 법인, 지역 본부들로부터 실시간으로 접수, 고객 불만 요소를 신속하게 해결했다.

2003년에는 연구소 내에 파이롯트센터를 설립, 양산공장과 동일한 조건에서 신차를 시험 생산함으로서 양산차의 품질은 물론 설비와 공법을 검증하고 조립시의 문제점을 사전에 방지하도록 했다. 정몽구 회장은 한남동 자택에 주차장 한 켠에 공간을 만들고 자동차를 분해하고 품질을 점검하기도 했다. 이해가 되지 않는 부분이 있으면 연구원에게 납득될 때까지 확인했다.

정몽구 회장은 기아차 인수 초기, 기아차가 생산한 인기차종 「카니발」 한대를 한남동 자택으로 가져오도록 했다. 카니발을 직접 운전도 해보고 주차장에 놓고 시간이 날 때마다 분해하고 분석했다. 인수 이전의 기아차 장단점을 알아보기 위한 조치였다. 정몽구 회장은 얼마 후 품질 총괄 본부 회의에서 카니발의 부품 사이의 간격에서부터 미세한 소음까지 문제점을 하나하나 지적해 냈다. 기아차 품질이 한 단계 높아지는 순간이었다.

정몽구 회장은 출시를 앞둔 신차(新車)는 빠짐없이 자신이 운전, 남양연구소의 드라이빙 트랙을 몇바퀴씩 돌았다. 고객의 입장에서 느낄 수 있는 미세한 부분까지 점검하기 위해서였다.

10년, 10만 마일 보증제도와 어슈어런스 프로그램

미국 자동차 시장에서 자동차가 잘 팔리느냐 아니냐는 자동차 딜러 손에 달려 있다. 물론 자동차의 품질 즉 성능이 기본이기는 하지만 말이다. 미국 자동차 시장의 딜러들은 자동차 회사의 단순한 지점이 아니다. 딜러들은 소비자들에게 자기가 팔려고 하는 자동차가 왜 좋은가를 설명한다. 그 설명 중에 가장 중요한 항목 중의 하나가 품질 보증 제도이다. 팔려고 하는 자동차가 몇 년 동안 또는 몇 마일까지 고장 없이 달릴 수 있다고 보증해 주는 것이다. 소비자에게는 지극히 안심되는 점이다. 값비싼 자동차를 구입하는데 품질이 어느 수준인가를 보증받는 것은 중요한 일이다.

현대자동차가 세계 최대의 자동차 시장 미국에 진출한 것은 1986년의 일이다. 현대차는 "엑셀"을 앞세우고 미국 시장에 나타났다. 미국의 시사주간지 "타임"은 "한국인들이 달려온다"는 표제를 달면서 동방의 신흥 공업국 한국이 완성차를 수출하기 위해 미국으로 달려온다는 경이로운 내용의 기사를 실었다. 현대차 엑셀은 그해 16만 8천 822대를 판매해 미국 자동차 판매 시장을 깜짝 놀라게 했다. 그 후 현대차는 판매량이 꾸준히 늘어 1988년까지 매년 26만대를 판매해 미국 시장에서 성공하는 모습을 보였다. 그런데 그 이후 판매는 서서히 하강 곡선을 그리기 시작했고, 품질에 이상이 있으며 내구성에 문제가 있다는 입소문이 퍼져 미국 소비자들이 현대차를 외면하기 시작했다. 1998년 9만대 판매는 최악의 실적이었다. 현대차 위기의 순간이었다. 이때는 국내적으로 재벌 그룹 계열 분리로 현대차는 현대그룹으로부터 분리된 상황이었고 정몽구 회장에게 현대차그룹의 경영 모두가 맡겨진 상황이었다.

신임 정몽구 회장은 이 위기 상황을 벗어나는 어떤 결단이 필요했다. 정 회장이 이때 꺼내든 카드가 유명한 「10년 10만 마일」이다. 현대차는 10년동안 또는 10만 마일 고장 없이 달릴 수 있다고 선언한 것이다. 주변에서는 소극적이었지만 정몽구 회장은 밀어붙였고 판매를 기사회생시켰다. 그는 현대차의 품질을 믿었다. 자신이 심혈을 기울여 만든 차 아닌가! 미국의 소비자들은 다시 현대차를 선호하기 시작했고 현대차의 품질이 좋다는 것을 재인식했다. 현대차의 미국 시장에서의 판매는 상승곡선을 그렸다. 1998년 90,217대에서 1999년 164,190대, 2000년에는 244,391대, 2001년에는 346,235대로 마의 고지라는 30만대를 넘어선다.

정몽구 회장은 미국 고객들이 원하는 차를 생산하려면 미국 현지에서 차를 생산하는 것이 가장 좋은 방법이라고 생각했고 2000

2005년 5월 21일 미국 앨라배마주 몽고메리시에서 열린 현대자동차 미국공장 준공식 행사.
(사진 왼쪽부터, 루시 박스레이 앨라배마 부주지사, 이희범 산업자원부 장관, 정몽구 현대기아차 회장, 조지 부시 전 미국대통령, 홍석현 주미대사, 밥 라일리 앨라배마 주지사)

년부터 실무진을 미국 현지에 파견, 미국 진출을 검토했고, 2005년 앨라배마에 공장을 준공했다. 그리고 2010년 조지아에도 공장을 세웠다. 현대차가 세계의 강자로 떠오른 기틀을 마련한 것이다. 현대차는 이로서 연간 미국에서 70만대 규모의 완성차 메이커가 됐다.

또한 정몽구 회장은 2008년 국제 금융위기 때에도 빛나는 결단을 내렸다. 당시 미국 자동차 수요가 급감하는 시기에 현대차 소유주가 실직(失職)했을 때 차량을 반납할 수 있도록 하는 "어슈어런스 프로그램"을 도입했다. 이것은 신의 한 수였다. 2009년 미국 산업 수요가 21% 감소하는 상황에서도 현대차 판매는 9%가 증가하는 기적 같은 상황이 일어났다. 현대·기아차의 미국 시장 점유율은 2008년 5.4%에서 2009년 7.0%로 급성장했고 2010년에는 7.7%까지 상승했다.

2009년부터 제네시스, 아반떼, G70, 코나, 텔루라이드 등 전략차종들이 북미 올해의 차에 선정되고 있으며 아반떼가 2021년 북미 올해의 차, GV70이 미국 유력자동차 전문지 ˮ모터트렌드ˮ의 2022년 올해의 SUV로 선정됐다.

명차 제네시스

정몽구 회장의 야심작은 제네시스(GENESIS)다. 제네시스란 "기원, 창시, 시작"을 뜻한다. 정몽구 회장은 차명을 공모했으며 미국 법인에서 제안했다. 미국 법인은 현대차가 프리미엄 차급에 진출하는 기원이고 시작이라는 의미를 담는데 적합하다는 이유에서였다. 제네시스와 다른 두 개의 차명이 최종까지 경합했으나 정몽구 회장이 제네시스로 정했다.

현대차그룹은 2004년 글로벌 시장에서 현대자동차 브랜드 이미지를 한 단계 도약시켜줄 이미지 리딩 차량이 필요하다고 판단했다. 그래서 세계 최고급 브랜드와 경쟁할 모델을 만들기 위해 2004년 현대차 최초로 신차 개발 TFT가 구성되었다. 프로젝트명은 "BH"였고 4년여의 연구 개발 동안 5000억원이 투입되었다. 보통 신차를 개발할 때는 PM(Project Manager)이 각 부서 인력을 프로젝트 성격에 맞게 운영한다. 그러나 제네시스의 경우 별도의 공간에 핵심 인재를 모아놓은 TFT가 만들어진 것은 초유의 일이었다. TFT는 의장 설계, 시험, 파워트레인, 부품 등 연구소의 핵심인력 중 최소 과장, 차장급 이상의 베테랑들로 구성된다. 프로젝트명 "BH" 제네시스의 사무실 벽에는 "우리는 우리의 손으로 세계 제일의 명차를 만든다"라는 슬로건을 걸어놓고 결의를 다짐했다. BH프로젝트의 핵심은 구동 방식을 결정하는 것에서부터 시작되었다. 전륜구동, 전륜구동 기반의 사륜구동, 후동기반의 세가지 방안이 검토되지만 결국 축적된 전륜구동 기술 대신에 스텔라 이후 20년 만에 처음 시도되는 후륜 구동방식이 최종 선택됐다.

정몽구 회장의 제네시스에 대한 애정은 각별했다. 개발 과정에서 차량의 주행 안전감을 결정 짓는 서스펜션을 세 번이나 새로 설계하게 했고 외부 디자인도 두 번이나 바꾸도록 했다. 정회장은 앞, 뒷면이 현재의 모습으로 확 바뀌도록 지시했다. 이렇게 디자인이 바뀐 것은 2007년 3월로 차량 출시를 불과 9개월 앞둔 시점이었다. 하나의 명차가 탄생하는 과정은 상상을 초월하는 극한 작업이다.

제네시스는 일반적으로 준대형으로 분류된다. 일단 차량 크기가 그랜저 같은 준대형 차량과 별로 차이가 나지 않는 반면 에쿠스와는 차이가 더 크고 제네시스 경쟁 차종인 E클래스나 5시리즈 등도 이 범주에 들어서 준대형이라고 하는 경우가 많다. 제네시스는 가격이나 내장 트림, 엔진 배기량 등에서 준대형차인 동시에 그랜저보다 급이 높은 대형차로 분류된다. 위키피디아를 포함한 대부분의 해외 사이트에서는 에쿠스와 제네시스를 동일한 Full-

Size로 본다. 제네시스는 이미지 면에서 메르세데스-벤츠, BMW, 렉서스와 같은 프리미엄 브랜드와 경쟁한다.

제네시스는 출시되자마자 미국 경제일간지 "월스트리트", "유에스에이투데이", 자동차 전문 매체 "모터트렌드", "오토모빌매거진"에서 호평을 받았다. 이들 매체들은 공통적으로 제네시스가 현대자동차의 새로운 시작을 알리는 최초의 후륜 구동 럭셔리 모델이라고 소개하며 기존 유럽과 일본 명차들을 능가하는 성능과 품질을 가졌다고 평가하고 있다. 제네시스는 처음으로 미국에 출시한 고급차였음에도 불구하고 2009년 1월 북미 유력 기자단이 뽑는 "북미 올해의 차"에 선정되었고 제네시스에 탑재된 타우 엔진이 자동차 전문 매체 "위즈오토"가 발표하는 세계 10대 엔진에 선정되는 새로운 역사를 써내려갔다.

정몽구 어록

정몽구 명예회장은 자신의 어록을 별도로 책으로 만들거나 자서전을 쓰지 않았다. 아버지인 창업주 정주영 회장은 "시련은 있어도 실패는 없다", "이땅에 태어나서"라는 자서전을 남겼고 논문집 등이 다수 있다. 정주영 회장은 신문에 기고도 했다.

여기서 한가지 주목할 만한 것은 아들 세대인 몽(夢)자 돌림에서는 아호를 갖지 않고 있다는 것이다. 이것은 하나의 가풍으로 보이는데 감히 아버지를 흉내낼 수 없다는 유교적 관념에서 비롯된 것으로 보인다.

정몽구 회장은 그러나 여러 방면에 걸쳐 상당히 많은 주목할 만한 어록을 남기고 있다. 이 책에서는 정몽구 회장이 경영 각 부문별로 그의 철학과 신념을 내보인 짧은 어록을 정리했다.

품질 경영

"생산, 판매, 서비스 삼위 일체를 통해 가격, 품질, 디자인, 고객 만족 등 모든 것이 완벽해야 만이 고객의 요구를 만족시킬 수 있다"

(1999년 1월 기아차 전국 지점장 회의에서)

"지금은 애프터 서비스보다 사전 서비스가 더 중요하다. 철저한 사전 서비스만이 고객의 요구를 만족시킬 수 있다"

(1999년 1월 현대·기아차 품질 향상 대책 회의를 주관하며)

"생산과 품질 향상에는 만족이란 있을 수 없다"

(2002년 1월 28일 현장 점검 차 현대차 울산 공장을 방문한 자리에서)

"이제는 가격 경쟁에서 품질 경쟁력으로 브랜드 이미지 변신을 선언해야 할 때다"

"전세계 고객에게 품질을 약속할 수 있는 명차 브랜드를 제공할 것이다"

(2004년 5월 26일 서울 하얏트 호텔에서 열린 기아차 전 세계 대리점 대회에서)

"JD파워 조사결과에서 당초 목표보다 3년 앞당겨 도요타를 제친 것은 그동안의 품질, 현장 경영의 결실이다. 양적 성장과 가격 경쟁에서 더 나아가 질적 성장을 이루는 동시에 브랜드 이미지를 높여 나가겠다"

(2004년 6월 2일 양재동 현대차 사옥에서 열린 월례조회에서)

"디자인, 성능, 가격 중에서 선두에 서야 하며 이는 회사의 흥망성쇄와 직결된다"

(2004년 10월 8일 기아차 경영전략 회의에서)

"내년 3월 'Made in USA'로 본격 생산에 들어갈 쏘나타 신차는 현대차의 얼굴이자 자부심이다. 미국 고객과의 첫 만남이 최고 품질에서 이루어질 수 있도록 체계적인 품질 시스템을 갖추고 진정한 '월드베스트카'를 생산해달라"

(2004년 11월 11일 미국 앨라배마 공장을 방문한 자리에서)

"브랜드 경쟁력을 높이기 위해 무엇보다 중요한 것은 소비자들이 믿고 탈 수 있는 자동차를 생산하는 것이며 그 기본은 품질이다"

(2005년 1월 3일 현대차그룹 신년 시무식에서)

"생산성 향상과 최고의 품질 확보로 수익성 개선에 모든 임직원들이 함께 총력을 기울여야 한다"

(2006년 2월 2일 현대차 울산 공장 방문 현장에서 임직원들을 격려하며)

"60만대 생산 확대를 통해 인도(印度)내수시장에서 선도메이크로 자리매김함은 물론 내수시장 2위에만족하지 않고 최소의 비용으로 최고 품질의 자동차를 생산하여 글로벌 경쟁력을 제고해야 한다. 생산량이 대폭 확대되는 만큼 생산성 및 품질 증대에도 최선을 다해달라"

(2006년 2월 9일 현대차 인도공장방문현장에서)

"현대차가 무한 글로벌 경쟁에서 살아남기 위해서는 해외 공장의 품질 수준도 매우 중요하다. 현대차 해외 수출의 전진 기지가 될 인도 공장의 최고 수준 확보에 만전을 기해달라"

(2006년 9월 18일 현대차 인도 생산라인 및 그 공장 건설 현장을 둘러보며)

"기아차는 투명하고 철저한 품질 경영을 통해 조지아 공장이 흑자 경영을 실현하고 안정된 고용을 유지할 수 있도록 노력함은 물론 조지아 주의 경제, 사회 발전에 기여 하는 기업 시민이 되고자 한다"

(2006년 10월 20일 기아차 조지아 공장 기공식에서)

"씨드는 유럽에서 개발될 것이다. 슬로바키아 공장 전 임직원들은 씨드가 글로벌 경쟁력을 갖춘 최고의 명차가 될 수 있도록 품질 경영을 적극 실천해달라"

(2006년 11월 16일 슬로바키아 공장 방문 현장에서)

"품질은 무엇과도 바꿀 수 없는 기본 중의 기본이다. 현재의 성과에 안주하지 말고 지속적으로 품질 개선에 전력을 다해야 한다"

(2007년 1월 2일 현대차그룹 신년 시무식에서)

"지금까지 현대·기아차가 "품질 안정화"를 위해 임직원 모두가 애써 왔지만 앞으로는 "품질 고급화"에 주력할 때다. 고객이 만족하는 품질 수준을 넘어서 고객에게 감동을 주고, 감성을 만족시키는 품질 수준에 도달해야 하는 것이 새로운 과제이다"

(2011년 6월 29일 미국 현장 점검에서)

"품질 고급화로 미래 준비하라. 유럽 시장이 회복의 기미를 보이는 지금 생산에 만전을 기해 유럽 고객 감성을 충족시키는 고품질의 자동차로 브랜드 신뢰도를 강화하라. 이제는 질적인 도약이 중요한 시점인 만큼 유럽 전 임직원이 역량을 집중해 품질 고급화, 브랜드 혁신, 제품 구성 다양화 등을 추진해 앞으로를 준비하라"

(2013년 10월 23일 유럽현장 점검에서)

글로벌 경영

"진정한 의미의 세계화는 완전한 현지화를 통해서만 이룩될 수 있다" "비록 세계 자동차 시장 경기가 위축되고 있다고는 하지만 젊은 메이커인 현대·기아차는 새로운 도약을 준비하고 있다.

(2001년 11월 12일 (월, 현지시간) 미국 캘리포니아 근교 얼바인(Irvine)시에서 열린 현대·기아차 캘리포니아 디자인 테크니컬 센터 기공식에서)

"이번 미국 공장 설립이 그동안 글로벌화 전략을 적극적으로 추진한 현대자동차가 세계자동차 산업의 중심지인 미국에서 현지 기업으로 거듭나 고객들에게 보다 좋은 품질과 서비스로 보답하는 계기가 될 것"

"미국 내 현대·기아차의 기술 연구소 및 디자인 연구소와 연계해 연구개발, 현지 생산과 판매 등 완전한 현지화를 이룩한 모범적인 사례가 될 수 있도록 최선을 다하겠다"

(2002년 4월 16일 미국 남동부 앨라배마 주 몽고메리시 근교에서, 현대차의 미국 현지 공장 기공식을 가진 자리에서)

"글로벌 경영을 위해서는 임직원의 마인드가 글로벌화되는 것도 중요하다. 정신 무장을 새롭게 하고 위기의식을 갖고 미래에 대비, 의식 개혁에 나서야 한다"

(2004년 6월 2일 양재동 사옥에서 열린 월례 조회에서)

"오늘 앨라배마 준공은 현대차 38년 역사의 새로운 장을 여는 매우 중요한 계기가 될 것이다. 현대차가 국내외 생산·공장 건설을 통해 축적한 신기술 및 신공법이 결집된 최고의 선물인 앨라배마가 공장의

기아차 조지아 공장 협약식

가동을 통해 현대차가 진정한 글로벌 자동차 메이커의 위상을 갖추
게 될 것으로 확신한다"

(2005년 5월 20일 미국 앨라배마 준공식에서)

"글로벌 경영이 성공적으로 뿌리내리기 위해서는 체계적이고 효율
적인 운영자원 시스템이 확립되어야 한다"

(2006년 1월 2일 현대차그룹 신년시무식에서)

"연평균 8% 이상 경제성장을 기록하고 있는 인도에 위치하고 있는
현대차 인도공장은 현대차 세계진출의 대표적인 성공 사례이고 현대
차의 글로벌경영의 첨병으로 중대한 역할을 담당하고 있다"

(2006년 2월 9일 현대차 인도공장 방문 현장에서)

"기아차 조지아 공장이 완공되면 현대차 앨라배마 공장과 함께 현
대·기아차가 미국 남동부 지역의 자동차 핵심업체가 될 것이다" "기아

차는 조지아 공장 건설을 계기로 연구 개발, 생산, 마케팅, 판매, 서비스 등 모든 부문에서 철저한 현지화를 실현함으로서 미국 소비자들의 요구에 신속히 대응하고 더욱 실력있는 글로벌 메이커로 거듭날 것이다"

(2006년 10월 20일 기아차 조지아 공장 기공식에서)

"2007년은 현대·기아차가 글로벌 리더로 도약하는 원년이다. 비록 경영 환경은 어렵지만 그동안 위기 때마다 임직원이 일치단결해 회사를 한 단계 도약시켰던 경험을 되살린다면 지금의 상황도 충분히 이겨낼 수 있으리라는 희망이 있다. 임직원들의 도전정신을 바탕으로 과거에도 그랬던 것처럼 "우리는 할 수 있다"는 자신감으로 똘똘 뭉쳐 글로벌 리더로 도약하기 위한 힘찬 발걸음을 내딛자"

(2007년 1월 2일 현대차그룹 신년시무식에서)

"비약적으로 수요가 늘고 있는 인도 자동차 시장을 선도하기 위해서는 현재 환경과 고객의 눈높이에 맞춘 맞춤형 차량 공급이 우선되어야 한다. 소형차라도 최고의 품질의 차를 공급하여 고객 만족에 최선을 다하자. 인도 자동차 시장의 빠른 성장을 극복하고 있는 글로벌 메이커들과의 치열한 경쟁에서 승리하여 글로벌 시장에서의 무한 경쟁에 대비해야 한다"

(2007년 2월 22일 현대차 인도 2공장 생산라인을 점검하는 자리에서)

"지금 상황을 슬기롭게 극복해 낸다면 현대·기아차가 장차 초일류 자동차 메이커로 도약할 수 있는 최고의 기회를 맞이하게 될 것이다"

(2009년 2월 5일 유럽 현장 경영자리에서)

"글로벌 경기 침체로 그동안 마케팅 비용을 축소했던 자동차 메이커들이 점차 이를 다시 늘리고 있는 상황이다. 판매 확대만이 경쟁에서 앞서 나가는 유일한 방안이다. R&D 및 시설 투자, 신차 개발 등 제반 기본 여건이 갖춰진만큼 이를 바탕으로 전 세계 각 국가별로 특성에 맞는 전략차 개발에 중추적인 역할을 해달라"

(2009년 10월 인도 R&D센터를 방문한 자리에서)

"현대차 그룹은 올 2010을 그룹의 새역사를 창조하는 해로 만들고자 한다. 위기 이후 격변이 예상되는 세계자동차 시장의 변화에 능동적이면서도 창의적으로 대응하고 한층 격화될 판매시장에서도 우위를 점하여 글로벌 선두업체로서 위치를 더욱 공고히 하는 한 해가 되어야 한다"

(2010년 1월 4일 현대차그룹 신년 시무식에서)

"유럽발 위기 전 이를 사전에 차단하라. 글로벌 금융위기 때 어슈어런스등 창의적인 마케팅으로 위기를 극복했듯이 이번 유럽 위기도 선제적 대응을 통해 현대·기아차가 한 단계 도약하는 기회로 만들라. 어려울수록 고객과 품질이 기업의 생존을 좌우한다는 사실을 깊이 인식하고 유연하면서도 일관된 시장 전략을 추진한다면 충분히 어려움을 극복할 수 있을 것이다"

(2012년 6월 25일 유럽 재정위기 장기화 속 열린
현대·기아차 상반기 해외법인장 회의에서)

"해외시장에 답이 있다. 해외시장별 시나리오를 마련해 글로벌시장 변화에 철저히 대비하고, 하반기 국내 부문은 어려움이 예상되는 만큼 해외에서 품질 경쟁력과 차별화된 서비스로 성장세를 이어가야 한다"

(2013년 7월 16일 현대·기아차 상반기 해외법인장 회의에서)

"이제는 질적인 도약이 중요한 시점이다. 유럽 전 임직원이 역량을 집중해 품질 고급화, 브랜드 혁신, 제품구성 다양화 등을 추진, 앞으로를 준비하라"

(2013년 10월 24일 유럽 생산공장 현장 점검에서)

"변화의 시기에 적기 대응하는 자동차 업체만이 글로벌 경쟁에서 생존할 수 있다. 생산, 판매 전 부분이 기본으로 돌아가 기초 역량을 단단하게 다져라"

(2013년 12월 23일 현대·기아차 하반기 해외법인장 회의에서)

"과거 성과에 안주하지 말고 생산과 판매 전 분야에서 전열을 재정비해 새로운 경쟁에 준비하자. 지금은 기본 경쟁력을 강화해 시장에 굳건히 뿌리를 내려야 할 시기이다"

(2014년 3월 유럽현장 경영에서)

"위협을 비켜갈 수 있는 우회로는 없다. 우리의 실력을 키워 넘어서야 한다"

(2014년 7월 14일 현대·기아차 상반기 해외 법인장 회의에서)

"한치 앞도 내다볼 수 없는 시장 환경에서 우리가 믿을 수 있는 것은 바로 우리 자신뿐, 성과에 취하거나 불안한 세계 경제 전망에 위축되지 말고 더 큰 목표를 향해 나아가자"

(2014년 12월 15일 현대·기아차 하반기 해외 법인장 회의에서)

"현대차그룹이 이만큼 성장한 데에는 해외 사업을 성공적으로 이끈 것이 지금 경쟁력의 기반이 됐다. 앞으로도 해외 사업장의 수익성 창출을 바탕으로 연구 개발과 브랜드 제고 등 미래 경쟁력을 높이는

데 적극 활용함으로서 회사 전체가 지속성장해 가는 원천이 돼야 한다"

(2016년 8월 기아차 슬로바키아 공장 점검 현장에서)

"어려운 외부환경은 이제 변수가 아니라 상수이다. 끊임없는 혁신만이 불확실성 시대에도 생존할 수 있는 방법이다. 시장 변화를 먼저 이끄는 기업이 되어야 한다"

(2016년 7월 18일 현대·기아차 상반기 해외법인장 회의에서)

고객중시

"고객에게 자동차를 인도하기 전에 내 차를 넘겨받는 마음가짐으로 최종 품질 점검을 꼼꼼하게 하고 친절한 응대로 고객이 기분 좋게 차를 받을 수 있도록 하라"

(2002년 8월 30일 기아차 소하리 공장을 점검하며)

"고객에 대해 항상 감사한 마음가짐이 필요하다. 우리가 만든 제품을 사용하는 수많은 소비자들이 아니었다면 오늘날 현대·기아차의 성장은 이룩할 수 없었다는 사실을 잊어서는 안된다. 앞으로는 연구 개발, 생산, 판매, 정비 등 모든 경영 활동에 고객을 최우선으로 고려하는 자세를 더욱 철저히 가져야 한다. 세계 최고 수준에 오른 제품력에 비해 상대적으로 뒤져있는 브랜드 가치를 향상시키고 고객이 현대·기아차를 소유함으로서 느끼는 가치를 높여야 한다. 당장의 판매 대수도 중요하지만 장기적으로 현대·기아차에 만족하는 고객 수를 늘리는 것은 더욱 중요한 일이다"

(2009년 1월 2일 현대·기아차 신년시무식에서, 고객 우선 경영을 강조하며)

"글로벌 시장별로 고객들이 원하는 사양의 차를 경쟁업체보다 한 발 앞서 신속하게 개발하여 공급함으로서 시장을 선점해 나가야 한다. 아울러 판매 현장에서는 불황기일수록 고객이 기업의 운명을 결정한다는 사실을 명심하여 고객 및 딜러의 요구와 애로점들이 무엇인가를 신속히 파악하고 대응할 수 있도록 총체적인 노력을 기울이기를 당부한다"

(2009년 1월 2일 현대차그룹 신년시무식에서)

"고객을 최우선으로 존중하는 경영체제를 구축해야 한다. 이제는 현대·기아차에 대한 글로벌 고객의 만족도를 한차원 높임으로서 브랜드력을 향상하고 국내와 해외시장의 고객들에게 보다 높은 가치를 제공해야 한다. 고객의 요구를 만족시킬 수 있는 창의적이고 혁신적인 제품을 개방하여 이들을 적시, 적기에 공급해야 한다"

(2010년 1월 4일 현대차그룹 신년시무식에서)

연구개발(R&D)

"우리 자동차의 품질 수준을 세계 상위권 수준으로 끌러올리기 위해서는 연구 개발을 획기적으로 발전시켜야 한다. 적어도 10년은 내다보고 연구 개발 투자를 늘리고 다양한 연구 인재도 양성하여야 한다"

(2002년 1월 12일 현대차그룹 신년시무식에서)

"남양연구소가 세계적 연구소로 새롭게 통합 출범됨으로서 연구 개발 역량과 효율 극대화를 통해 세계 5대 자동차 메이커로의 도약 이 가속화될 것이다" "자동차 산업이 국민 소득 향상과 생활의 질을 높이고 수출의 견인차 역할을 하도록 최선의 노력을 다하겠다"

(2003년 5월 20일 현대·기아차 남양연구소 통합 출범식에서)

"갈수록 치열해지고 있는 기술 경쟁에서 앞서가기 위해서는 세계 최고의 연구 개발 인력을 확보해야 한다. 우수한 연구 인력을 양성함 은 물론 글로벌 연구 인력 유치를 위해 최선을 다할 것이다. 그리고 창 의적이고 효율적인 연구 분위기가 조성되도록 할 것이다"

(2015년 1월 3일 현대차그룹 신년 시무식에서)

"전 세계적인 환경보호 노력과 석유자원 고갈 위협은 자동차 산업 에도 근본적인 변화를 요구하고 있다. 해외 선진 메이커들 못지않게 현대·기아차 역시 하이브리드 자동차, 연료전지 자동차 등 차세대 친 환경 차량 개발을 위해 앞으로도 투자를 확대해 나가야 할 것이다"

(2006년 1월 2일 현대차그룹 신년시무식에서)

"녹색기술과 청정에너지 개발을 위한 연구 개발에 핵심 역량을 집 중해 "세계 4대 그린카 강국"에 조기 진입하도록 각 부문이 유기적으 로 협조하라. 이는 현대·기아차뿐만 아니라 관련 부품업체의 고용 증 대와 생산 유발로 이어져 대기업과 중소, 벤처 기업간의 상생 경영을 통한 녹색 성장의 좋은 본보기가 될 것이다"

(2008년 9월 현대·기아차 R&D 회의에서)

"R&D 및 시설투자, 신차 개발 등 제반 기본 여건이 갖춰진 만큼 이 를 바탕으로 전 세계 각 국가별로 특성에 맞는 전략차 개발에 중추적인 역할을 해달라"

(2009년 10월 인도 R&D센터 방문 자리에서)

"업계를 선도하는 혁신적인 디자인을 지속적으로 선보이되 이와 함께 품격이 깃든 디자인을 개발하는데 노력해 달라"

(2014년 3월 현대·기아차 유럽 디자인 센터 방문 자리에서)

인재(人材) 경영

"세계 4대 자동차 생산국 중에 제2차 세계대전 이후에 자동차를 생산한 국가는 한국밖에 없다. 신입사원들은 한국이 세계 5대 자동차 생산국으로 도약하는데 밑거름이 되어온 현대와 기아의 정신을 배우고 이어나가야 할 사명이 있다"

(2002년 8월 21일 현대·기아차 신입사원 하계 수련대회 특강중에서)

"각 본부장들은 "미래의 중역"을 키우는데 각별한 노력을 기울여야 한다. 현장직무 교육, 사외교육 등 능력개발 시스템을 잘 구축하여 임직원들의 능력개발을 적극 도와야 한다. 그래서 각 본부마다 좋은 인재들이 모여들고 미래의 꿈을 나누며 서로 경쟁하는 "인재동우리"를 만들어야 한다"

(2004년 1월 5일 현대차그룹 신년시무식에서 "일맛나는 일터"를 만들어보자며)

"향후 10~20년을 대비할 수 있는 장기적 전략을 이미 준비해놨다. 특히 무한경쟁의 시장 체제에 접어들면서 경쟁력을 위해서는 무엇보다 인재가 중요한 만큼 이 연구소는 후세를 내다보고 설립한 것, 사명감을 갖고 창의적인 아이디어 개발에 분발해 달라"

(2004년 6월 18일 서울대에서 열린
현대·기아차 차세대자동차 연구관 준공식에서)

"기업 경영은 무엇보다 사람에 달려 있다" "치열한 세계자동차 시장에서 경쟁력을 확보하려면 미래 지향적인 21세기형 인재들을 많이 확보해야 한다" "그동안 눈보신 성장에도 불구하고 선진 외국업체들과의 기술 격차, 약한 브랜드 이미지 등 아직 분발해야 할 부분이 많다. 이러한 과제들을 모두 극복하고 세계 초일류 자동차 회사로 성장하는데 주역이 돼달라"

(2004년 8월 25일 해비치 리조트에서 열린
현대·기아차 신입사원 하계 수련 대회에서)

"경쟁사를 따라가는 것으로는 한계가 있다. 경쟁사보다 한발 앞선 기술 개발을 위해 전문지식과 도전정신으로 무장하고 글로벌 경영에 적합한 인재로 성장, 세계 최고의 전문가가 되어줄 것을 기대한다"

(2005년 12월 30일 현대·기아차 연구 장학생 특강에서)

"무엇보다 중요한 것은 우리나라 자동차 산업이 세계적인 경쟁력을 갖추도록 이끌어 나갈 자동차 산업 전문 인재양성이다. 우리는 이미 2003년부터 이공계 우수학생을 대상으로 연구 장학생 제도를 시행해 오고 있다. 이와 같은 제도는 우리의 후세를 위한 영구적 사업으로 확대 발전되도록 앞으로도 적극 지원할 것이다"

(2006년 1월 2일 현대차그룹 신년시무식에서)

"전문인력의 양성을 강화하여 미래 경쟁력 확보와 성장 발전에도 대비해야 한다"

(2009년 1월 현대차그룹 신년시무식에서)

"오늘 준공식을 갖는 현대자동차 경영관이 학생 여러분의 꿈과 미래를 실현하기 위한 배움의 터전이 되고 글로벌 리더를 양성하는 산실이 되기를 바란다"

(2013년 9월 11일 현대자동차 경영관 준공식에서)

"현대자동차 그룹은 대한민국의 미래를 이끌어나갈 젊은 인재육성에 더욱 많은 관심과 지원을 다해 나가겠다"

(2015년 5월 29일 한양대 명예 공학박사 학위 수여식에서)

동반성장/사회기여

"현대·기아자동차의 경쟁력은 현대·기아차만의 노력으로는 확보될 수 없다. 현재 전 세계의 자동차 산업의 구도는 단일 기업 간 경쟁이 아니라 "시스템" 간의 경쟁이다" "우리가 경쟁력을 갖기 위해서는 현대·기아차와 협력사 자체의 경쟁력이 높아져야 하며, 다음에 현대·기아차와 협력사를 효과적으로 연결시킬 수 있는 네트워크가 구축되어야 한다"

(2001년 10월 6일 현대·기아차 통합 협력사 협의회 창립총회에서)

"환경보호를 통해 인간의 가치를 존중하며 기업의 사회적 책임을 다하기 위한 「글로벌 환경 경영 방침」을 선포한다" "현대·기아차도 환경보전에 대한 책임을 분담하고 환경 문제에 대해 능동적으로 대응함으로서 소비자들의 사랑을 받아 기업의 발전을 도모할 것이다"

(2003년 6월 2일 현대차그룹 양재동 사옥에서 열린 글로벌 환경경영 선포식에서)

"'자연과 더불어 사는 삶의 실현'이 환경 경영의 목표이며 이를 구현하기 위해 연구 개발 능력이 매우 중요하다. 환경경영 실천을 위해 최선을 다하자" "고객과 투자자, 협력업체, 지역사회, 정부, 환경단체 등 이해관계자들과 사회적 책임을 공유하는 동반자 관계를 유지해 나갈 것이다"

(2003년 7월 12일 현대·기아차 환경기술 연구소 착공식에서)

"현대차그룹이 불우계층에 대해 전면적인 지원 활동을 추진함으로서 어려운 사람들이 희망과 꿈을 잃지 않도록 앞장서 가는 기업이 되어야 한다" "기업의 사회적 책임을 다하기 위하여 다방면으로 사회 공헌 활동 등 프로그램을 만들어 운영할 것이다"

(2003년 12월 29일 현대차그룹 사회봉사 활동 주간을 선포하면서)

"자동차 사업은 수많은 협력업체와의 긴밀한 협력이 절대적이다. 협력업체는 우리의 비전을 달성하는데 있어 든든한 동반자이다. 서로 존중하고 아껴주는 마음으로 힘을 합쳐야 한다" "불우한 계층에 대해 지속적으로 관심을 가져야 한다. 봉사 활동이 일회성의 행사에 그치는 것이 아니라 일상화하는 것이 필요하며 작은 실천부터 스스로 행하는 것이 중요하다는 점을 명심해야 한다"

(2006년 1월 2일 현대차그룹 신년시무식에서)

"현대·기아차의 글로벌화에 따른 현지 동반 진출, 공동 기술 개발 및 경영 지원등으로 협력업체와의 상생 협력을 강화해야 한다"

(2007년 1월 2일 현대차그룹 신년시무식에서)

"저탄소 친환경 차량은 향후 지속 성장을 위한 미래의 고부가가치 산업으로서 핵심부품과 원천 기술을 개발하는데 기술 역량을 집중

하라""벤처기업 육성을 통해서 대, 중소기업 상생, 고용 창출, 국가 경제성장에도 크게 기여할 수 있도록 지원하라""세계화를 통한 성장에 박차를 가할 수 있도록 글로벌 경쟁력 제고에 만전을 기하는 한편, 부품산업 글로벌 진출을 적극 지원하라"

(2008년 8월 현대·기아차 경영전략 회의에서)

"글로벌 기업의 위상에 걸맞는 기업 이미지와 품격을 갖출 수 있도록 사회 공헌 활동도 지속적으로 확대해 나갈 것이다. 그리고 현대차 그룹은 신년에도 지속적인 투자 확대를 통해 고용을 창출함으로서, 국가 경제의 활성화에 선도적인 역할을 계속 수행할 것이다. 지속적인 일자리 창출을 통해 국민경제가 튼튼해져야 국가 경제의 선진화가 더욱 촉진될 것이다"

(2010년 1월 4일 현대차그룹 신년시무식에서)

"저소득층 자녀들의 사회적 계층 이동을 위한 교육의 기회를 부여하여 저소득층 미래 인재 육성에 기여하겠다""저소득층 우수대학생들이 학업을 계속하기 위해 감당하기 어려운 대출을 받아 힘들어하는 사연들이 가슴 아프다. 이같은 학생들이 미래에 대한 희망을 잃지 않고 학업에 전념할 수 있도록 도와주고 싶다"

(2011년 8월 현대차 정몽구 재단에 사재 5천억을 기탁하며)

정의선 현대차그룹 회장이 정몽구 명예회장의 미국 자동차명예의 전당 헌액 수락연설을 하고 있다.

명예의 전당 헌액 수락 연설

정몽구 현대차그룹 명예 회장은 2020년 미국의 자동차 명예의 전당(Automotive hall of Fame)에 헌액되었다. 정몽구 회장이 헌액 대상자로 선정된 것은 정회장 개인의 영광이자 나라의 자랑이다. 1939년 설립된 「자동차 명예의 전당」은 세계자동차 역사에 길이 남을 뛰어난 성과와 업적을 토대로 자동차 산업과 모빌리티 발전에 중대한 역할과 기여를 한 인물을 엄선해 명예의 전당에 헌액한다. 정몽구 회장은 자필 서명이 음각된 명판이 디트로이트 명소인 자동차 명예의 전당 기념관에 영구 전시되며 역사에 남게 된다.

헌액 행사는 코로나 19로 인해 2020년 및 2021년 통합 행사로 열렸다. 정의선 회장이 아버지 정몽구 명예 회장을 대신해 기념패를 받았다. 시상을 맡은 KC크래인(KC CRAIN) 오토모티브 뉴스(Automotive News) 발행인은 정의선 회장에게 "진심으로 축하한다"는 말과 함께 상패를 전했다. 정의선 회장은 "정몽구 명예 회장은 세계 자동차 산업에서 최고 권위를 가지는 "자동차 명예의 전당에 헌액된 것을 영광스러워 하셨다"면서 "헌액은 현대차그룹의 성장과 함께한 전 세계 직원, 딜러뿐 아니라 현대차, 기아차를 신뢰해 준 고객들이 있었기에 가능했다고 말씀하셨다"고 정 명예 회장의 소감을 전했다.

정의선 회장은 "아버지는 현대차그룹을 존재감이 없던 자동차 회사에서 세계적 자동차 기업으로 성장시키셨다. 탁월한 품질과 성능을 향한 지치지 않는 열정은 현대차그룹의 제품들이 세계적으로 인정받는 토대가 되었다"고 강조했다.

다음은 정의선 회장이 행한 자동차 명예의 전당 헌액 수락 연설 전문(全文)이다.

* * *

멋진 소개 감사합니다. KC. 저와 우리 가족에게 오랫동안 좋은 친구였던 당신이, 오늘밤 아버지를 위한 명예로운 자리에 함께 해 주셔서 더욱 큰 의미가 있는 것 같습니다.

먼저, '자동차 명예의 전당'측에 감사드리며, 오늘 함께 헌액 되신 다른 헌액자 및 수상자 모든 분들게 축하를 드립니다.

명예의 전당에 헌액되시는 아버지께서 직접 참석하지 못하셔서 아쉽지만, 저와 누나들, 매형들, 그리고 아내가 아버지를 대신해 이 영예로운 수상식에 참석할 수 있어서 영광입니다.

이곳 디트로이트는 아버지에게 특별한 장소입니다. 아버지는 20대 시절, 디트로이트 자동차 업체의 프레스샵에서 아르바이트를 하신 적이 있으십니다. 아버지께서는 자동차의 도시, 디트로이트에서의 경험을 자주 회상하시곤 했습니다.

디트로이트는 오랫동안 아버지께 영감의 도시였습니다. 아버지는 디트로이트가 지금의 미국을 가능하게 했고, 그 미국은 새로운 꿈을 가능하게 한다는 것을 잘 알고 계셨습니다. 지금 이곳 디트로이트에서 이 상을 받게 되셔서 매우 뜻 깊게 여기고 계십니다.

아버지가 이 자리에 계신다면, 틀림없이 이 영광은 당신이 아닌 현대차그룹 글로벌 임직원, 딜러들, 그리고 훌륭한 고객들 덕분이라고 겸손하게 말씀하셨을 것입니다.

많은 분들이 모르실 수도 있지만, 올해는 현대자동차의 미국 진출 35주년이 되는 해입니다.

그동안, 우리는 미국의 대중문화에 의도하지 않은 기여를 하기도 했습니다. 현대차는 Jay-Z, The Notorious B.I.G, Kanye West, Weird Al Yankovic 등 유명 래퍼들의 랩가사에도 언급되었고, 오늘 함께 헌액되신 제이 레노 씨는 "기름을 가득 채우면 현대차의 값을 두배로 만들 수 있을 것"이라고 농담을 하신 적도 있습니다.

그 이후로 현대자동차는 비약적으로 발전했습니다.

현대자동차그룹의 지난 여정과 아버지의 리더십을 이해하기 위해서는 그분의 삶의 역정과 그분이 무엇을 사랑하고, 오늘의 현대차그룹을 태동시킨 열정의 원천은 무엇이었는지 이해하는데에서 시작해야 할 것입니다.

저의 할아버지, 정주영 선대회장님은 80여년 전 조그만 자동차 수리점을 창업하셨습니다. 바로 현대자동차의 시작입니다.

출발은 작았지만, 할아버지는 비저너리 이셨습니다. 식민지 시대와 한국전쟁 후의 폐허 속에서도 독자적인 브랜드로 전세계에 자동차를 판매하겠다는 원대한 포부를 품으셨습니다.

그분의 그 포부가 '현대'를 한국경제의 근간으로 성장시켰고, '현대'는 한국경제 발전의 신화인 '한강의 기적'을 일궈낸 초석이 되었습니다.

저의 아버지 정몽구 명예회장님은 1970년 현대자동차 A/S 부문에 입사하셨습니다. 아버지는 수많은 시간을 차량을 정비하는 최일선에서 보내셨습니다. 품질로 인한 고객들의 불편도 직접 경험하셨습니다.

그 기간동안 아버지는 품질과 고객 신뢰가 얼마나 중요한지 깊이

체감하셨습니다.

휴일에는 자택 차고에서 자동차를 분해해 모든 부품을 꼼꼼히 살피셨던, 자동차를 사랑하는 분이셨습니다. 그런 아버지를 지켜보며 자란 저도 자연스럽게 자동차를 사랑하는 사람이 됐습니다

경영자로서의 아버지는 현대차그룹을 존재감 없던 한국의 자동차회사에서 세계적 자동차 업체로 성장시키셨습니다.

아버지는 현대차그룹이 안전하고 믿을 수 있으며 멋진 디자인의 제품을 제공할 수 있다는 사실을 세계에 보여주기로 결심하셨습니다. 탁월한 품질과 성능을 향한 아버지의 지치지 않는 열정은 현대차그룹의 제품들이 IIHS, J.D.Power, 북미 올해의 차를 수상하는 토대가 되었습니다

아버지는 도전을 즐기셨습니다. 전 세계가 주목하고 경탄하는 현대차, 기아를 이뤄내겠다는 아버지의 의지는 미국 공장 건설이 반드시 필요하다는 결단으로 이어졌습니다.

2000년대 초반 아버지는 미국 앨라배마와 조지아에 생산 거점을 구축해 글로벌 생산체제 기반을 다지겠다는 대담하고 용기 있는 결정을 내리셨습니다.

2004년, 앨라배마에 미국 첫 생산공장을 준공하기 전, 현대차와 기아의 미국 판매량은 70만대 정도였습니다. 지금 양사의 판매는 거의 두배로 증가했습니다.

현대차그룹은 현재 미국에서 3만명 이상을 직접 고용하고 있으며, 또한 판매 딜러 등 7만 2천 여명이 현대차그룹과 함께 하고 있습니다.

이 모두가 아버지의 업적입니다. 아버지는 명예회장으로서 여전히

당신의 마음과 철학, 통찰 등을 통해 우리가 더 위대한 기업으로 나아가도록 도와주고 계십니다.

아버지는 가족에게 엄격하시면서도 한편으론 따뜻한 분이셨습니다. 저의 어린 시절, 아버지는 휴가를 내어 가족 모두를 데리고 아버지의 고향 근처 동해 어촌으로 여행을 가신 적이 있는데 그때가 기억납니다.

우리 식구들은 모두 커다란 현대차 버스를 타고 굽이진 길과 다리들을 건너 이동을 했는데, 생선을 잔뜩 먹고 할 만한 여행은 아니었다고 말씀드리고 싶습니다.

아버지는 바쁘신 분이었지만, 늘 가족을 위한 시간을 내셨습니다. 아버지는 저와 저의 형제들에게 다음 3가지 당부사항을 비롯해 많은 것을 알려주시기도 했습니다.

항상 다른 사람을 배려하라.

항상 옳은 일을 행하라.

최고를 향한 실패를 두려워하지 마라.

아버지는 수많은 위기와 도전들을 이겨 내시며 더 지혜롭고 강해지셨습니다. 제가 현대차그룹 회장이 되고 보니 아버지의 강인함, 품성 그리고 겸손함에 대한 저의 존경심은 한층 높아만 갑니다.

아버지의 혜안은 저에게 큰 가르침이 되고 있습니다. 동시에 아버지의 정신과 철학은 현대차그룹의 토양입니다

현대차그룹은 21세기의 새로운 도전과 기회에 직면해 있습니다. 하지만 우리는 최고의 모빌리티 서비스를 구현하기 위해 멈추지 않겠습니다. 기존의 틀을 과감히 타파하고 스카트 모빌리티의 진화를 이루

겠습니다 .

전동화, 수소연료전지차, UAM, 자율주행차 등 모든 미래 모빌리티에서 현대차그룹은 '인류를 위한 진보'라는 사명을 실현시켜 나가겠습니다. 우리는 고객들에게 집중하고, 모든 고객의 삶에 최적의 모빌리티 솔루션을 제공하겠습니다.

여러분

아버지의 불굴의 의지와 리더십, 그리고 무엇보다도 아버지의 놀라운 비전을 영예롭게 드높여주셔서 다시 한번 감사드립니다.

아버지께서 지금 이 자리에 직접 서셨다면 아버지의 소감은 제 소감보다 짧았을 것입니다. "그저 매순간 쉬지 않고 우직하게 한 길을 걸어왔을 뿐입니다"라고 마무리하셨을 것입니다.

다시 한번, 아버지와 현대차그룹 임직원들을 대신해, 오늘밤 특별한 이 순간을 함께해 주셔서 정말 감사하다는 말씀드립니다.

정몽구 명예회장 연혁

1. 출생 및 학력

1938년	3월강원도 통천 출생
1967년	한양대 공업경영학과 졸업
1989년	미국 코네티컷대 명예 인문학 박사
1996년	중국 칭화대 명예 경영학 교수
2001년	몽골 몽골국립대 명예 경영학 박사
2003년	고려대 명예 경영학 박사
2015년	한양대 명예 공학 박사

2. 연혁

1970년	현대자동차 서울사업소 부품과 과장
1972년	현대자동차 서울사업소 부장
1973년	현대건설 자재부 부장
1973년	현대자동차 서울사업소 이사
1974년~1987년	현대자동차 써비스 대표이사 사장
1977년~1987년	현대정공 대표이사 사장
1981년~1987년	현대강관 대표이사 사장
1983년~1984년	제4대 한국컨테이너 공업협회 회장
1984년~1997년	전국경제인연합회 이사
1985년~1997년	대한양궁협회 회장
1986년~1987년	제7대 한국컨테이너 공업협회 회장
1986년~1997년	아시아 양궁 연맹 회장
1986년~1987년	현대산업개발 대표이사 사장
1987년	인천제철 대표이사 사장

1987년~1996년	현대정공·현대자동차써비스·현대강관·현대산업개발·인천제철 회장
1993년~1996년	대한체육회 부회장
1993년~1999년	국제양궁연맹 부회장
1994년~1998년	현대우주항공 회장
1996년~2000년	현대그룹회장
1997년	대한양궁협회 명예회장
1997년~2017년	전국경제인연합회 부회장
1997년	한·러 경제협회 회장
1997년	아시아양궁연맹 명예회장
1998년~2000년	현대경영자협의회 회장
1998년 12월	기아자동차 인수
1998년 12월	현대자동차 회장, 기아자동차 회장
1999년~2001년	민주평화통일자문회의 부의장
1999년~2002년	한국표준협회 회장
1999년 3월	현대자동차 대표이사 및 이사회 의장
1999년	국제양궁연맹 명예부회장
1999년~2002년	2010세계 박람회 유치위원회 위원장
2000년 9월	자동차전문그룹 현대자동차그룹 출범.현대자동차그룹 회장
2000년 12월	한국자동차산업메카 출범식(양재사옥 시대 개막)
2002년 12월	현대차 중국공장 준공
2003년 5월	현대·기아차 통합연구거점 남양연구소 출범
2003년 6월	글로벌 환경경영 선포
2003년 10월	현대·기아차 유럽기술연구소 준공
2004년 10월	한보철강 자산 인수
2005년~2010년	동아시아재단 이사장
2005년 5월	현대차 미국 앨라배마공장 준공
2006년 10월	현대제철 일관제철소 기공
2007년 4월	기아차 유럽 슬로바키아 공장 준공

2007년 8월	2012 여수 세계박람회 유치위원회 명예 유치위원장
2007년	10월현대차 정몽구 재단 설립
2007년 12월	2012 여수 세계박람회 유치/기아차 중국2공장 준공
2008년 3월	2012 세계박람회 조직위원회 명예위원장
2008년 2월/4월	현대차 인도2공장, 중국2공장 준공
2009년 9월	현대차 체코공장 준공
2010년 2월	기아차 미국 조지아공장 준공
2010년 4월	현대제철 일관제철소 준공
2010년 8월	동아시아재단 명예 이사장
2010년 9월	현대차 러시아공장 준공
2011년 4월	현대건설 인수
2012년 11월	현대차 브라질공장 준공
2013년 2월	세계 최초 수소전기차 양산
2013년 3월	현대모비스 충주 친환경 핵심부품공장 가동
2015년 11월	글로벌 럭셔리 브랜드 '제네시스' 출범
2016년 9월	기아차 멕시코공장 준공
2016년 10월	현대차 중국 창저우공장 준공
2017년 7월	현대차 중국 충칭공장 준공
2019년 8월	현대모비스 울산 친환경 핵심부품공장 착공
2020년 10월	현대자동차그룹 명예회장

3. 수상

1979년	수출산업포장
1981년	새마을지도자상
1985년	철탑산업훈장
1986년	체육훈장 맹호장
1989년	체육훈장 청룡장

1989년	동탑산업훈장
1996년	한국능률협회 선정 '한국의 경영자상'
1997년	한국경영학회 선정 '한국 경영자 대상'
1998년	금탑산업훈장
2001년	미국 자동차 명예의 전당 선정 '자동차산업공헌상(DSC)'
2003년	중국 베이징 명예시민
2004년	중국 장쑤성 명예시민
2004년	몽골 '북극성 훈장'
2004년	미국 비즈니스 위크 선정 '2004 자동차산업 부문 최고 CEO'
2005년	미국 오토모티브 뉴스 선정 '2005 자동차산업 부문 아시아 최고 CEO'
2005년	인촌상(산업기술부문)
2005년	영국 파이낸셜타임스 '세계에서 가장 존경받는 CEO' 42위
2009년	미국 모터트렌드지 선정 '자동차산업 영향력있는 인물' 6위
2009년	미국 밴플리트상
2010년	미국 오토모티브 뉴스 선정 '2010 자동차산업 부문 아시아 최고 CEO'
2011년	미국 오토모티브 뉴스 선정 '2011 자동차산업 부문 아시아 최고 CEO'
2011년	미국 모터트렌드지 선정 '자동차산업 영향력있는 인물' 2위
2012년	국민훈장 무구화장
2012년	이탈리아 인터오토뉴스 선정
'2011년	글로벌 최고 경영인상'
2012년	하버드 비즈니스 리뷰 선정 '세계 100대 최고경영자' 6위
2020년	한국인 최초 미국 '자동차 명예의 전당' 헌액

백 인 호

매일경제 편집국장,
MBN 대표이사,
YTN 사장,
광주일보 사장 역임

● 저서 장편소설 삼성오디세이아
　　　　현대오디세이아

자동차왕 정몽구 오디세이아

처음 펴낸날	2022년 7월 15일
지 은 이	백인호
펴 낸 이	박상영
펴 낸 곳	도서출판 정음서원
주　　　소	서울특별시 관악구 서원7길 24, 102호
전　　　화	02-877-3038　팩스: 02-6008-9469
신 고 번 호	제 2010-000028 호
신 고 일 자	2010년 4월 8일
I S B N	979-11-972499-7-6　03320
정　　　가	18,000원